re:
Global

저자 소개

정해평 Patrick Jung

종합상사에 입사했으니 '해외영업 아니면 퇴사하겠다'던 당돌한 삼성물산의 신입사원은 입사 두달 만에 첫 해외출장을 떠나며 세계 곳곳을 누볐다. 대한민국 0.02%밖에 없다는 '밀리언 마일러(항공사 마일리지 100만 마일 이상 보유자)'인 저자는 러시아 지역전문가 및 유럽 판매법인장으로 주재원을 역임하는 등 20년 넘게 글로벌 현장을 내 집처럼 드나들고 있다. 초년 과장 시절 당대 세계 최고 기업 중 하나이던 이스트먼 코닥 본사에 홀로 '필름을 공급해달라'며 당돌한 방문을 감행, 코닥 CEO가 '점심 같이 하자'며 놀라워했던 두둑한 배짱의 소유자이다. 깐깐하기로 소문한 독일 대기업 아그파가 자사에 불리한 공급계약을 체결하는 수모를 겪게 한 국제협상의 전문가이다. 글로벌 현장에 뛰어들었던 20년 전이나 현재까지도 글로벌 진출 전략에 대한 체계적인 콘텐츠가 없음을 안타까워하며 브런치 등의 인터넷 활동을 시작했고, 그 첫 번째 결과물로 이 책을 집필했다. 해외시장 개척과 협상, 국제 계약에 있어서 손꼽히는 전문가로 해외시장 진출을 계획하는 대기업들의 영입 1순위로 현재는 CJ제일제당에서 글로벌 업무를 수행 중이다.

밀리언마일러
상사맨의
**해외 영업
노하우**

re:
Global

다시, 글로벌

정해평 지음

 플랜비디자인

비행기가 이륙을 하기 전, 승무원들이 분주히 오갈 때 기내에서 제일 고참인 사무장이 찾아와 공손히 인사를 하면 옆 자리 승객은 궁금해 못 참겠다는 듯 '뭐하는 분이세요?'라고 물어보곤 한다. 아마 이 책을 펼쳐 드신 분들도 비슷한 호기심이실 것으로 생각한다. '뭐하는 사람이고 이 건 무슨 책일까?'라는 그 질문에 '회사 다녀요'라고 빙긋이 웃으면, '뭐하는 회사인데요?'라는 질문이 다시 돌아온다.

뭐하는 회사라 … 나는 '종합상사맨'이다. '007가방을 들고 세계를 누빈다'라는 오래된 표현처럼, 세상 어디선가 무언가를 구해와 세상의 다른 어느 곳엔가 그 물건들을 다시 파는 일을 하는 회사가 종합상사이고 나는 지난 20여년 동안 52개국 약 200여곳 이상의 외국 도시를 다니면서 글로벌 비즈니스를 해오고 있다.

그리고 사무장이 찾아와 인사를 하는 이유는 내가 그 항공사의 누적 마일리지가 1백만 마일을 훌쩍 넘긴 최고 등급의 고객인 '밀리언 마일러(Million Miler)'이기 때문이다. 단지 평범한 회사원인 내가 이렇게 많은 마일리지를 쌓을 수 있었던 까닭은 그동안 종합상사맨으로써 해외 곳곳을 누비고 다녔던 덕분이다. 우리 나라 5천만명 중 0.02%인 1만명 정도가 대한항공의 밀리언 마일러라고 하는데 하도 많은 출장을 다녀서 회사 동료들로부터 '본사로 출장 왔다'고 놀림을 받기도 했다.

하지만 내가 이 책을 쓴 이유는 '밀리언 마일러'라는 타이틀을 자랑하기 위함이 아니라 평범한 직장인인 내가 어떻게 그 많은 해외출장을 다닐 수 있었고, 그것을 통해서 내가 경험할 수 있었던 세계 각국의 시장 개척과 현지 거래선과의 다양한 협상 경험을 간접적으로나마 전할 필요성을 느꼈기 때문이다. 문화와 관습, 언어가 다른 사람들과의 협상을 통해 까다로운 거래 조건을 맞추고, 거래를 서로가 만족하는 비즈니스로 함께 키워 나가는 일은 매우 예민하고 어려운 일이라는 사실을 나는 생생하게 경험했다.

그러나 안타깝게도 20여년전 종합상사맨으로써의 해외영업 업무를 처음 시작했을 때부터 지금까지 '이렇게 글로벌 비즈니스를 해야 한다'라는 체계적인 교육 프로그램이 제대로 갖춰져 있지 않다는 사실이 늘 안타까웠다. 이 책을 통해서 어떻게 하면 문화와 관습이 다른 해외 거래선과의 협상에서 성공적인 결과를 얻을 수 있는 지, 지난 20년간의 직접 몸으로 체득한 경험과 노하우를 숨김없이 공유하고자 했다. 미흡하나마 글로벌 현장에서 비즈니스를 하는 많은 사람들이 각자의 출장에서 성과를 거두고, 그 비즈니스를 성공시킬 수 있는 데에 도움을 드리고자 했다. 그리고 직장인이라면 누구나 한번쯤은 꿈꾸는 해외 주재원에 대해서도 막연한 동경이 아닌 실제 파견 시에 도움이 될 수 있도록 현실적이고 구체적인 경험을 전달하고자 했다.

아무리 세상이 초고속 인터넷과 첨단 스마트폰의 시대가 됐다고는 하지만 우리는 여전히 언어와 문화와 관습이 다른 바다 건너 먼 나라의 우리와 같은 일을 하는 사람들을 상대로 해서 무언가를 사오고, 파는 일을 한다. 빠르게 변해가는 세상 속에서도 변하지 않는 이런 글로벌 비즈니스의 기본적인 원리에 대해서 꼭 이야기해보고 싶었다. 모든 출장이 계획했던 대로 성공할 수는 없겠지만 내가 가진 경험들을 독자들께 잘 전달하겠다는 이번 책 출간이라는 나의 또 다른 출장 목적이 꼭 성공하기를 희망한다.

2020년 1월
정 해평 지음

Cecilia Chu, CEO of Golden power Corporation (HK) Ltd
쎄실리아 츄, 홍콩 Golden Power社 CEO

친애하는 패트릭에게,
언제나 놀랍고, 영감을 주던 비즈니스 파트너인 패트
릭 정을 나는 '포기를 모르는 전사'라고 표현하고 싶
습니다
저는 패트릭이 삼성물산에 근무하며 우리회사에
OEM 사업 협력을 하러 왔을 때 처음 알게 되었습니
다. 지난 세기 이미 한국의 기업가들은 놀라운 비즈니
스맨들로써의 명성을 쌓기 시작했지만 그러나 나에

게 있어서 그들은 매우 완고하고 관료주의적인 이미지로 각인되어 있었습니다.
젊은 그들이 아무리 스마트하고 열심히 일을 하여도 그들과의 협업이 성공할 가능
성은 거의 제로였습니다. 그렇지만 한국인과 한국의 기업 문화에 대한 나의 생각을
완전히 다른 관점으로 볼 수 있도록 영감을 준 것은 바로 패트릭의 열정과 비즈니
스에 대한 진실성이었습니다. 패트릭은 합리적이지 못했던 부분들을 '관행'이라는
이름으로 덮으려 하지 않았습니다. 결국 우리 양사의 협력을 매력적이고 존중할 수
있게 만들었습니다. 이점에 대해서 패트릭에게 지금도 고마움을 느낍니다.
두말할 것 없이, 패트릭은 젊은 세대에게 그의 풍부하고 다양한 삶과 사업경험을 나
눌 수 있는 훌륭한 멘토(Mentor)라고 할 수 있습니다. 유럽에서 주재원 근무를 하였
고 세계 여러 나라들을 수십년간 경험한 그의 발자취는 충분히 글로벌 합니다. 패트
릭은 아시아 문화와 전통을 기반으로 동서양의 조화로운 사고와 글로벌화된 시각
을 갖추고 있습니다. 게다가 그의 도전을 극복하는 적극적인 자세는 다른 여러 글로
벌 산업 및 마케팅 분야에서 경영자의 역할을 할 수 있는 능력을 갖추도록 해주었
습니다. 그동안 그의 뛰어난 성과와 성공은 목표 달성에 대한 그의 용기와 결단력이
증명합니다.
나의 오랜 친구인 패트릭에 대해서 나의 모든 느낌과 감정을 표현하기란 쉽지 않습
니다. 그래서 나는 패트릭의 그간의 지혜와 경험이 가득 들어있는 그의 책을 일독

할 것을 적극 추천합니다. 그리고 여러분의 책꽂이에 이 책을 두고 활용한다면 여러분이 글로벌 비즈니스에 도전을 하고자 할 때에 값진 힌트와 영감을 줄 것입니다.

쎄실리아 츄
CEO, Golden power Corporation (HK) Ltd.

Dear Patrick,

It's my honor to be invited to write the foreword for Mr. Patrick Jung, who I should describe as an amazing, inspiring and never surrendering fighter.......

I came to know Patrick when he was working in Samsung Corporation and approached our company for OEM business collaboration.. In early 20 Century, most of the Korean entrepreneurs, were well famously known but extremely traditional and hierarchical in my mindset. The opportunity for success was almost zero for a landslide majority of youngsters, whatever how smart and hardworking they were. It's merely due to Patrick's passion and enthusiasm in his position, he did inspire me to view Korean culture from a totally different perspective. He made the result of our cooperation so admiring and charming. Thanks Patrick.

Undoubtedly, he should be a qualified mentor to share his enriched life and career experiences to the new generation. His footprints were global since he has stationed and travel in different European countries for years. With a base of Asian heritage, he has a well-mixed of oriental and western thinking and globalized insights. In addition, his challenge-mastering attitude also empowered him to exercise in the managerial role in different industries and their global marketing programs. His remarkable success further proved his courage and determination to succeed.

It's really hard to express and conclude all my feeling towards my old friend, Patrick. I strongly recommend you to take a look for his book which is full of his wisdom. Put it on your bookshelves because it will certainly give you a lot of valuable hints and inspirations if you are ready to plan for your international business!

Cecilia Chu
CEO of Golden power Corporation (HK) Ltd

Cornel Chua, 現 CEO of Samax Corporation in HK
코넬 츄아, 前삼성물산 홍콩지사 메니져

패트릭 정은 글로벌 비즈니스에서 20년 이상의 경험을 가진 전문가로 그와는 삼성의 브랜드 사업을 위한 공급망 구축이라는 목표로 중국에서의 제품개발 및 구매 업무를 함께 했습니다. 많은 공급선들을 우리는 함께 만났고, 수도 없는 협상을 하는 동안 패트릭은 비즈니스맨으  로써의 훌륭한 마인드와 탁월한 협상 실력을 보여주었습니다. 나는 지금도 '목표에 대해서는 협상의 여지가 없다. 우리는 반드시 목표를 달성해야만 하고, 또 그렇게 할 수 있다고 믿어야만 그것이 가능하다'는 패트릭의 말을 생생하게 기억합니다.

Patrick Jung has more than 20 years' experience in global business. I was working with Patrick for product sourcing in China. Our goal was to set up a supply chain for Samsung brand business. We visited many factories and made a lot of negotiations. Patrick has good business mind and outstanding negotiation skills. Our belief is "Goals are non-negotiable. We only achieve goals we believe that we must do and can do."

Cornel Chua,
CEO of Samax Corporation in HK

Philip Knierim, former COO, SPE(Samsung Pleomax Europe), 現 CEO of Ecotone Group Europe

필립 크니에름, 저자가 법인장(주재원)으로 재직한 SPE의 COO (네델란드인)

패트릭은 남다른 관점으로 사안을 입체적으로 파악해 당면한 비즈니스를 자신만의 스타일로 만들어 내는 매우 체계적인 사람이었습니다. 이런 그만의 접근방법을 통해서 우리는 여러 번이나 전혀 기대하지 않았거나 혹은 '블루 오션'이라고 하는 새로운 솔루션을 찾아낼 수 있었습니다. 삼성을 떠난 이후에도 그와의 이러한 경험들은 나의 사업을 운영하는 데에도 많은 영감과 영향을 주었습니다.

"I have known Patrick as a methodical person who developed his own style to analyze situations from different interesting angles. From this approach many times unexpected and/or 'blue ocean' solutions came out. His mindfulness inspired me, since then, in my own (business) life after Samsung."

Ubaldo Lorenzini
우발도 로렌지니, 前 이태리 필름 공급선 (Ferrania S.p.A) 해외영업 총괄

새로운 천년이 시작되던 2000년대 초,  우리는 필름 카메라의 컬러 필름 OEM 공급 협상을 위해 삼성의 협상단을 맞이 했습니다. 패트릭은 협상단의 구매 책임 자로 그리고 저는 페라니아의 판매 책임 자로써 협상 테이블에서 처음 만났습니 다. 당시 그 협상은 매우 길고 복잡한 것 이었는데 사안을 진지하게 풀어나가는 패트릭의 영민함과 문제를 종합, 분석하는 능력 그리고 물러서지 않는 끈기에 깊은 인상을 받았습니다. 비즈니스맨으로써의 프로페셔널함과 비즈니스에 대한 진실성을 지금도 기억합니다. 우리는 컬러 필름의 OEM 생산과 공급 관련한 매우 세세한 부분까지 굉장히 터프하게 협상을 진행하였 습니다.

그 결과 패트릭과 우리는 양사 모두가 만족하는 성공적인 비즈니스를 만들 수 있었 습니다. 덕분에 양사의 신뢰를 바탕으로 한 탄탄한 동반자 관계는 5년이상 성공적 인 협력 관계를 유지, 발전시킬 수 있었습니다. 그리고 인간적인 신뢰를 주고받았던 패트릭과 저는 현재까지도 좋은 친구가 되어 한국과 이태리에서 멋진 시간을 함께 하기도 하였습니다. 저는 패트릭이 그의 훌륭한 비즈니스 경험을 이 책에 담는다는 소식에 매우 즐겁고, 저 또한 이책을 꼭 정독하고자 합니다. 그리고 글로벌 비즈니 스에 관심이 있거나 이미 속한 분들이라면 저는 이책을 꼭 읽어보시라고 추천을 드 리고 싶습니다. 여러분은 패트릭의 책에서 그의 다채롭고 흥미로운 글로벌 비즈니 스의 경험에서 여러분들에게 필요한 분명히 의미있는 통찰력을 얻으실 수 있을 겁 니다.

사보나에서
우발도 로렌지니

I have met Patrick at beginning of the new Millennium in Italy. There was a long discussion between Samsung Corporation and Ferrania S.p.A. for a possible cooperation in Private Label Color Films. The Samsung delegation came to Ferrania - Italy and Patrick and myself were involved in the negotiations as purchasing and selling counterparts.

Patrick's professionalism impressed me from the first meeting: intelligence, courteous tenacity, ability to analyze and synthesize, and a great sense of business ethic. We negotiated hard on every single detail of the production and supply, but in the end, we created a success story with Patrick for the benefit of both companies. It came out a deep and strong cooperation that lasted for about 5 years. And we became friends, spending great time together during dinners and business lunches in Italy and Korea, in the years to come.

I am happy that Patrick has put in this book all his long business experience and I am eager to deeply read it. And I'd like to recommend also strongly to those who are interested in and/or already involved in global business to read Patrick's book so that you can have useful insights from his various and fruitful global experience.

Savona,
Ubaldo Lorenzini

CONTENTS

02 나를 기다리던 글로벌 무대 ·············

03 누구나 꿈꾸는 주재원(駐在員)의 모든 것

04 '글로벌 비즈니스 프로'가 되라

05 패트릭의 협상(協商) 스쿨

※책에 있는 모든 사진들은 저자가 출장 중에 직접 찍은 것이다

01

종합상사(綜合商社)맨,
나의 길은 '글로벌'

GLOBAL

PART
01

종합상사(綜合商社)맨의
길로

나의 길을 가기로 했다

드디어 몇일 뒤면 꿈에 그리고 기대하던 부서 배치였다.

삼성 신입사원 그룹공채 입문교육은 길고 힘들기로 유명했다. 게다가 삼성물산 별도 자체교육과 무역협회의 무역실무 교육 그리고 마지막엔 국제무역사 시험 및 자격증까지 취득을 해야 했다. 따라서 지난 몇 개월간의 입사 교육에 지친 동기생들 모두가 각자 부서에 배치되는 것을 기대와 설레임 그리고 두려움을 가지고 카운트 다운하고 있었다.

더욱이 IMF 경제의 거센 폭풍 때문에 당시 대부분의 기업들은 신입사원 채용을 미루거나 취소를 하고 있었다. 그런 큰 폭풍을 뚫고 어렵사리 입사를 하게 된 동기들은 빨리 부서배치를 받아 안정된 보직을 받고 싶음 마음이 간절했다. 특히 우리들은 이전 기수의 1/3 수준도 안되는 인원만 신입사원으로 뽑힌 기수였기에 그 불안감과 설레임은 더욱 컸다.

이미 동기들 사이에는 누구는 관리팀 누구는 영업팀으로 배치가 된다고 소문이 돌고 있었는데 관리팀 중에서도 누구는 회계팀 누구는 국제금융팀 등으로 가고 영업팀으로는 섬유, 화학, 인터넷, 프로젝트 사업부 등 신입사원 충원 요청이 있다고 소문이 도는 구체적인 부서명과 그쪽으로 배치된다는 동기이름까지 거론되는 제법 그럴 듯한 소문이 돌고 있었다. IMF라는 흉흉한 분위기 속에서 최고의 기업에 입사했다는 기쁨도 잠시여서 자기가 내심 원했던 부서가 아닌 다른 곳으로 갈 것이라는 얘기가 나오는 동기들의 얼굴엔 실망감과 불안감이 비쳤고 학교 선배 등의 인연으로 그 부서에 대해서 조금이라도 더 알아보려고 애쓰는 모습이 역력했다. 그런가 하면 당시에 한창 뜨고 있던 인터넷 사업부와 같은 곳으로 배치가 된다는 동기들은 기쁜 표정을 숨기지 않고 있어 대조를 이뤘다.

대학원을 마치고 입사한 나는 입사동기들 중에서 나이도 제일 많았기에 반장역할을 하고 있었는데 나라고 그런 소문에 관심이 없을 수는 없는 노릇이어서 나름 귀동냥을 해보니 들리는 말로는 관리팀 그 중 에서도 경영관리팀으로 배치가 될 것이라 했다. 사실 경영관리팀이라 하면 관리의 삼성이라고 불리우는 삼성에서도 핵심 중의 핵심 부서로 통했기 때문에 삼성의 관리부서에 배치되어 근무를 하게 된다는 것은 직장인으로써의 미래가 어느 정도는 보장된 탄탄대로에서 회사생활을 시작할 수 있다는 것을 의미하는 것이었다. 삼성의 관리부서에서 근무한다면 본인의 특별한 과오가 없다면 실적에 쫓기고, 영업 현장에서의 압박이 심한 영업부서보다는 상대적으로 안정된 포지션에서 일을 하는 것이라고 했다. 즉 내가 삼성에서 미래가 어느정도 보장이 되는 좋은 자리에 간다는 소문이었다.

당연히 기뻐해야 했지만 나는 기쁘 다기 보다는 걱정과 불만이 생기기 시작했다. 그 이유는 단 한가지 종합상사에 입사한 사람이라면 당연히 상사인으로서 해외영업을 해야 한다고 생각했다. 핸드폰을 손에 들고 멋진 007 가방과 함께 세계 여러 각국을 넘나들며 첩보원처럼 안되는 일을 되게 만드는 국제적인 산업역군 그것이 내가 꿈꾸고 되고 싶은 그림이었다. 그 길이 내가 가야 할 길이라고 강하게 믿고 있었다. 하지만 내가 입사하던 당시는 IMF의 충격으로 채용이 극도로 위축된 상황이었기 때문에 많은 취업생들이 꿈꾸던 직장인 삼성물산에 입사해 놓고도 어느 부서로 배치 되느냐를 놓고 갈등한다는 것은 분명히 사치스럽고 행복한 고민이었다.

하지만 당시에 그 고민은 나에게는 너무나도 고민이 될 수 밖에 없는 상황이었다. 그러한 어려운 시기에 취업을 하였고 이제 원하던 직장에서 첫발을 내딛는 찰나였으니, 이왕이면 내가 잘할 수 있다고 생각하고 내가 원하는 일을 하고 싶다는 생각을 떨쳐 버릴 수가 없었다. 몇일을 깊이 고민하고 또 고민하였다. 그리고 마침내 부서배치를 몇일 앞두고 나는 큰 결심을 하였다. 그래 우선 부딪쳐 보자! 그렇게 마음을 먹고 실행한 것은 인사과장님과 면담을 신청하는 것이었고, 다음날 다른 직원들이 출근하기 전에 일찍 인사팀, 인사과장님을 찾아갔다.

"똑, 똑, 똑!"

"과장님 드릴 말씀이 있습니다"

"듣기론 제가 경영관리팀으로 배속이 된다고 하는데 정말로 그리로 배치된다면 퇴사까지 생각을 해야 할 것 같습니다"

예상외로 과장님의 표정은 아무 동요가 없었다. 입사는 고사하고 내로라 하는 기업들이 하루가 멀다 하고 문을 닫던 IMF 경제위기의 거센 파도를 헤치고 당시 최고 중의 최고 직장 중 하나로 꼽히던 회사에 입사한 신입사원이 부서배치를 이유로 퇴사도 불사하겠다고 당돌한 이야기를 한 것이었다.

잠시 말씀이 없으셨던 과장님은 짧은 한숨을 쉬셨고, 내게 삼성에서의 관리, 그리고 그것도 경영관리팀의 중요성과 나를 왜 그곳으로 배치하려는 지에 대해서도 친절하게 설명을 해주셨다. 분명히 황당하거나 당돌하게 느끼셨을 것이라고 생각이 들었지만 이미 예상을 하고 시작한 일이기에 나는 나름의 주장을 이어갔다.

이십 년이 흘렀지만 나는 지금도 그때의 장면들이 또렷하게 기억 난다. 내 쪽으로 기울어 있던 인사 과장님의 몸이 곧추 세워졌고 잠시 놀란 듯한 눈동자가 이내 차분해지며 목소리도 흔들림없이 가다듬어졌다.

"이제 니 앞길은 니가 알아서 해라"

인사과장님께서 면담을 마치고 돌아서 나오는 내게 해주셨던 그 말은 분명 약간의 핀잔과 태반의 걱정을 가득 담은 것이었지만 정작 이 말을 들은 나는 뛸 듯이 기뻤다. 이제 나는 관리 파트가 아닌 영업 쪽으로 보내질 것이었고, 그건 곧 내가 종합상사의 멋진 해외영업인이 되는 것이 확정되었다는 의미였기 때문이었다.

'걱정은 안되던가요?' 얼마 전 이 때의 얘기를 듣던 한 지인이 내게 자기 일처럼 걱정되는 표정으로 물어보았다. 글쎄, 생각해보면 그런 결정을 누가 일말의 망설임도 없이 잘한 것 혹은 현명한 선택이었다고 하겠는가. 삼성에서도 가장 잘 나가는 계열사의, 그것도 미래가 보장되는 루트로 직장생활을 시작할 수 있었는데 그걸 마다하고 영업을 하겠다고 나섰으니 나라도 '한번 더 생각해보라'고 충고했을 것이다. 어쨌든 인사과장님의 핀잔 같았던 덕담은 이제 나는 그 보장된 길을 떠나서 스스로 나의 실력을 입증해야 하는 고단하고 팍팍할 지 모르는 하드한 길로 들어섬을 함축적으로 말해 준 것이기도 했다.

하지만 스스로를 글로벌 전사(戰士)라고 자부하는 직장생활 중에도 어려운 순간을 마주했을 때면 가끔씩 당시 인사과장님의 그 말이 생각 나곤 했다. 내가 만일 그때 부서배치 변경을 요청하지 않았다면 '지금은 어떤 모습일까?'를 상상하곤 했다는 것을 부인할 수는 없다. 여하간 그 결정으로 내 인생에는 해외영업의 다이나믹 한 길이 활짝 열렸던 것이다. 며칠을 고민하고 숙고한 것이지만 어느 광고의 멘트처럼 "결국 순간의 선택이 평생을 좌우한다"라는 중요한 결정이 되었던 것이다.

'니 앞길은 니가 알아서 하라'는 과장님의 말에 섣부른 결정을 내렸다는 당혹감 보다는 상사맨으로 세계를 누비며 해외영업을 할 수 있게 된다는 것에 대한 흥분과 설렘이 더 컸음은 물론이다. 당시의 상황으로 다시 돌아간다고 해도 나는 분명 같은 행동을 했을 것이라고 확신한다. 아마 천직이었기 때문이었겠지.

시간이 지나고 나면 이래도 후회 저래도 후회인 경우가 많다.
게다가 자신의 결정이 아닌 경우에는 결과가 만족스럽지 않을 경우
더 큰 실망과 불만이 쌓인다.
이왕 내가 선택한 길을 갈 수 있다면 더욱 신명 나게 집중해서 일할 수 있고
나중에 그 결과에 억울하거나 후회할 일은 적어질 것이다.

2

해외영업팀 배치 그리고 첫 출장

그렇게 해서 어느 정도 미래가 보장됐다 할 수 있던 좋은 길을 뇌두고 결국 나는 꿈에 그리던 삼성물산 상사부문 해외영업팀에 배치가 됐다. 그 중에서도 당시 회사내에 유일하게 B2C 사업을 하는 부서였는데 우리 사업부의 주요 사업내용은 삼성전자가 생산하지 않는 IT 소모품제품(IT consumable goods)을 '삼성' 브랜드로 세계 각국에서 소싱 해서 전세계로 판매하는 것이 주된 비즈니스 모델이었다.

당시 세계적으로 히트 제품이었던 광(光)미디어인 CDR을 삼성브랜드로 대만에서 소싱해서 전세계에 불티나게 팔고 있는 이 부서에 대한 소문은 이미 배치전부터 듣고 있었다. 따라서 관리부서로 갈 뻔했다가 한참 성장하고 있는 영업부서에 배치가 되자 내 기쁨은 배가가 되었다.

이미 여러 개의 히트 아이템을 갖고 있던 우리 부서에서 내게 주어진 첫 미션은 히트 상품을 이을 유망 대체 제품을 개발하라는 것이었다. 당연히 배치 후에는 나도 히트제품인 CDR을 전세계에 팔러 다닐 것으로 생각을 했는데, 그 후속 제품을 개발하라는 미션은 한편으로는 아쉽게만 느껴졌다. 하지만 이는 공급선 수배부터 제품개발, 판매까지 전체적으로 신규사업을 진행해 볼 수 있는 소중한 기회였고 이로 인해 나의 업무 범위가 더욱 넓어진 계기가 되었다.

2000년대초에 삼성물산은 분당으로 본사를 이전하기도 했다. 역시 나는 출장 뒤에 새사옥을 찾아 출근을 해야 했다.

다행히 부서에서는 이미 후속 제품에 대한 1차 선정을 마친 상태였기 때문에 내가 해야 할 일은 그 제품을 삼성브랜드로 제조해줄 공급선을 발굴 및 선정 그리고 제품화 및 전세계에 판매하는 영업을 할 수 있도록 하는 준비였다. 이제 갓 입사를 한 신입사원에게 나름 중량감있는 일이 주어졌던 셈이었다.

입사 당시만 해도 현재와 같이 인터넷, 이메일, SNS등이 발전해 있지 않았기에 유망 공급선의 조사는 이메일은 물론 fax까지 사용을 하여 후보 공급선들과 연락을 해야 했다.

보통 해외 소싱을 해서 해외 판매를 하는 삼국무역의 경우 소싱은 대부분 중국 등 원가경쟁력이 좋은 국가들을 선택하는 것이 일반적이다. 하지만 당시에 개발 제품은 삼성 브랜드로 제품화를 해야 하는 만큼 품질, 특허이슈 등 공급가격 못지않게 고려해야할 요소들이 있었다. 나는 과감히 독일, 스위스 등 유럽의 공급선들을 조사하기 시작했다. 그리고 마침내 스위스에서 공급선 후보를 찾았다. 공급선 후보를 찾았으니 이제 실제 출장을 진행해야 했다. 공급선과의 미팅 후에는 개발추진 제품의 시장조사를 위해 영국, 프랑스, 독일의 유럽 주요 국가 출장까지 일정에 넣었다.

입사 2개월만에 첫 출장이 확정되었다. 그것도 스위스, 독일, 프랑스, 영국의 유럽 4개국이었다. 동기생들 중에 제일 빠른 출장이었다. 동기생들의 부러움과 격려를 받으며 밀리언 마일러 출장은 그렇게 시작이 됐다.

제품개발 및 구매의 업무 경험은
전체 사업의 흐름을 A ~ Z까지 배우고 이해할 수 있는 기회와 안목을 주어
추후 영업 담당을 했을 때 큰 지식과 도움이 되었다.
조직내에서 다양한 value chain업무의 경험은 큰 시각을 갖게 해준다.
한 분야에 전문적인 실력이 쌓이면 과감하게 다른 업무에도 도전을 하자.

PART
02

합(合)을 겨루며
글로벌 프로들에게서
배운 것들

중국,
대작이 본업인 술상무를 이겨라

드물게 우리 나라에서도 있었던 기억의 하나이지만 중국의 거래선 식사 자리에 '술상무'라는 사람들과 거한 술자리를 나누는 경우가 적지 않다. 거래처 사람들 과의 식사자리, 술자리에서 분위기를 띄우고, 자신 들에게 유리한 쪽으로 분위기를 만드는 역할을 하는 이들 술상무는 '본업이 대작'이라는 우스갯 소리가 있을 정도인데 술상무에 대한 수많은 에피소드 중 가장 기억에 남는 한가지를 소개할까 한다.

새로운 스피커 공급선을 선정하기 위해 출장을 진행하였다. 당시 우리 부서에서는 스피커 사업을 강화하기 위해 스피커 전문인 경력사원을 채용했고 당시 구매, 제품 개발을 책임지던 나는 이 B대리를 출장에 동반했다. 중국 스피커 공장에서는 삼성브랜드로 납품을 할 중요한 기회였기에 현지 공장에 도착을 하니 그 준비가 만만치 않음을 직감할 수 있었다. 미팅엔 회사 오너인 회장이 직접 참석을 하였고 자신들이 개발한 수많은 스피커 샘플들이 미팅 룸에 전시되어 있었다.

공급선의 담당 매니저는 제품들을 자랑스럽게 소개했지만 삼성브랜드로 소싱 하기에는 제품의 끝마무리 등 구매책임자 이던 내가 기대하던 수준에는 못 미치는 점들이 적지 않았다. 소개하는 제품마다 기대에 못 미치는 점과 개선해야 할 사항들에 대해서 지적을 하자 회장이 직원들에게 호통을 치며 다른 제품을 가져오라고 하는 등 미팅의 분위기는 점점 험악 해졌다. 특히 제품의 테크니컬 한 측면의 미흡한 점은 동반한 B대리가 하나 하나 언급을 하였다.

당시 과장이었던 나는 스피커 전문가인 B대리와 첫 출장을 진행하는 것이었다. 당연히 B대리도 삼성물산에 경력 입사 후 긴장되는 첫 출장이었던 것이었다. 문제는 스피커 전문가였던 B대리는 기존 회사에서 해외거래선과 교류기회가 없었기에 영어를 구사하는데 어려움이 있었다. 따라서 내가 회의를 진행하는 내내 B대리의 대화까지 하나하나 통역을 해야 하는 것이었다. 내가 하는 이야기는 물론 B대리의 이야기까지 통역을 하면서 진행하는 회의는 다른 출장보다 더 피곤하게 느껴졌다.

자신들의 제품에 대해서 많은 개선점이 요청되자 자존심이 상한 회장은 회의를 계속 진행하자고 하였고 따라서 점심식사도 공장에서 간단히 먹고 강행이 되었다. 미팅은 제품에 대한 다양한 협의가 지속되어 저녁식사를 위해 예약했던 식당도 취소를 해야 할 정도로 장시간 진행이 되었다. 아침에 시작된 회의는 장장 10시간이 넘어서야 마칠 수가 있었다. 회장은 예약했던 식당은 미팅이 길어져서 대안으로 예약한 곳은 아주 좋은 식당이 아니라며 미안해하면서 이동을 했다. 나와 B대리는 사실 너무 피곤해서 저녁을 먹지 않더라도 호텔로 돌아가고 싶은 마음이 더 컸지만 출장을 온 이상 현지 호스트의 호의를 무시할 수는 없었다.

식당에 도착해서 예약된 방으로 들어가 커다란 원형 테이블에 자리를 잡고 앉았다. 회장이 내 옆에 자리를 잡고 앉자 하루 종일 회의때에는 참석을 하지 않았던 한사람이 양손에 쇼핑백을 무겁게 들고 방으로 들어왔다. 그는 B대리 옆좌석에 자리를 잡고 앉았다. 동석한 공장의 매니저가 그를 소개해 주었다. 그는 나에게 명함을 정중히 건네었다. 명함에는 'CEO Assistant(회장 보좌역)'라고 영어로 적혀 있었다. 짐작한 대로

처음 중국엘 가면 명함에 신경 써라

저임금 등의 메리트가 줄어들었지만 중국은 여전히 14억명이라는 세계에서 가장 거대한 시장을 지닌 매력적인 곳 중 하나인 것만큼은 변하지 않는 사실이다. 중국과의 비즈니스 경험이 되다 보니 이런 중국 시장에 진출을 꾀하는 회사들에서 개인적으로 자문을 해오는 경우가 있는데 가급적 이런 질문에는 성심성의껏 답변을 해드리고 있다. 그런 조언 중의 하나가 바로 '명함'이다.

체면과 조직 내에서의 직위를 중시하는 동양 문화권의 특징이 중국에서는 무척 심한 편이라 가급적 높은 직급의 명함이 대우를 받는 게 사실이다. 그렇기 때문에 아무리 작은 회사라고 하더라도 중국에 가서 사람들을 만날 때에는 높은 직급의 명함을 갖고 가는 게 좋은 데 개인적으로는 '부총경리' 명함을 따로 파서 갖고 가는 것을 추천한다.

'총경리'라는 직책은 우리식으로 표현하면 대표이사인데, 부총경리 명함을 말하는 것은 괜히 '총경리' 명함을 갖고 갔다가 자칫 원치 않는 조건에 싸인을 하는 불상사가 생길 수 있기 때문에 중국 사람들이 보기에 높아 보이면서도 서명할 권한은 없다고 둘러 댈 수 있는 '부총경리' 정도의 명함을 준비하는 것이 좋기 때문이다.

그는 '술상무'였다. 당시 중국 출장을 많이 진행하고 있던 나는 이미 몇몇 업체에서 술상무가 나오는 것을 경험한 적이 있었다. 하지만 술상무가 이렇게 정식으로 자기명함을 건네는 것은 처음이었다. 그가 양손 쇼핑백 가득이 무겁게 들고 온 것은 중국의 백주(白酒)였다.

하지만 그날 석식은 또 한가지의 문제가 있었다. 그것은 B대리가 술은 한잔만 마셔도 얼굴이 새빨개지며 힘들어하는 체질이었던 것이다. 깍두기 헤어스타일의 덩치 좋은 술상무 소개가 끝나자 B대리의 얼굴이 새하얗게 질리는 것이 느껴졌다. 앞으로 펼쳐질 상황이 뻔하게 보였기 때문이었겠지만 B대리는 내 눈을 계속 쳐다보았다. 당혹스러운 속내는 짐작 못할 바는 아니었지만 사실 B대리에게 나는 새로 입사한 회사의 엄한 직속 상사였던 것이다. 이미 당일 미팅에서도 내가 B대리를 대신해 영어 통역까지 하면서 업무가 진행된 것에 미안해하고 있었는데 이제 술상무까지 옆에 앉아있으니 그야말로 B대리는 멘붕이 되었던 것이다.

우리의 사정에는 아랑곳없는 회장은 내 옆에서 그리고 술상무는 B대리 옆에서 계속 잔을 권하며 건배를 외쳐 댔다. 더욱이 술상무는 자신의 역할을 충실히 하기 위해서 나와 B대리의 눈만 마주쳐도 술을 따라주며 건배를 외치며 자기도 건배한 술잔을 자신의 머리위에 털어 댔다. B대리에게도 미리 알려주었지만 중국식 술자리 예법은 절대로 술을 나눠 마시지 않는다는 것이고, 눈을 마주친 상대에는 반드시 잔을 권해야한다는 것이었다.

이런 사정을 모르고 중국인들과 술자리를 가졌다가는 어지간한 술실력으로는 뼈도 못 추리는 상황에 빠지게 되기 십상이다. 달리 뾰족한 수가 없던 나는 B대리에게 식사가 시작되면서 넌지시 "힘든 것은 알지만 거래선 앞에서 절대로 흐트러지거나 술에 취한 모습을 보이면 안돼"라는 이야기를 해주었다. 체력이나 술 실력이 갑자기 늘어날 수는 없는 것이지만 정신을 단단히 부여잡고 있어야 했기 때문이다.

B대리는 그야말로 사투(死鬪)를 벌이고 있었다. 나와 B대리는 어서 호텔로 돌아가서 쉬고 싶은 마음뿐이었다. 다행히 식사를 마치고 이제 호텔로 돌아가려고 하는데 전투력이 회복됐는지 회장이 다시 '오늘 회의도 오래했고 식사도 예정한 곳에서 못해서 미안하니 2차로 호텔 바에 가서 한잔 더하자!'며 우리를 잡아 끌었다. 순간 B대리의 표정은 거의 나라 잃은 모습을 떠올리게 했다.

호스트인 상대방의 차량으로 이동을 하고 행동을 같이 하니 우리만 따로 도망을 갈 수도 없었다. 또한 그것은 출장 시 예의도 아니다. 어쩔 수 없이 우리는 2차로 장소로 갈 수밖에 없었다. 그곳에 도착하자 술이 얼큰하게 오른 회장은 정작 의자에 앉아서는 꾸벅꾸벅 졸기 시작했다. 내심 안도의 한숨을 내쉬고 있던 순간 당일 B대리의 술 실력 등 상황을 파악한 술상무의 공격은 나한테 시작이 되었다. B대리는 한쪽 구석에서 술공격을 피하고 있었다.

어떤 술자리이든 그 자리를 주도하는 사람의 페이스에 말려들면 곤란한 상황에 빠질 수밖에 없다. 그렇기 때문에 초장에 기선을 제압당하지 않는 전투력을 발휘할 필요가 있다. 이미 2차 술자리에서는 중국식 술자리 게임인 '주사위 게임'이 시작되고 있었다. 하지만 나는 술상무의 페이스에 말려들 생각이 없었다. 오히려 나는 내가 좀더 익숙하고 상대를 혼란스럽게 할 수 있는 '가위 바위 보 하나 빼기 일', '동전 돌리기'와 같은 한국식 및 나만의 게임으로 술자리의 주도권을 잡았다. 그리고 같은 아시아 문화를 적극 활용해서 '장유유서'전략을 폈다. 술상무에게 '당신 몇 살이냐?'고 질문을 하자 웃으며 본인의 중국 공민증(주민등록증)을 꺼내 보여주었다. 그리고 내나이를 짐작하며 자신보다 어릴 것이라고 하였다. 실제로도 내가 술상무보다 나이가 1살 적었지만 술상무도 어느정도 술이 취한상태이기에 내가 당신보다 나이가 많다고 하면서 주민등록증의 나이부분을 슬쩍 가리면서 보여주었다. 이에 술상무는 나를 '따거(형님)'라고 부르기 시작했다. 따거의 위세로 나는 술상무에게 오히려 술을 계속 주어서 술상무를 골아 떨어지게 성공을 하였다. 그동안 몸에 익혀온 단독 출장 생존(生存)비법을 발휘했던 것이다.

이때 한잠 잘 자고 있던 회장이 깨어났다. 그러자 구석에서 잘 쉬고 있던 공급선의 매니저가 한테이블을 치우더니 그 위로 큰 맥주잔을 들고 뛰어 올라서서 큰 잔에 양주를 반, 그리고 맥주를 반씩 한잔 가득이 채우고 잔을 높이 들면서 "삼성과 XXX(자신들 회사이름)을 위하여!" 라고 크게 외치고 원샷을 하였다. 회장은 이러한 자신의 직원의 행동에 매우 흡족 해하는 눈치였다.

이제 우리도 테이블로 올라가서 똑같은 세레머니를 해야 할 사태가 벌어진 것이다. 그리고 그것은 분위기상 당연히 B대리였다. 그 순간 B대리는 내 팔을 꼭 붙잡고 내 귀에 속삭였다. "과장님, 저 올라가면 죽습니다." 나는 B대리 눈을 쳐다본 후 한숨을 내쉬며 테이블 위로 올라섰다. 그리고 한잔 가득한 중국의 폭탄주를 들고 "XXX와 삼성을 위하여!"라고 외치고 원샷을 하였다. 다행히 이 세레머니를 마지막으로 그날의 술자리는 마칠 수가 있었다.

다음날 귀국길에 공항으로 가는 차 안에서 전날 숙취로 울렁거리는 속을 달래며 B대리에게 이야기했다. "B대리 영어공부의 필요성을 느꼈을 테니 이제 영어공부에 전력을 해라. 그리고 술도 한두잔씩 연습 좀 해라." 마침내 짧았던 출장을 마치고 귀국 비행기에 올랐다. 기내식으로 점심이 나왔으나 나는 손도 댈 수가 없었다. 맛있게 기내식을 먹던 B대리는 "과장님 왜 식사 안하세요?"라고 순진하게 질문을 하여 쓰린 내 속을 더 뒤집어지게 했다.

그 출장에서 B대리도 나름 느낀 바가 컸었는지 사내영어 과정을 포함해서 개인적으로도 영어공부에 집중해서 단기간에 많은 성장을 하는 것을 지켜보았다. B대리의 술실력은 영어실력만큼 늘지는 않았으나 해외 거래선과의 협상을 진행하는데 무리가 없을 정도로 나아졌다.

B대리의 성장처럼 해외영업맨들은 이렇게 필드에서의 생생한 경험을 통해서 성장하게 된다. 본인 스스로 자신의 부족한 점을 자각하고 영어공부에 더욱 정진하였고 실력이 향상되는 것은 분명 해외출장의 긍정적인 효과였던 셈이다.

해외 출장에서 피할 수 없는 것이 술자리이다.
반드시 나만의 술자리 원칙과 노하우를 만들어라.
자칫 들뜬 마음으로 절제없이 술자리를 갖게 되면 돌이킬 수 없는 실수를 할 수 있다.
술자리도 비즈니스 미팅과 협상의 자리임을 망각하면 안된다.
술자리에서도 정신을 차리는 사람이 승리한다.

중국 중화담배, 고량주, 주사위 게임

담배를 권하는 중국 문화에서 고급담배는 부와 신분의 상징이다. 중화는 1갑에 1만원 이상의 고급담배로 국가고위직, 공무원, 기업인들이 주로 신분을 과시하며 피운다. 식사자리에서 중화담배를 꺼내 동석자들에게 던져주는 모습에 놀라지 마시길.

고량주는 수수를 원료로 하는 증류주로 도수는 보통 30~50도까지되는 독한 술이다. 백주의 일종으로 연태고량주, 금문 고량주, 수정방, 마오타이 등 지역별로 다양하다. 작은 잔에 따라 샷처럼 마신다. 중국은 첨잔의 문화와 건배 시 상대편보다 나의 잔은 낮게 잔을 마주치는 것이 매너인 것은 참고하면 좋다.

중국인들과 흥겨운 술자리가 이어졌다면 반드시 등장하는 것이 주사위 게임이다. 여러가지 주사위 게임이 있고 간단한 중국어지만 이를 사용하면서 진행되는 게임을 처음 술자리에서 룰을 정확히 이해하기 쉽지 않다. 영문도 모르고 게임에 져서 술을 잔뜩 먹게 되는 것을 피하기 위해선 주사위게임에 끌려 다니기 보다 자신 있는 한국식 게임을 제안해서 술자리를 주도하는 자신만의 요령이 필요하다.

홍콩, 사스(SARS),
위기(危機)는 위험한 기회

당시 브랜드사업부에서는 삼성브랜드의 소비재제품들로 여러가지 아이템들을 운영하고 있었다. 종합상사의 특성상 해외에서 소싱을 해서 해외에 판매를 중심으로 하였기에 국내시장에는 대부분 소개 및 판매가 되지 않았던 제품들이다. 그 중에 일반 소비자용 건전지 사업이 있었고 러시아에서는 건전지 순위 2위에도 오르는 등 해외 여러 국가에 성공적인 3국 무역을 하고 있었다. 국내 공급선에서도 소싱을 하고 있었으나 구매가 경쟁력 등에 차이에 따라 대부분의 물량은 홍콩, 중국 등의 해외 공급선에서 소싱을 하고 있었다.

사업부장은 이미 다른 지역 해외영업은 물론 다른 아이템 구매업무를 맡고 있던 나에게 건전지 구매업무의 총괄까지 맡게 하였다. 사실 건전지 사업은 다른 부서의 핵심 아이템이었고 두 부서가 합병이 되면서 내가 속한 부서로 오게 된 아이템이었다. 따라서 기존 부서 건전지 담당자들은 아이템을 지키기 위해서 안간힘을 쓰고 있던 상황이었다. 조직에 명령에 따라 업무를 맡게 되었지만 이러한 미묘한 내부 사정에 마음이 편치만은 않았다.

새로운 아이템에 구매업무를 맡게 됨에 따라 나는 홍콩, 중국 등 공급선들과의 첫인사 및 미팅을 위해 출장을 진행하였다. 삼성물산의 경우 수많은 해외 지법인이 있고, 건전지 사업에 대한 구매지원은 홍콩법인에서 이미 삼성에서 10여년 넘게 일을 하고 있던 노련한 현지 담당자가 지원을 해주고 있었기 때문에 나는 새로운 아이템과 거래처와 만들어갈 사업에 대한 각오를 다지며 기존 구매 및 사업내용 분석을 하고 각 공급선마다 홍콩 현지직원과 함께 찾아가서 나에 대한 소개와 앞으로의 협력을 부탁하는 출장을 하게 됐다. 이미 본사와 홍콩직원을 통해 주요 거래선들의 성향, 제품 특징, 구매가격 및 구매물량 등에 대해서 1차적으로 리뷰를 마친 후였기에 나는 앞으로의 관계를 위해 직접 인사를 진행한 것이다.

내가 자료와 전언 등을 통해 들었던 홍콩의 공급선에 대한 내용은 약간 부정적인 중립 의견이었다. 사전리뷰에서도 이 업체는 품질은 우수하나 공급가가 타 공급선들에 비해 비싸고 우리에게 협력적이기 보다는 소위 좀 뻣뻣하다는 업체라는 설명을 들었는데 게다가 업체의 실직적인 결정권자가 여성이라는 것이었다. 사실 중화권(中華圈) 문화에서는 드물지 않은 일이기는 하지만 어쨌든 대외적인 의사결정라인과 실제가 다르다는 것 정도를 염두에 두고 홍콩으로 떠났다. 현지에 도착, 업체 관계자들과 안면을 트는 가벼운 수준의 인사를 나누고 있는데 그 업체 담당자들이 이제 자신들의 상관인 그녀를 모시고 오겠다고 하며 나갔다.

잠시 문제의 여성 상관이 모습을 드러냈는데 스테레오 타입일 수도 있겠지만 전형적인 중화권의 여장부 같은 모습이었다. 짧은 단발머리 그녀의 첫인상은 여성으로는 다부진 느낌이었다. 나는 새롭게 구매업무를 맡게 되었고 향후에 잘 해보자 라는 우선은 형식적인 인사를 건넸다. 그녀에게 서도 우선은 형식적인 답변이 올 것으로 기대를 하였다. 하지만 그녀는 첫마디부터 불만을 쏟아 내기 시작했다. 삼성에 대한 불만, 기존 부서와 담당자들에 대한 불만 등 약 1시간에 걸쳐서 초면에 이야기하기에는 굉장히 거북하고 낯뜨거운 불만을 작정하고 내뱉았다.

이에 나는 '이건 뭐지?'라는 생각과 자존심이 상하는 기분을 넘어 심한 모욕감까지 들었다. 아니 어떻게 잘해보자고 인사를 하러 온 담당자에게 첫 대면부터 거의 욕설에 가까운 이야기를 할 수가 있나? 라는 당혹감에 잠시 흔들렸던 멘탈을 가까스로 진정을 한 뒤 차분히 그녀가 쏟아내는 불만을 좀더 귀담아 듣기 시작하였다.

이를 테면 그녀가 격정적으로 쏟아낸 불만은 '삼성을 신뢰할 수 없다', '개런티한 구매 물량에 대해서 한번도 약속을 지키지 않는다', '우리에게 오퍼한 가격은 그만큼 사겠다고 이야기해서 준 가격인데 가격만 낮게 받고 물량은 턱없이 적게 준다', '거래선 오더로 공급선에 물량을 줘야 할 때면 자신들에게 주는 것이 아니라 항상 다른 공급선과 다시 가격 경쟁을 붙이는 등 기본 상도의를 지키지 않는다', '삼성의 수출하는 담당자들이 개별적으로 구매를 진행하면서 각자 다른 스팩, 제품 디자인 등 요청을 하기에 자신들은 패키지 등 부자재의 낭비가 너무 심각하다', '디자인 변경을 해외 거래선이 원하는 대로 바꿔 주면서 기존 공장에 남아 있는 부자재 등에 대해서는 나 몰라라 한다'. 더욱이 '구매 담당자를 시도때도 없이 바꿔서 이전에 했던 약속과 조건은 자기 책임 아니라고 한

'거친 불만'이 '강한 지지'로 바뀔 수 있다는 것은 글로벌 현장에서도 통하는 진리다. 첫 미팅에서 격정적으로 불만을 쏟아내던 홍콩 여사장은(우측에서 두번째) 나중에는 가장 든든한 전략공급선이 되었다

다'. 욕설에 가까운 격정적인 토로가 한동안 쏟아져 나왔다.

그런데 들어보니 객관적으로 보면 하나같이 틀린 말은 아니었고, 우리가 반성해야 할 점들이 분명히 있었다. '아! 우리가 이렇게 비즈니스를 하고 있었구나' 하는 생각과 함께 그녀가 불만을 토로한 기존의 거래는 내가 추구하고 진행하고 있던 구매방식에도 맞지 않는 것이었다. 생각지도 못했던 무례한 태도에 대해서 처음에는 분노가 치밀었지만 미팅 후에는 분명한 오기로 바뀌었다. '그래 내가 당신을 설득시키고 내편으로 만들고야 말 것이다'라고 결심했다. 한편으로 본사에서 왜 이 공급선을 까탈스럽고 뻣뻣하다고 이야기하는지도 이해를 할 수 있었다. 보통 중국본토의 공급선들은 구매자가 어떤 요구를 하면 정말 큰 무리가 없으면 그 앞에서는 거의 '노'라는 대답을 하지 않지만 최종 결과물에 대해서는 실망과 약속을 어기는 일들이 많았다.

반면 이 공급선은 우리가 제시하는 조건들에 대해서 분명하게 Yes, No를 표명하고 있었다. 자신들의 의견을 분명히 했기 때문에 구매담당

자에게는 거북한 업체임에 분명하였을 것이다.

이렇게 생각지도 못했던 하드 했던 첫 인사후에 본사로 복귀한 나는 이 공급선과 그간 내가 담당하지 않았을 때 발생했던 우리측의 책임이 있던 묵은 미결 건 들에 대해서 특별품의를 진행하여 모두 처리를 해주었다. 기존 담당자들은 굳이 그것을 해결해줄 필요가 있냐고 했지만 내가 추구하는 비즈니스 관계인 신뢰를 쌓기 위한 당연한 첫걸음이었다.

이 공급선은 본사가 홍콩에 있지만 중국 여러 곳에 공장을 운영하고 있었기 때문에 홍콩은 물론 각 중국공장을 지속 방문하면서 신뢰를 쌓았다. 그리고 그 거래선의 결정권자인 여성 책임자와 매번 협상과 담판을 지었다. 나는 오히려 기존 구매담당들이 요청하지 않았던 파격적인 구매가와 지원을 당당하고 강력하게 요청하였다. 물론 나는 그들이 기존에 상상하지 못했던 물량의 오더를 안정적으로 주기로 약속을 하였고 그것을 지켜 나갔다. 그렇게 이 업체와의 신뢰관계를 하나씩 쌓아가고 있던 무렵 결정적인 사건이 일어나게 됐다.

2003년 중국 광저우와 홍콩에서 발생한 호흡기질환인 사스(SARS)는 전세계를 공포로 몰아넣었다. 홍콩에서만 약 1800명이 감염되었고 302명이 사망하였고 전세계적으로는 약 8000여명의 감염과 900여명이 사망을 하였다. 특히 같은 아시아지역인 우리에게도 사스의 공포는 대단해서 중국 및 홍콩에 대한 여행 자제와 결국 회사에서도 출장자제령이 내렸다. 하지만 나는 사스를 아랑곳하지 않고 매달 홍콩과 광저우 출장을 지속 진행했다. 홍콩의 공급선에서도 사스 공포가 만연한 홍콩 자신들의 회사에 출장을 오는 것은 나 밖에 없다고 걱정을 해줄 정도였다. 나는 한국인은 김치를 먹어서 사스에 끄떡없다는 호기 아닌 호기를 보이며 미팅과 협상을 위해 지속 방문했다. 초기에는 나를 믿지 못하는 눈치가 있었으나 이러한 나의 열정(무모함?)과 내가 한 약속 그 이상의 구매 오더를 안정적 주는 것 등에 서서히 마음을 열었고 결국 이 공급선의 당시 최대의 안정적인 공급 파트너가 되었다.

　수많은 현장에서 실로 다양한 국적의 비즈니스맨들과 소수점 이하의 단위를 놓고서도 한치의 양보없이 치열한 공방을 벌이며 숫자 싸움을 하는 프로페셔널들이지만 서로 간의 인간적인 신뢰가 가장 중요하다는 것을 나는 잘 알고 있다. 제 아무리 좋은 조건으로 협상을 타결하더라도 계약서에는 절대 서명하지 않는 사람도 있고, 계약서에 적힌 사항을 들이밀어도 '신의 뜻대로'라면서 나 몰라라 발뺌을 하는 문화권도 있지만 협상 테이블을 마주보고 앉은 사람들 사이에 인간적인 신뢰관계가 형성되어 있으면 실제로 벌어지는 수 많은 상황의 문제들이 순조롭게 해결되는 것을 너무나 많이 목격했다. 비즈니스의 시작이 그 어느 거래처보다 치열한 기싸움으로 시작됐던 이 홍콩의 공급선과 결정적으로 친밀함이 형성됐던 계기가 바로 사스 사태였다.

　거의 모든 나라의 회사와 비즈니스맨들이 꽁무니를 빼 듯 중국을 떠나고, 거래를 중단하는 와중에 나는 전혀 개의치 않고 비즈니스를 계속했던 것이 그들에게는 퍽이나 신의있는 행동으로 받아들여졌던 모양이다. 덕분에 사스가 진정이 되고 나서의 내 비즈니스가 물 흐르듯 쉬워졌다. 전설적인 종합상사맨으로 얼마전 타계(他界)하신 고(故) 김우중 회장의 책에서 읽었던 '위기는 위험한 기회다'라는 말에 나는전적으로 동의

한다.

이 거래처와의 안정적인 관계 구축을 위해서 그렇게 나는 할 수 있는 최선을 다했다. 그들에게 약속한 구매물량 이상의 오더를 안정적으로 주는 것 외에도 그들이 원가를 절감할 수 있도록 우리 제품관련 여러가지 기존의 이슈들을 해결해서 공급선의 제조 원가를 낮출 수 있는 효율화작업을 지원해주었다. 예를 들어 앞서 언급된 각 지역 영업 담당자마다 각자거래선 요구에 따라 상이하게 운영했던 패키지 디자인과 규격을 통일시켜 삼성 내부적으로는 브랜드 아이덴티티 확립과 공급선에게는 부자재 낭비를 줄임과 동시에 우리가 주문한 오더에 대한 빠른 납기가 가능하도록 하였다. 공급선에게 원가절감을 할 수 있도록 해주는 것은 결국 우리 구매가의 인하로 이어지는 당연한 선순환 구조가 되는 것이다.

나만의 이익을 생각하는 것이 아니라 파트너와 같이 성장하고 이익을 나눈다는 개념은 우리가 흔히 이야기하는 '윈 윈(Win Win)전략'이다. 하지만 이를 실천하는 것을 너무 크게만 생각할 필요가 없다. 작은 이슈

비즈니스는 FOB(Free On Board)가 아니다

해외 거래선과의 '신뢰'가 글로벌 비즈니스의 기본 중에 기본이다. 컨테이너가 난간을 넘어가면 책임을 지지 않는다는 FOB 조건과는 달리 비즈니스는 긴 호흡으로 함께 가꿔 나가는 것이다. 하지만 아쉽게도 이러한 신뢰를 망각하고 단기적인 성과만을 쫓는 경우가 많다. 하지만 신뢰 없는 비즈니스는 결국 자멸하는 길이다.
신뢰를 쌓은 후 때로는 한국인의 '악으로 깡으로'의 끈질기고 열정적인 정신을 보여준다면 기대 이상의 결과를 얻게 될 것이다.

하나부터 파트너와 함께 해결하고 같이 성장하겠다는 원칙을 실천하는 것이 중요하다. 나와 협상과 담판을 진행했던 여성은 그 회사의 실질적인 결정권자인 사장이자 오너 회장의 친척이었는데 훗날, 내가 유럽에 주재원으로 파견 나갔을 때 회장과 여사장이 일부러 나를 찾아와 인사를 하러 오기도 했다. 유럽여행 중에 회장이 회사를 물려주기 위해 경영수업을 시켜주던 아들에게 나를 소개를 시켜 주려던 목적이었지만 인간적인 신뢰관계가 쌓이지 않았다면 일부러 나를 찾아와 자기 아들을 인사까지 시키려고 하지는 않았을 것이다. 어찌됐든 이 홍콩 공급선과의 신뢰와 우정관계는 이젠 구매관계가 없는 현재까지도 지속이 되고 있다.

여담이긴 하지만 사스(SARS)공포가 만연된 홍콩을 출장 가는 것에 반대 급부도 있었다. 평소에는 비싸서 갈 수가 없었던 최고급 호텔들도 당시에 가격이 절반 수준으로 떨어져 회사의 규정된 출장 호텔비로도 투숙이 가능하게 된 것이었다. 게다게 이럴 때 홍콩을 찾아준 것에 대한 호텔의 서비스도 좋아서 하루 일과를 마치고 방에 들어와 보면 와인 한 병과 땡큐 레터(Thank you letter)가 함께 놓여있곤 했다.

일본, 산요(Sanyo),
삼성의 선생님에게 오더를 주다

"사업부장님, 일본 산요(Sanyo)사에서 2차 및 특수 건전지 소싱을 해오겠습니다"

"정과장, 아니 그게 가능 하겠어?" "구매가가 많이 올라갈 거 아닌가?"

"아닙니다. 제가 산요에서 반드시 경쟁력있는 가격으로 소싱 해오겠습니다!"

제품개발 및 구매를 담당하고 있던 나는 당시 사업부의 주력 아이템이던 건전지 사업을 기존 1차 건전지에서 2차 및 특수 건전지로 확대해야 하는 상황이었고 브랜드 제품의 특성상 품질이슈가 우려되는 기존 중국산 제품에서 2차전지의 세계최고 품질을 자랑하던 일본의 산요사로 소싱처를 바꾸겠다고 사업부장에게 보고를 한 것이다. 그런데 문제는 일본에서 소싱을 하는 것은 구매원가 측면에서 중국산은 물론 한국산보다도 높아지는 것이 일반적이었기에 사업부장의 우려는 당연했다. 품질 이슈는 차후에 벌어질 문제일 수 있지만 구매원가는 지금 당장 눈

앞에서 드러나는 이슈였으니 회사로써는 화들짝 놀랄 수밖에 없었다.

하지만 나는 이미 이에 대한 복안(腹案)을 갖고 있었다. 1차 건전지 구매의 효율화를 통해 홍콩, 중국의 전략거래선 셋업의 경험과 산요 유럽총괄과 산요사 제품을 우리가 소싱하는 것에 대해서 사전 협의를 하고 있었기에 이렇게 과감하게 보고를 할 수 있었던 것이다. 당시 산요의 유럽총괄은 일본인이 아닌 그리스인이었는데 그는 삼성 브랜드의 가능성과 산요 유럽 현지 공장인 헝가리에서 삼성브랜드로 제품을 공급하고자 하는 목적이 있었다. 따라서 산요 유럽총괄과 나는 일본 산요 본사를 설득하기 위해 산요의 본사가 있는 오사카로 같이 출장을 진행하였다. 산요 유럽총괄은 자신이 일본회사에서 일하지만 일본 본사 출장과 소싱 추진 협의는 매우 흥미롭고 터프 할 것이라고 나에게 미리 귀뜸 해주었다. 나 역시 기존에 일본 다른 회사들과 업무경험이 있었기에 이것이 어떤 의미인지는 짐작을 할 수가 있었다.

오사카 공항에 도착을 하자 말쑥하게 짙은 색 양복을 차려 입은 산요의 젊은 직원이 우리를 픽업하기 위해 대기하고 있었다. 예상했던 것처럼 그 일본인 직원은 매우 정중하지만 조금은 어눌한 영어로 손님을 잘 맞이하기 위해 노력하는 모습이 역력했다.

일본 관서지방의 관문인 간사이(關西) 공항은 바다 위에 세워져 짙은 안개가 자주 끼는 것으로도 유명한데 우리가 도착하던 그 날 따라 구름 한점없이 맑았다. 공항에서 산요 본사가 위치한 다른 섬까지는 배를 타고 이동을 해야 했는데 나는 가는 동안 산요와 오사카 지역 등 이런 저런 질문을 산요 유럽총괄과 직원에게 하였다.

뚫기는 어렵지만 안정적인 비즈니스가 가능한 일본. 관서지방의 관문이자 일본의 식당(食堂)이라 불리는 오사카는 먹거리가 풍부하다

"니시다(西田)상, 니시다상은 무슨 업무를 하고 있는데 우리 픽업을 오게 되었나요?"라고 묻자 그는 "저는 입사한지는 얼마 안되었는데, 산요 본사에서 영어 점수가 제일 높고 통역이 가능하다고 해서 왔습니다."라고 대답을 하였다. 뜻밖의 재밌는 대답에 나는 "아 그래요? 영어점수가 높다면 어떤 영어점수 입니까?"라고 재차 묻자, "네, 토익(TOEIC)시험 입니다." 조금은 짓궂지만 나는 다시 질문을 이었다. "대단하네요. 근데 토익 몇 점인데 회사에서 1등 입니까?" 그는 약간은 쑥스럽지만 자랑스러움이 묻어나게 "800점입니다"라고 대답을 하였다. 당시 한국에서도 취업을 위해서는 토익점수가 중요한 어학(語學) 증명이었고 내 기억이 맞다면 860점 이상이 1등급이었다. 많은 취준생들은 토익 1등급을 획득하였고 900점대 이상의 신입사원들도 많았었다. 물론 토익점수와 영어 회화 구사능력이 비례하는 것은 아니지만 간접적으로나마 양국의 영어에 대한 기준 등을 비교를 할 수 있는 레퍼런스가 되었다. 그러나 한국인이나 일본인 중 누가 영어를 더 잘하느냐와 같은 소모적인 논쟁보다

는 우리나 여기나 영어 때문에 이래저래 부담이 많구나 하는 생각을 잠시 해보게 됐다.

우리와 가장 가까운 나라이기도 하지만 우리와 일본은 경제적으로 매우 긴밀한 관계로 얽혀 있기 때문에 상사맨으로써 일본 거래처들과의 경험을 갖는 것은 드문 일이 전혀 아니다. 경험적으로 볼 때, 일본 회사들과의 비즈니스 협의에 몇 가지 특징이 몇 가지 있는데, 우선 업무협의 시 유관부서 사람들은 거의 다 미팅에 참석을 한다. 그러한 만큼 결정과정이 매우 오래 걸리고 신중하다. 우리가 생각하기에 쉽게 대답할 수 있는 이슈 같아 보여도 즉답을 하지 않고 그들은 내부 협의 및 리뷰를 하여 대답을 한다. 반면 그들이 결정한 사항에 대해서는 철저하고 완벽하게 결과물을 보여준다. 또한 약속한 것에 대해서 자신들도 철저히 준수를 하는 만큼 상대 파트너들도 자신들에게 했던 약속을 철저히 지켜주는 것을 기대한다. 한마디로 다가서기 어렵지만 그 이상으로 신뢰할 수 있는 파트너가 바로 일본 비즈니스맨들이었다. 하지만 앞서 언급했듯이 기본적으로 일본산의 제품들은 가격이 높기에 이러한 것을 극복해야만 일본 회사들 과의 협력이 장기적으로 유지가 된다.

소싱을 하겠다고 겁없이 찾아온 삼성의 젊은 과장과 산요와 미팅은 예상대로 흥미롭고 진지하게 진행이 되었다. 산요측은 본부장을 비롯 미팅 때 마다 10여명의 유관부서 책임자 및 간부들이 참석을 하였다. 일본 회사 특히 공장의 특성상 회의에 참석한 간부들은 회사 유니폼을 단정하게 입고 매우 정중하고 진중한 태도로 회의에 임하는 모습이 인상적이었다. 간혹 간단한 영어구사가 가능한 담당자들도 있었지만, 나와 산요 유럽총괄의 영어는 우리를 픽업한 니시다상이 매 회의 시 마다 주로 통역을 하였다.

실제로 겪어보니 일본 거래처와의 미팅에서 흥미롭게 느껴졌던 점은 내가 영어로

청출어람. 스승을 뛰어넘은 제자. 삼성의 젊은 과장에게도 인상깊었던 산요

이야기를 할 때 마다, 내 얼굴을 주시하던 모든 참석 인원들이 내 말이 끝나면 모두들 노트에 일제히 내가 이야기하는 것을 받아 적는 모습을 보이는 것이었다. 물론 완벽을 기하는 일본인들의 특성상 스스로 영어 구사를 하면서 적극적으로 대화하는 것을 꺼려하고 영어로 이야기하는 것을 이해할 수도 있다고 생각이 되었으나 너무나도 진지하게 전 참석 인원들이 내 이야기가 끝날 때마다 고개를 숙이고 받아 적는 모습은 사뭇 흥미롭기까지 하였다. 잠깐 여담을 해보자면 그 모습에서 'You said so'라는 말이 들리는 듯했다. 그날 있었던 대화의 내용 일부를 슬그머니 내게 유리한 쪽으로 바꿔 말하려고 하더라도 그들은 다이어리를 내게 들이밀며 '니가 그렇게 말했잖아 (You said so!)'라고 쳐다본다면 달리 내가 뭐라고 둘러대겠는가. 아직도 내가 글로벌 무대에서 진행하는 모든 협상에서 다이어리를 필수적으로 지참하고 병적으로 기록을 하는 것에 삼성의 선생. 산요에서 받은 깊은 한 장면이 영향을 주었지 않았을까 하는 생각을 해본다.

사실 산요의 전신인 산요전기(三洋電機)는 삼성과 협력관계 및 기술을

전수해 주었다는 자부심이 있는 회사였다. 이를테면 산요는 삼성의 선생님인 회사였던 것이다. 하지만 삼성이 해외시장에서 무섭게 성장을 하는 것과 비교해서 산요사의 성장은 많이 더딘 편이었다. 이러한 점은 산요 내부에서도 삼성과 비교와 자성을 많이 하고 있었다고 한다. 미팅 중 잠시 쉬는 시간에 한 간부가 조심히 내게 다가왔다. 그는 "정상(さん), 실례하지만 질문을 하나 해도 되겠습니까?"라고 정중히 물었다.

"네, 얼마든지요"라고 답하자 그는 매우 궁금 했었다는 듯이 즉시 질문을 이었다. "정상, 우리 사장님은 간부회의때 삼성의 무서운 성장과 과거엔 산요가 삼성의 선생님이었는데 이젠 너무나 차이가 크게 벌어진 현실에 대해서 이야기하면서 산요 간부들의 정신자세를 질타합니다." 그리고 "사장님은 삼성 사람들에게서 정신력을 배우라고 하십니다. 특히 삼성은 과장 즉 간부가 되면 서울에 있는 한강을 헤엄쳐 건너는 의식이 있다는데 이게 사실입니까?" 나는 순간 너무나 뜻밖에 질문에 웃음이 터져 나올뻔 했지만 능청스럽게 "그럼요~ 저도 수영해서 건넜는걸요~"라고 대답을 해주었다. 물론 그날 석식 자리에서 농담이라고 이야기를 해주긴 했지만 일본회사들도 대한민국의 삼성에 대해서 경계를 하고 있구나 라고 느낄 수가 있었다.

이는 과거 카투사(KATUSA)로 군생활 때 미국들이 농담 삼아 "한국군(ROK Army)는 미쳤다(crazy)."라고 이야기를 종종 했었고 그 이유를 물으면 그들의 대답은 "한국군은 한겨울에 웃통 벗고 구보하고 그것도 모자라서 얼어붙은 시냇물의 얼음을 깨고 그걸로 몸을 닦더라"라고 도저히 이해가 안된다는 표정과 고개를 절레절레 흔들던 모습이 생각이 났다.

이제는 무조건 정신력을 이야기하는 것도 시대에 뒤떨어진 낡은 꼰대 같은 이야기라고 폄하가 되는 시대가 되었다. 하지만 아무것도 가진 것이 없이 현재의 우리나라를 일군 부모님과 선배 세대에서는 정신력이 중요한 핵심 요소였고 그것은 다른 국가나 경쟁자들에겐 두려움이었고 우리가 보여줄 수 있는 강점이었음을 잊지 않았으면 한다.

외국인(外國人)들이 한국, 한국인을 어떻게 보고 있는가를 이해할 필요가 있다.
그들이 우리의 장점이라고 생각하는 면을 적극 활용하고 이용한다면
기대이상의 효과를 거둘 수 있다.

4

일본. 아직도 배울 게 많은 그들의 디테일

산요 본사 미팅 외에 몇몇 산요공장을 직접 현장 방문하며 협의를 지속하게 되었다. 본사보다 더 외곽에 있는 공장에 도착을 하니 니시다상이 나에게 "정상, 본관 건물에 있는 저기를 봐주세요"라고 하는 것이었다. 건물 정중앙 가장 높은 곳에 국기 게양대가 있었는데 그곳엔 태극기가 일장기와 함께 펄럭이고 있었다. '아니 이런 시골공장에 태극기라니' 나는 내심 놀라기도 하고 반갑기도 해서 마중 나온 공장장에게 "아, 이 공장에 한국 기업인들이 많이 방문을 하나 보네요?"라고 물었다.

하지만 그의 대답은 뜻밖에도 "정상이 우리 공장에 방문한 첫번째 한국인입니다."라고 답변을 하였다. 통상 외국 혹은 주요 거래선이 방문을 할 경우 '웰컴보드(Welcome Board)'라고해서 상대방의 회사, 방문자의 직급 이름 등을 보드판에 적어 놓기도 하지만 일개 과장(課長)이 방문을 했다고 태극기까지 구해서 일장기와 같이 게양해 놓은 일본인들의 준비에 감탄을 하였다.

본관 건물 국기게양대의 놀라움은 회의실로 들어선 순간 더 큰 놀라움이 기다리고 있음을 알게 되었다. 통상 TV에서 보면 두나라 정상간 혹은 외교장관 회의 등에서나 보았던 큰 테이블 위에는 미니 태극기와 일장기가 교차되어 있는 미니 국기들이 셋팅이 되어 있었다. '아 정말 이래서 일본인들의 세심함에 대해서 이야기를 하는 구나'라고 감탄을 할 수밖에 없었다.

회의는 산요 본사와 같이 아니 여타 일본회사들의 특징대로 공장장을 포함 10여명이 넘는 간부들이 참석을 했다. 여기에서도 내가 이야기하면 진지하게 받아 적고 하는 전형적인 일본회사의 모습을 똑같이 보여주었다. 당시는 푹푹 찌고 습도가 높은 일본의 한 여름이었기에 테이블 각자 자리에는 시원하게 준비된 일본차(茶) PET 병이 준비 되어있었다. 다도(茶道)가 국가적인 문화로까지 발전한 나라답게 일본 사람들은 커피보다는 차를 훨씬 많이 마신다. 커피를 좋아하는 나도 일본에 가면 차를 더 즐기게 된다. '아우라(Aura)'에는 오리지널리티가 있다'고한 발터 벤야민의 말처럼 일본 사람들은 외국에서 가져온 것들에 자신만의 정교한 디테일을 추가해서 자신들만의 오리지널리티를 만들어내고 있다. 일본이 만들어 낸 것은 아무런 의심없이 그들만의 것으로 받아들여진다. '오리지널리티'가 있기 때문인데 내가 그동안 가장 공을 들였던 사업의 하나인 '브랜드 사업'의 핵심이 바로 이 '오리지널리티'에 있다고 해도 과언은 아니다. 오리지널리티를 인정받느냐에 따라서 제품 혹은 서비스의 금전적 가치가 확연히 달라진다.

간혹 우리 나라에서 너무나 유명한 제품들이 일본에서 카피하듯 가져온 것이라는 내용으로 일본을 배워야 한다고 역설하는 사람들을 보곤 하는데 개인적인 생각으로는 막연하게 일본을 배우자고 하기 보다는 디테일을 추가해서 자신들만의 것으로 만들어 내는 그 놀라운 능력을 배워야 한다고 말하고 싶다. 한국은 일본을 카피한다고 말하는 그분들이 예로 드는 제품 중 적지 않은 숫자가 일본도 미국 같은 구미 선진국에서 가져온 경우가 많기 때문이다.

그렇게 산요에서의 회의가 어느정도 진행된 후 이제 공장 시설을 둘러보기 위해 공장 시설 투어를 시작하였다. 제품 개발 소싱 등의 업무를 하고 있던 나는 한국을 포함 유럽, 중국, 홍콩, 대만 등의 여러 국가 수많은 공장들을 방문하고 있었다. 하지만 일본의 공장에서 당시 내가 느낀 점은 기존 다른 국가들의 공장과는 차원이 다른 것이었다. 그것은 공장 기계 설비나 규모의 하드웨어를 말하는 것이 아니었다. 공장의 청결함, 정돈, 매뉴얼화, 규칙준수 등의 일본인들의 소프트웨어 적인 운영에 대한 놀라움과 부러움이었다. 공장 바닥은 당장 누워서 뒹굴어도 먼지 하나 묻지 않을 것 같이 깨끗하였고 도저히 기름때와 더러움이 기본사양으로 생각되는 다른 나라들 공장의 모습이 아니었다.

공장 투어 역시 손님들에게는 무선 이어셋을 나누어 주어 공장을 설명해주는 내용이 기계소리에 묻히지 않고 잘 전달될 수 있도록 해주었다. 수많은 공장을 가보았지만 기계 돌아가는 소리와 공장 특유의 어수선함 속에서 설명자가 아무리 목청껏 소리 높여 설명을 해주어도 바로 옆에 졸졸 붙어 다니지 않는다면 대부분의 공장투어는 눈으로 보는 것으로 끝나는 경우가 많았기에 이러한 세심한 준비에 부러움과 감탄을 안 할 수가 없었다.

하지만 내가 느꼈던 산요 공장 미팅의 백미(白眉)는 후덥지근한 공장 투어 후에 다시 회의실로 돌아왔을 때였다. 회의실에서 10여명이 넘는 인원들이 회의를 하다가 공장투어를 다녀왔는데 각자 마시던 일본차 PET 병들이 그 자리에 앉아있던 참석자들 순서대로 냉장고에 다시 들어가 있었다. 회의 참석자들이 회의실로 돌아와서 자리에 앉자 다시 각자가 마시던 PET 병을 순서에 맞추어서 꺼내 주는 것이었다.

충격이었다. 아니 그깟 차한병이 얼마나 한다고 저렇게 각자 마시던 것을 순서대로 다시 냉장고에 넣었다가 내어줄까? 한국사람들 아니 통상 보통국가에서 손님맞이 시에 보여주는 넉넉함과 호기와는 다른 이것. 만일 한국과 중국이었다면 음료들을 수북히 준비해서 쌓아 놓았을 것이다. 마시다 남긴 음료는 치워 놓든지 아니면 시원하게 준비된 새 음료를 마시라고 권했을 것이다. 그렇지만 이것을 우리가 일본인들은 '째째하고 속이 좁다고' 폄하해야 하는 것인가? '아 이것이 일본이고 일본인 이구나'라고 나는 그날 큰 충격과 깨달음을 얻게 되었다. 이것은 차한병 가격의 이슈가 아니었던 것이다. 이러한 것이 문화이고 일하는 방식의 차이가 되며 또 다른 결과를 만들어 낸다는 것을 소중한 경험으로 깨우쳤다.

당시에 산요에서 소싱을 하겠다고 했을 때 사업부장 외에도 부서내 대부분 조직원들은 "그게 되겠어?" "소싱을 해도 가격이 엄청 높겠지"라는 걱정과 반신반의 그리고 반대를 하였다. 하지만 결론적으로 나는 산요사와 수차례 진지한 협상을 통해 일본 공장에서 2차 및 특수건전지 소싱은 물론 추가 유관 제품들은 유럽 헝거리와 중국의 산요 공장에서 소싱을 하여 양사간에 새로운 사업관계를 구축할 수가 있었다. 더욱이 가장 중요한 이슈인 구매가격 역시 사업부장과 조직원들이 우려했듯이 기존 중국산에 비해 높은 구매가가 아닌 중국 공급선의 수준의 구매가로 소싱을 하게 되었다. 이는 한국 공급선의 구매가보다도 오히려 낮은 구매가격으로 아무도 기대하지 않았던 결과였다. 하지만 나는 산요에서 소싱을 하겠다고 선언했을 때 이미 산요를 설득할 스토리텔링을 구상하고 있었기에 자신감이 있었다.

여기서 내가 이야기하고 싶은 핵심은 바로 '도전(挑戰)'이다. 아무도 하지 않았고 안될 것이라고 하던 것에 대한 도전이다. 부딪쳐 보기 전까지는 결과를 속단할 필요는 전혀 없다. 지레 겁먹고 시도조차 하지 않는 것이야 말로 일말의 성공가능성 기회마저 없애는 악성종양인 것이다. 어렵지 않게 '할 수 있을 것 같다'라는 일들만 하게 되면 고만고만한 범위 내에서 도돌이표를 오가는 사람이 될 수밖에 없다. 헤르만 해세는 '새는 알을 깨고 나온다'라고 말했다. 뻔한 말이지만 생각해보면 날카로

용감함과 무모함은 스토리텔링으로 구별된다

조직생활을 하면서 불가능 해 보이는 목표에 '도전'을 해보자. 아직 아무도 도전을 못 했을 뿐 의외로 문제가 쉽게 풀릴 수도 있다.
역사와 정치의 감정으로 일본에 대해서 무조건적인 비판과 미움을 갖지 말자. 비즈니스적으로는 우리가 배울 수 있는 장점도 많이 가진 이웃국가이다. 우리의 진정한 실력을 키우기 위해선 냉정하게 일본인들의 장점과 단점을 이해할 수 있는 노력을 하자.

운 통찰이었다. 만일 여러분이 불가능하다고 지레 포기하거나 걱정만 하는 목표가 있다면 과감히 도전을 해보기 바란다. 단, 무식하게 그냥 덤비는 무모한 도전이 아닌 '스토리텔링'이 준비된 싸워서 이길 수 있는 도전이 되어야 함을 잊어서는 안된다.

5

이태리,
알면 도움이 되는 '레버리지',
붉은 악마와 '대~한~민국!

"대~한~민국!!" "짜짝~짝 짝짝~" "대~한~민국!!" "짜짝~짝 짝짝~"

아마 대부분 '아!' 하는 생각이 날 이 구호를 흥얼거리면 바로 2002년 한·일 월드컵을 떠올릴 수 있을 것이다. 2002년 월드컵의 하이라이트 중 백미는 아마 안정환 선수가 연장전에서 헤딩골로 이태리팀을 역전해서 이긴 경기일 것이다. 특히 우리가 이기고도 어리둥절한 게임이었으니 우승을 목표로 하던 이태리에게는 한국에 당한 패배는 이태리 전국민을 충격으로 몰아넣기에 충분한 사건이었다.

공교롭게도 당시에 나는 이태리 공급선으로부터 카메라 필름 소싱을 책임지고 있었고 매달 이태리로 출장을 다니던 시절이었다. 이태리전의 승리의 기쁨을 안고 바로 그 주에 이태리 출장길에 또 오른 나는 비행기안에서 스페인전의 승리 소식도 전해 들었다. 당연히 월드컵은 전국민의 관심사였기에 유럽으로 향하던 비행기안에서 기장이 스페인전의 승전보 소식을 알려주었다. 국적기를 타고 가고 있었기에 승객들의 환호성이 크게 터질 줄 알았는데 그날의 비행기에는 일본인 단체가 많이 탑승을 하고 있었기에 나와 몇몇 한국인 승객들만 소리를 지르고 나서 멀쑥했던 기억이 있다.

지금은 스마트폰 카메라가 급기야 디지털 카메라의 시장까지도 잠식을 하고 있는 상황이라 필름 카메라는 유물 취급을 받고 있지만 디지털 카메라의 급격한 성장 전까지 사진이라 함은 35mm 필름 카메라 사진을 의미하는 것이었다. 코닥, 아그파, 후지, 코니카 등 필름은 미국, 독일 그리고 일본의 몇 개 브랜드가 세계 시장을 독점하고 있었다. 이러한 시장에서 이태리의 공급선은 OEM 브랜드로 다른 회사들의 필름을 생산해주는 거의 유일한 회사였다. 삼성물산도 당시에 삼성테크윈에서 카메라 사업을 전개하고 있었기 때문에 필름시장에서 시장기회를 찾았었고 이태리 OEM공급선에서 소싱을 통해 삼성브랜드로 한국 국내를 제외한 세계시장에서 판매를 하고 있었다.

필름은 사업부의 핵심성장 아이템이엇 셈이었다. 때문에 구매효율화 및 공급선 협력강화라는 미션을 갖고 있던 나는 매달 출장을 진행하였다. 종합상사의 특성상 해외출장은 항상 1인 단독출장이지만 출장 가서 내가 항상 상대해야 할 공급선의 인력들은 사장을 포함한 영업 총괄 및 담당자, 공장생산담당, 주요 이슈별 R&D 담당 등 매번 8~10명씩 되었다. 따라서 출장은 통

터프하지만 유쾌한 이태리 파트너들과의 비즈니스는 '마카로니 웨스턴'을 떠올리게 했다

상 현지에서 2~3일간 집중 미팅을 각 섹션별로 진행을 하였다. 상대의 영업총괄과 담당자는 내 출장기간 중 모든 미팅 참석 및 아침 픽업부터 저녁 식사까지 여러 이슈들에 대해서 논의를 하였기에 1년 이상 진행된 사업관계에서 담당자들간 비즈니스 이상의 개인적인 친분과 신뢰를 쌓는 계기가 되기도 했다.

이렇게 비즈니스가 안정적으로 진행되는 경우에도 매달 출장을 가야 할 이유가 있을까 의문이 들 수도 있겠지만, 당시에 필름사업을 육성하기 즉 해외시장에서 삼성브랜드 필름 판매를 목표대로 확대하기 위해서는 공급선과의 긴밀한 협업이 필수였기 때문에 매달 출장을 다녀오게 됐다. 해외시장에 판매를 많이 하면서 이익도 극대화할 수 있는 경쟁력 있는 구매가와 발주한 오더에 대한 빠른 생산 납기가 핵심이었다. 또한 삼성브랜드로 판매되기에 브랜드에 걸맞은 제품 품질 관리, 주요 해외시장의 경쟁상황 등 매달 매달 협의하고 해결해야할 이슈들은 항상 산적했었다. 공급선의 측면으로 보면 여러 OEM 고객이 있기에 우리가 밀착관리를 하지 않으면 굳이 더 신경 쓸 이유가 없고, 이는 우리 영업에 문제가 생기기 때문이었다. 이메일이나 유선상으로 하는 말은 종종 별다른 구속력을 갖지 못한다.

여하간 꿈에도 생각지 못했던 월드컵 이태리전 승리 후에 진행됐던 출장에서 나는 이태리 친구들을 위해 특별한 선물을 준비하기로 했다. 당시에 전국민이 한두 장씩은 사서 입었던 붉은 악마(Be the Reds) 티셔츠였다. 월드컵 초기엔 티셔츠 한 장당 5,000원이었지만 대한민국의 승리가 지속될수록 티셔츠의 가격은 계속 오르고 한장에 15,000원을 줘도 구하기가 어려울 지경이 되었다. 전국적으로 붉은 천이 바닥이 나서 흰천에 붉은색으로 염색을 해서 티셔츠를 만든다는 이야기도 있을 정도였다. 나는 어렵게 7~8장의 붉은 악마 티셔츠를 구했고 모자란 숫자는 붉은 악마 머플러도 구매를 하여 이쁘게 개별 포장을 하였다.

그러나 이태리 현지의 분위기는 마냥 해맑게 기뻤던 내 기분과는 달리 말그대로 살벌했다. 호텔방에서 켠 TV에는 온통 월드컵 이야기와 한국과 이태리전 그리고 한국과 스페인전을 계속 보여주면 프로그램에 참석한 패널들이 고성을 지르며 열띤 토론을 하고 있었다. 공급선은 밀라노에서 약 1시간 떨어진 제노아(Genoa: 우리에겐 제노바로 알려진) 근처에 위치했다. 도착한 다음날 아침 일찍 호텔 앞을 산책을 하고 있던 나에게 중년의 이태리 남성이 다가와서 다짜고짜 뭐라고 핏대를 올리면서 이

이태리 제노아의 작은 호텔방에서 바라본 새벽 일출(日出) 풍경. 시차(時差) 때문이기도 했지만 출장지에선 언제난 일찍 일어나서 그날의 미팅준비를 했다

야기를 했다. 이태리어를 모르지만 이는 분명히 기분 좋은 이야기는 아님을 직감할 수 있었다.

　이태리 친구들에게 귀한 선물까지 준비한 나는 이번 출장 미팅은 상당히 재밌고 흥미로운 협상이 될 것으로 짐작을 할 수 있었고 심지어는 짓궂은 설레임도 있었다. 여느 출장과 같이 공급선의 7~8명이 각부서 책임자들과 미팅을 진행하면서 미팅 중간중간 서로 간에 이견이 있거나 네고를 해야 할 땐 "우리 축구이야기 좀 할까?"라고 농담을 던지면서 상대방의 멘탈을 흔들고 협상을 즐겼다. 정말 다혈질인 몇몇 친구들은 "제발 축구이야기 하지마"라고 짜증을 내며 회의실을 박차고 나가기까지 했다. 내 출장전에 일본에서도 출장자들이 왔는데 일본 출장자들이 한국축구 후에 이태리에서 한국인으로 오해가 되어 봉변을 당할 까봐 일본여권을 꺼내 들고 "We are Japanese, not Korean"라고 외치면서 왔다는 농담 아닌 농담과 함께 나에게 밖에 돌아다닐 때 모르는 이태리 사람들에게 봉변을 조심하라고 충고까지 해주었다.

　첫날의 미팅을 마치고 다같이 저녁식사를 하러 향한 곳은 지역의 유명한 레스토랑이었다. 레스토랑에 아시아인인 내가 들어서자 일제히 식사를 하던 사람들이 나를 쳐다보면서 수근 거리는 것이 느껴졌다. 나를 비롯해 공급선 담당자들이 테이블에 앉고나서 나는 준비했던 선물을 꺼내서 한명 한명씩 나누어 주었다. 뜻밖에 선물에 그들은 감사 해하며 그 자리에서 이쁘게 포장된 선물을 열어봐도 좋으냐고 물었다. 나는 "My pleasure~"라고 답을 하며 어서 선물을 열어보라고 권했다. 그 다음의 결과는 독자 여러분들에게 맡긴다.

이렇게 짓궂고 장난스러운 일도 있었지만 이는 비록 비즈니스의 이유로 만나지만 여러분이 구매자 혹은 판매자로써 해외 파트너들과 관계를 할 때 단순한 업무 이외에도 서로 간에 신뢰와 긴밀한 교감을 셋업하고 갖게 되어야 서로가 목표한 비즈니스의 결과를 얻을 수 있는 확률이 높아지고 중 장기적인 관계가 유지됨을 인지하고 이를 위해 노력해야 할 것이다. 유럽에 가서 비즈니스를 할 때 절대 정치 얘기와 축구 얘기는 하지 말라고 하지만 본인이 판단하기에 감당이 가능하다는 생각이 들면 과감하게 지렛대(leverage)로 사용하는 것도 나쁘지 않다고 나는 생각한다. 프로페셔널한 그들의 냉철함을 일순간에 동요하게 만드는 공략 포인트가 될 수 있기 때문이다. 여하간 그때의 미팅에서 나는 콧대 높기로 둘째라면 서러울 이태리 친구들을 마음껏 놀릴 수 있었다.

다음날 지속된 미팅은 다시 축구 농담과 붉은 악마 티셔츠 선물 등의 이야기로 재미있게 진행이 되었다. 이태리 친구들은 미팅을 중단하고 그날 진행되고 있던 월드컵 4강전인 한국과 독일의 경기를 보자고 계속 우겼다. 나는 출장와서 미팅을 해야지 그게 무슨 말이냐고 했지만 결국

감당할 수 있다면
예민한 주제는 지렛대(leverage)가 된다

스포츠는 해외 파트너들과 손쉽게 친근감과 유대감을 높일 수 있는 좋은 대화 소재이다. 특히 유럽내 축구의 인기는 상상외로 높다. 최근에는 한국선수들의 유럽진출이 활발 하므로 외국거래선이 먼저 유럽진출한 한국선수의 이야기를 하기도 한다. 여러분이 다방면에서 지식과 경험을 보여줄 수 있다면 성공적인 글로벌 비즈니스에 한발 더 다가설 수 있다.

우리는 4강전을 구내식당에서 관전할 수밖에 없었다. 다행히 월드컵 축구의 헤프닝은 4강전에서 한국이 독일에 패한 후에야 이태리친구들의 마음도 풀리고 미팅도 잘 마무리가 되었다.

1960~70년대 헐리웃에서 유행했던 서부 활극 영화 중에는 이태리에서 촬영을 한 것들이 제법 있는데 이런 영화들을 '마카로니 웨스턴' 혹은 '스파게티 웨스턴'이라고 부르기도 한다. '마카로니 웨스턴'의 특징 중 하나는 주인공이 악(惡)을 물리치고 선(善)을 실현하는 영웅적인 존재가 아니라 건들거리고 불량스러운 것이다.

재미있는 점은 내가 겪었던 이태리의 비즈니스 파트너들도 이들 '마카로니 웨스턴의 주인공들'과 흡사한 측면이 있었다. 좀처럼 기죽지 않고 거친데다, 다혈질 이지만 업무 외적인 측면에서는 의리있고 화끈한 상남자들이었다. 여러모로 우리와 닮은 구석이 많아 정이가는 글로벌 비즈니스 현장이 바로 이태리였다.

아르헨티나,
"정대리, 디폴트 선언되었는데
당신 수출 물량이 젤 크다"

"따르릉, 따르릉"

요즘 유행하는 '레트로 감성'인지 모르겠지만 내 스마트폰의 벨소리는 예전 전화기에서 들을 수 있던 그 벨소리였다. 아마 아주 직관적으로 '전화가 왔다'라는 것을 느끼기 위해서가 아닐까 싶기는 한데 그런 '전화벨'이 어느 일요일 이른 아침부터 울려댔다. 간만에 곤하게 즐기던 일요일 아침의 단잠은 단박에 사라졌다. 화면에는 '감사팀장님'이라는 이름이 있었다. 분명 좋은 일은 아니었으리라는 짐작은 이내 사실로 드러났다.

"정대리, 지금 정신있나? 아직도 자고 있을땐가?"

"어제 아르헨티나에 디폴트(Default)가 선언되었는데, 자네가 물산에서 아르헨티나로 제일 큰 금액 수출 중인걸로 파악되었는데, 빨리 회수해"

아니 일요일 이른 아침에 자고 있는 게 당연한데, 갑자기 감사팀장의 전화를 받고 질책 아닌 질책을 받으니 기분이 상쾌할 수는 없었다. 더욱이 아르헨티나 거래선은 내가 그간 공들여서 키운 파트너였고 이번 오더는 그동안 그 거래선에게서 받았던 수주중에 가장 큰 오더였었다. 근데 그 오더가 물산에서 당시 아르헨티나와 거래하던 최대 금액이라니 한편으로는 놀랍기도 하고 어이가 없기도 했다.

사실 어려운 경제상황, 불안정한 정치환경, 일반적인 국제 룰과는 다른 상관습, 물리적으로 먼 거리 등의 이유로 남미의 국가들과 거래를 하는 것은 현실적으로 다른 어느 국가들 보다 어렵고 힘든 경우가 많았다. 하지만 상황이 어려울수록 투지가 더욱 불타오르는 게 본래 상사맨들의 공통된 특질 아닌가. 남들이 다 '어렵다, 힘들다, 나도 해봤는데 쉽지 않다' 같이 천편일률적으로 부정적이었던 시장이어서 역설적으로 나는 아르헨티나와 같은 중남미 시장을 꼭 공략하고 싶었다. 당시 내가 속한 사업부는 물산안에서도 중남미 사업을 가장 역동적으로 진행을 하고 있었다.

하지만 국가 디폴트가 선언되면 아르헨티나에서 국외로 외화 송금은 불가능하게 되기 때문에 내가 수주한 물량의 잔금을 받지 못할 가능성이 높아지고 이것은 곧 사고를 의미하는 것이었다. 또한 그 거래선의 기존 오더건들에 대한 잔금을 받아야 하는데 이 또한 문제가 생기게 된 것이었다.

허탈했다. 그동안 힘들게 공들여 키운 거래선이 이제 영업규모를 나와 서로 약속한 규모로 막 확대하려는 참에 디폴트라니…. 그러나 현실은 이미 수주를 해서 공급선인 대만 공장에서 생산이 된 후 아르헨티나로 항해가 진행중에 있던 4개의 컨테이너 오더 물량을 디폴트가 선언된 아르헨티나로 계속 보낼 수는 없는 상황이었다.

월요일부터 나는 칠레, 브라질, 파나마의 다른 거래선들과 긴급히 협의를 하여 결국 그 물량들을 어렵게 판매하였고 4개의 컨테이너들은 아르헨티나가 아닌 전매(轉賣)가 확정된 각각의 국가로 환적을 시켜서 문제를 해결하였다. 지난일을 이야기하니 간단한 듯하지만 당시 이 과정들은 내 속을 까맣게 태웠던 일이었다. 이렇게 급하게 전매를 추진하는 경우는 당연히 기존 판매가 대비 일부 손해를 볼 수밖에 없다. 하지만 디폴트가 선언된 국가로 물건이 가고 잔금을 받지 못하는 사고가 나는 것 보다는 나은 해결 방안이었던 것이다. 이러한 진행 과정을 감사팀을 비롯 관리팀에 지속 리포트를 하였고 문제없이 전매처리까지 마치고 나서는 나에게 질책 아닌 질책을 했던 감사팀장으로부터 이번엔 칭찬을 받게 되었다.

전매가 해결된 후에 나는 아르헨티나로 긴급히 날아갔다. 이번엔 그 거래선에게서 남아있는 그전 수주 건들의 잔금을 직접 수취하기 위해서였다. 국외 송금이 막힌 상황이었기에 남미영업 담당이던 내가 직접 아르헨티나로 가서 직접 수금을 할 수밖에 없었다. 그간 거래선과는 좋은 관계를 유지하고 있었기에 디폴트 상황에서도 거래선은 잔금 지급을 회피하거나 숨지 않고, 출장 간 나에게 백달러짜리로 지폐뭉치로 잔금을 주었다.

당시에 삼성물산의 아르헨티나 지사 역시 디폴트의 여파로 운영비조차 본사에서 제대로 송금을 받고 있지 못했기에 잔금 중에 일부는 지사 운영비로 남겨주고 다른 국가로 이동하였다. 남미 출장의 경우 장거리와 출장 비용 또한 만만치 않기에 통상 남미출장을 가게 되면 여러 나라를 돌게 된다. 이번엔 가슴에 달러 현금뭉치를 품고서 브라질, 파라과이를 추가로 방문하고 복귀를 하여 본사에 무사히 입금을 하였다.

잔금 수취를 위해 아르헨티나 출장을 갔을 때 나는 다시한번 위정자(爲政者)들의 미숙한 국가운영이 국민들에게 미치는 참담한 결과를 목격하게 되었다. 각 은행 앞에는 수백명의 사람들이 현금을 인출하려고 길게 줄을 서고 있었다. 아름답기로 유명한 아르헨티나 수도 부에노스아이레스엔 빈곤과 불안의 그림자가 짙게 드리워 있었다. 1849년에 오픈한 영국을 대표하는 해롯(Harrods)백화점이 1914년에 해외 첫 지점을 연 곳도 바로 부에노스아이레스였고 아르헨티나가 스페인에서 독립한 1816년 7월 9일을 기념하여 '7월 9일(Avenida 9 de julio) 도로'로 명명된 세계에서 가장 폭이 넓은 도로(폭144m)도 이곳에 있다. '좋은 공기'라는 뜻처럼 빛나던 이 도시와 아르헨티나는 드넓은 평원지대에서 엄청나게 자라던 식물인 앨 팔파를 전 세계에 수출, 막대한 부를 쌓으며 전성기를 구가했다. 당시의 교통수단이던 마차를 끄는 말의 먹이로 값이 싸면서도 품질이 좋은 앨 팔파가 사용됐기 때문이었다. 요즘으로 말하면 자동차나 선박의 엔진을 움직이게 하는 연료인 석유를 대량으로 생산하는 중동 산유국들이 막대한 부를 쌓은 것과 같은 맥락인 셈이다.

내가 어렸을 적, TV에서 재미있게 보던 애니메이션 '엄마찾아 삼만리'도 배경이 아르헨티나였다. 주인공인 마르코의 엄마는 가난한 가족을 먹여살리기 위해 돈을 벌기 위해서 고향인 이탈리아 제노아에서 부에노스아이레스로 떠났는데 엄마를 찾아 머나 먼 길을 찾아가는 꼬마

의 험난한 고생길을 다루고 있다. 19세
기 말이 배경이던 이 만화에서도 아르
헨티나는 이탈리아 사람들이 돈을 벌
기 위해서 가는 잘 사는 나라였던 것
이다.

탱고의 나라 아르헨티나. 거래선 미
팅전에 창밖을 바라보니 멋진 탱고
공연이 벌어지고 있었다.

그만큼 아르헨티나는 1차 세계대전
이전만 해도 유럽의 프랑스, 독일, 이탈
리아 보다도 국내총생산(GDP)이 높은
주요 선진국이었다. 하지만 그러한 옛
영화는 사라진지 이미 오래였다. 과거의 멋진 건물들은 도색과 수리가
안되어 그 위엄을 잃었고 만일 부에노스아이레스가 아닌 뉴욕이나 런
던에서 걷고 있다면 멋지게 느껴질 사람들의 표정도 더 암울하게만 느
껴졌다.

20세기 초까지도 경제 선진국으로써의 지위를 유지해가던 아르헨티
나 경제는 이후로 회복하지 못하고 있었는데 그러다 1946년 후안페론
대통령이 유권자의 표를 얻기 위해 은퇴자 연금을 올려주고 막대한 국
가예산을 생활보조금으로 사용하는 등 '페론주의'로 알려진 포플리즘
정책을 시행하면서 변곡점을 맞으며 추락하게 됐다.

강성노조 역시 아르헨티나 경제 몰락에 일조를 해서 1999년 취임한
페르나도 데라루아 대통령이 재정건전성 우선 정책을 펼치자 2001년
7월까지 전국적인 파업이 6번 벌어졌다. 2001년 10월 총선 참패로 데
라루아 정책은 동력을 잃게 되었다. 결국 2001년 1000억달러의 국가

부도(디폴트)를 선언하게 되었던 것이다. 아르헨티나 해프닝 후에 나는 한동안 부서에서 당시 거래선이름인 CURA(쿠라)와 내 성(姓)인 정을 합쳐서 '쿠라정'이라는 닉네임으로 불리게 되었다.

평소 원만하고 신뢰를 쌓은 거래선은 문제가 발생하고 힘들 때 효과가 나타난다.
거래선은 나의 목표 달성을 위해 이용할 상대가 아니고
같이 성장할 파트너임을 명심하자.
거래선을 성공하게 만들어 주어야 나도 성공을 한다.

○ 디폴트(Default) : 대외 부채를 갚지 못하겠다고 선언 하는 것. 2001년 아르헨티나, 2008년 에콰도르의 케이스
○ 모라토리움(Moratorium) : 대외 부채만기상환 선언 하는 것. 1982년 멕시코, 브라질, 1998년 러시아, 2008년 두바이의 케이스

PART
03

해외출장(海外出張)을 위한 완벽한 준비

글로벌 비즈니스 프로가
구비해야 할 아이템들

내가 입사할 당시만 해도 첫 월급은 부모님께 빨간 내복을 사서 드리는 것이라는 일종의 룰이었다. 나 또한 첫 월급으로 빨간색은 아니지만 내복을 선물해 드렸다. 큰돈은 아니었지만 드디어 내가 월급을 받게 된다는 사실은 이제 어엿한 성인으로 독립과 자립의 의미로 생각되었다. 일정금액의 적금을 붓고 남은 여유돈은 내가 사고 싶은 것, 즐기고 싶은 활동을 할 수 있게 되었기 때문이다.

나는 월급을 통해 여윳돈이 생기자 내가 생각했던 글로벌 비즈니스 맨이라면 갖추어야 할 아이템들을 하나 둘씩 구매했다. 아이템들은 조금 비싼 돈을 주고라고 오래 쓸 수 있는 것들로 장만을 했다. 이는 입사 직후부터 시작된 출장을 통해서도 여러 국가의 비즈니스 파트너들을 유심히 관찰한 결과 이기도 하였다. 그 아이템들은 만년필, 다이어리, 벨트, 시계, 구두, 서류가방, 넥타이 등이었다.

사실 직장인이라면 누구나 가지고 있는 일반 아이템들에 왜 더 돈을 들여야 하나? 라고 생각할 수도 있다. 하지만 양복이나 코트 등 기본 의복 외에 보통은 사소하게 넘어갈 수 있는 아이템들이야 말로 프로페셔널한 비즈니스맨의 품격을 주는 플러스 알파의 포인트가 될 수 있다. 해외 거래선과 미팅, 협상, 친목 활동 시에 언뜻 언뜻 보이는 이러한 소품들에서 상대방은 여러분의 업무와 비즈니스에 대한 빈틈없는 자세와 태도를 엿볼 수도 있다.

그렇다고 분에 넘치는 비싼 명품 브랜드 제품을 사서 과시하듯 착용하라는 것이 아니라 국제 무대에서 최소한 비즈니스 격식에 벗어나지 않는 품격을 지킴으로써 나 자신도 그런 대접과 프로페셔널한 이미지를 심어 주기 위함이다. 결코 명품에 대한 과소비와 낭비를 부추기는 이야기가 아님을 이해할 것이다. 사소한 아이템 또한 글로벌 비즈니스 현장에선 나의 전문성과 일에 대한 진지함을 보여주는 중요한 액세사리가 될 수 있음을 말하는 것이다.

아쉽게도 겉옷 등 의복에 대해서는 신경을 쓰면서도 의외로 자신을 마무리하는 이러한 아이템들에 대해서는 무관심한 경우가 많다. 예를 들어 수트는 신경 써서 입었는데 유치한 금색, 은색의 볼드한 장식이 번쩍이는 벨트를 맨 경우엔 아무리 비싼 수트도 그 빛을 잃게 된다. 구두는 광택과 손질이 되어야 함을 물론이다. 또한 비즈니스맨의 셔츠 카라는 언제나 깨끗하고 정갈해야 한다. 중요한 회의에 참석해서 본인의 수트나 가방에서 단정히 꺼내서 필기할 수 있는 자신의 펜이 없어 옆사람에게 펜을 빌리거나 출장 호텔에 비치된 볼펜을 가져와서 필기하는 모습 또한 진지한 비즈니스 프로의 모습은 아니다. 필기를 하고 있는 다이어리가 소유자의 정성과 세월이 묻은 기록의 노트라면 상대방은 비즈니스 파트너에 대한 신뢰와 믿음이 생길 것이다. 하지만 미팅 후에 어디론가 버려질 것 같은 빈 종이 위에 미팅 내용을 필기하고 있다면 상대방은 파트너를 그냥 그 정도 수준의 상대로 기억하게 할 수도 있음을 잊지 말자. 사소한 것 같지만 이러한 작은 행동과 태도가 여러분의 가치를 높여줄 수도 있다.

우리나라에서는 특히 직장인으로 첫발을 내딛는 사회 초년생들에게 비즈니스 의복, 식사 예절 등 매너를 체계적으로 교육하거나 코치를 해주는 교육기관 및 프로그램이 많지 않다. 오히려 직급과 직책이 올라갈수록 나중 에야 이러한 매너 수업을 제공하는 경우가 많다. 하지만 오히려 이러한 글로벌 매너 교육과 코치는 사회 초년생일때부터 시작이 되어야 한다.

삼성물산에선 신입사원들의 입문교육이 끝나면 각 부서에서는 신입사원들 중에서도 좀더 우수한 직원을 배치 받기 위해 부서소개를 진행하였다. 나는 사내에서도 출장을 많이 다닌 것으로 알려져 있었기에 신입사원 교육 막바지에 부서 소개를 많이 하게 되었다. 이때마다 나는 속지를 더해서 두꺼워진 내 여권을 미끼 삼아 신입사원들에게 흔들어 보여주며 우리 부서에 오면 얼마나 활발하게 전세계를 누비며 해외영업을 하게 될 것인 지 이야기를 해주었다. 이렇게 속지보강한 여권이 벌써 몇권째 라는 이야기를 더하면 신입사원들 마음속에서 우선 순위 사업부가 바뀌는 소리가 들리는 듯했다. 나중에 나 때문에 희망부서를 우리부서로 바꾸어 신청하고 오게 되었다고 원망 섞인 농담을 하는 후배들도 생기게 되었다.

또한 이 시간에 반드시 선배로써 이야기해 주었던 것이 있었다. 그것은 해외영업의 최전선에 뛰어든 후배들이 기품과 매너 있는 글로벌 전사가 되기 위해 갖추었으면 하는 필수 비즈니스 아이템들 이야기였다. 첫 월급으로 모두 살 필요도 없고 살 수도 없다. 하지만 사회 초년생일 때 하나씩 중요한 비즈니스 소품을 갖추고 자신과 함께 세월을 보내게 된다면 글로벌 프로페셔널로써 그보다 더 가치 있는 이야기 거리는 없을 것이다. 그러한 아이템을 하나씩 구하고 사용하면서 생기는 이야기들은 훌륭한 대화 소재거리가 되기도 한다.

미국 트럼프 대통령이 '빅맥을 먹으면서 대화를 하자'라는 이야기를 자신의 트위터나 언론 매체를 통해서 하곤 하는데 간혹 그런 말을 듣고는 '돈도 많은 사람이 햄버거를 먹나?'라고 의아해하는 사람들을 보게 된다.

그런 얘기를 들을 때마다 '문명인들 그리고 글로벌 범위로 일을 하는 비즈니스맨들에게 밥을 먹는다는 것이 어떤 의미인지 모르는 사람들이 참 많구나'하는 생각을 하게 된다. 우리가 너무나 흔히 하는 '악수(Hand shake)'의 원래 의미가 '내 손에 당신을 해칠 무기가 없다'라는 것을 증명하기 위한 행동에서 유래한 것인 것처럼 '밥을 먹는다'는 것은 아무런 적의나 의도가 없는 평화적인 상태로 한동안 시간을 함께 보낸다는 의미를 갖고 있다.

그렇기 때문에 해외 거래처들과 치열하게 협상을 하고 함께 식사를 하러 가게 되더라도 그 자리에서 밥을 먹는 행위와 그 시간 동안 나누는 모든 행동, 커뮤니케이션은 업무와 협상의 연속이 될 수밖에 없다. 그래서 햄버거를 먹으면서 대화를 하자는 말에는 '내가 주도적으로 이야기를 전개할 것이니 잠자코 따라와야 한다'라는 강한 의미가 숨겨져 있을 수도 있다.

내게도 햄버거와 코카콜라(Coca-Cola) 그리고 봉지 감자칩을 먹으면서 중요한 협상대화를 한 잊지못할 경험이 있는데 그것도 세계적인 굴지의 기업 미국 코닥(Kodak)사의 사장과의 식사였기 때문에 그 날의 기억이 더욱 새롭다. 그 미팅에서 나는 삼성 브랜드 카메라 필름을 기존 이태리의 OEM전문 필름 공급선에서 세계 최고 필름 업체인 코닥으로 공급처를 전환하기 위해 코닥 본사가 있는 뉴욕주 로체스터(Rochester)로 날아갔다. 이번에도 역시 나 혼자였다. 게다가 일정도 무척이나 타이트해서 당일 저녁에 다시 복귀를 하는 빠듯한 일정이었기 때문에 아침 일찍 뉴욕에서 코닥 본사가 위치한 로체스터로 국내선의 작은 프로펠러 비행기를 타고 이동을 하였다. 눈덮힌 거리와 회색 빛의 웅장한 코닥 본사 건물이 주는 당당함은 당일치기 미팅으로 중요한 딜을 해야 하는 나를 왠지 더 주눅 들게 만드는 것만 같았다.

삼성의 젊은 직원 혼자서 코닥에게 OEM소싱을 요청하러 왔다는 것 자체가 코닥 내부에서도 흥미로운 이슈가 되어 있었다. 사실 코닥 미국 본사 방문전에 이미 영국에

필름 카메라 시절의 코닥은 전설(傳說)이었다

있던 코닥 필름 생산 공장을 방문하여 1차 사전 협상을 하였기에 로체스터 본사 방문미팅은 코닥의 삼성에 대한 OEM공급에 대한 최종 결정을 위한 중요한 미팅이었다. 다행히 실무팀과의 미팅은 순조롭게 진행이 되었다.

미팅을 마치자 실무자들은 코닥 사장이 삼성에서 찾아온 무모하고 용감한(?) 나와 단둘이 점심을 하고 싶다고 초대를 하였다고 했다. 그리고 점심은 사장실이 있는 건물 위층 별도의 방에서 한다고 알려주며 안내를 해주었다. 예상치 못한 사장의 점심 초대에 나는 속으로 '와우! 내가 코닥 사장과 단둘이 식사를 하다니!'라고 놀람과 함께 내심 어떤 점심이 될까 궁금증과 더불어 기대를 하게 되었다. 전혀 예상치 않았던 사장과의 점심을 하게 된 방에는 커다란 원형 테이블이 놓여있었다. 사장과 인사를 나누고 자리에 앉자 나비 넥타이에 웨이터 복장을 한 직원이 음식주문을 받으러 들어왔다. 사장과의 식사이기에 멋진 점심을 상상하던 기대는 사장의 점심 주문을 듣는 순간 놀라움으로 바뀌었다. 점심메뉴는 바로 햄버거와 코카콜라 그리고 수북한 감자칩 봉지들이었다.

멋지게 나비넥타이를 맨 웨이터가 서빙 해준 햄버거를 먹으면서 코닥 사장과 이런 저런 이야기를 나누면서 나는 사장과의 삐까 뻔쩍하는 미국식 정찬을 기대했던 나 스스로가 부끄럽게 생각이 들었다. 사실 나는 당일 저녁 뉴욕 JFK공항에서 한국으로 귀국 예정이었고 이를 위해선 로체스터에서 뉴욕으로 로컬 이동을 해야 하는 상황이었기에 다른 레스토랑에 가서 식사를 즐길 만한 시간의 여유도 없었던 것이었다. 하지만 사장의 점심 초대라는 것에 은근한 기대를 했던 내 모습이 창피했다. 코닥에선 시간 여유가 없는 나를 배려해주었던 것이고 사장의 햄버거 식사는 미국의 자연스런 실용주의적인 모습이었던 것이었다.

그날 코닥 사장과의 햄버거 미팅은 결국 삼성이 당시 최고의 필름 제조사인 코닥으로부터 OEM공급을 받을 수 있는 협상을 성공적으로 마무리하는 자리가 되었다. 또한 그날 사장과의 대화 중에는 내가 필름을 담당하면서 사진에 취미가 있다는 이야기와 더불어 라이카(Leica)와 콘탁스(Contax) 등의 필름 카메라 역사는 물론 코닥의 경쟁사인 독일 아그파(Agfa), 일본 후지(Fuji) 필름과 코닥 필름의 색감, 특성 차이 등을 이야기하였는데, 귀국 후 몇일 뒤 사장은 나에게 한국으로 코닥 역사가 담긴 사진첩과 함께 손수 레터를 보내주는 친절을 베풀어 주기도 하였다.

실제로 업무 외적인 시간처럼 보이는 식사자리, 술자리에서의 분위기가 협상의 결과에 분명한 영향을 준다. 이를테면 '도대체 이게 어디에 다 쓰는 건가?' 싶은 포크와 나이프가 즐비하게 놓여있는 프랑스식 정찬 테이블을 보면서 느끼게 되는 왠지 모를 압박감 같은 것들이 식탁에서의 주도권을 식사자리를 주선한 측에게로 향하게 만들고 그것은 고스란히 그 미팅, 협상의 결과에 영향을 미친다. 그래서 협상테이블 이외의 자리에서도 주고받을 수 있는 '이야기 꺼리'가 반드시 필요하다.

나도 마찬가지이지만 협상 파트너도 사람이기 때문에 하루 종일 업무이야기만 할 수는 없는 노릇이다. 그렇기 때문에 대화 꺼리가 풍부한 사람일수록 자연스럽게 미팅을 이끌 수 있고 상대방의 호감을 살 수 있으며 결국 협상에서 더 유리한 위치를 선점할 수 있다. 실제로 다양한 글로벌 현장에서 무수히 많은 협상 테이블과 뒤 이은 식사자리와 술자리에서 정말로 사소해 보이는 것들로도 분위기를 나의 쪽으로 이끌어 올 수 있다는 것을 느끼곤 한다. 트럼프처럼 대놓고 나는 대화의 분위기 따위에는 신경 쓰지 않겠어. 그러니 정찬 같은 형식은 필요 없고 햄버거 나 먹으면서 대화나 해보자 라고 말할 수 있는 어마어마한 협상력을 갖 고 있지 않다면 우리는 어떻게 해서든 대화 꺼리가 필요하다. 앞서 말한 소품들이 그런 좋은 소재인 셈이다.

이를 테면 테이블에서 신경을 곤두세우고 치열하게 조건을 주고받은 후 편하게 마주한 술 자리에서 이런 저런 얘기를 나누다가 소매를 걷어 올린 상대방의 팔목에 롤렉스(Rolex)가 채워져 있다면 '나는 서브마리너 가 좋던데'라고 말을 건네 보면 단박에 '롤렉스'라는 시계 하나로 대화 가 자연스럽게 이어진다는 것을 느낄 수 있다. '좋긴 한데 너무 비싸기 는 하다'라는 험담이라던가 '진짜로 서브마리너 차고 방수가 몇 미터까

지 되는지 해봤어?'라는 실없 는 소리나 그도 아니면 '도둑 들이 현금처럼 생각하는 시 계 브랜드가 뭔지 알아? 롤렉 스야'라는 확인은 어려우나 들으면 그럴듯한 소리까지 '대화꺼리'는 무척이나 풍부 해진다. 앞서 이야기한대로 코닥사장과의 대화에선 나의 콘탁스, 라이카와 같은 레인

출장에는 카메라를 항상 챙겼다. 카메라는 필름업 무를 맡으며 더 전문적으로 관심을 가지게 되었다.

지화인더(range finder) 카메라들에 대한 지식은 물론 내가 그 카메라들을 소유하고 있으며 그것으로 촬영을 한다는 이야기가 훌륭한 얘기거리가 되었음은 물론이다.

업무 이야기로 '그 사람이 똑똑하더라'는 소리를 들으려면 공이 많이 들어야 하지만 술자리에서 혹은 식사 자리에서 '아는 게 참 많은 사람이더라'는 얘기를 듣는 데는 그리 큰 노력이 필요하지는 않다. 타인에 대한 평가는 지극히 주관적인 것이어서 분위기나 감정 혹은 갑작스럽게 조성됐던 친밀한 분위기에 의해서도 평가가 달라질 수 있다. 그게 현실이다.

당신이라면 '아는 게 많고 유능한 사람이더라'는 평가를 상대방으로부터 들을 수 있는 쉬운 길이 있다면 '굳이' 어렵게 가는 길을 택할 필요가 있을까?

"Small things can make a big difference!"
펜, 다이어리, 벨트, 구두, 시계 등 작은 소품 하나라도
비즈니스맨의 품격과 철저한 준비성을 보여주는 훌륭한 도구이다.

글로벌 프로의 비즈니스 필수 아이템

 펜(Pen) 수트나 가방에서 꺼내는 나만의 펜은 너무 가벼워 보이는 저가 플라스틱펜 보다는 조금은 묵직한 느낌의 펜을 장만하는 것이 좋다. 굳이 '몽블랑'과 같은 명품의 펜이 아니더라도 판촉용 혹은 호텔에 비치된 볼펜 보다는 자신만의 펜은 한 자루 마련하자.

 다이어리(Diary) 기록의 장이 되는 다이어리는 사용자에 대한 신뢰 믿음을 주는 훌륭한 도구이다. 회의 시 지난번의 미팅내용을 다이어리에서 찾아서 언급하는 모습을 보여준다면 상대방은 여러분에 대해서 비즈니스 파트너로서 더욱 인정을 하게 될 것이다.

 벨트(Belt) 버클의 장식이 과하지 않은 보수적인 벨트를 고른다. 수트와 비즈니스 캐쥬얼에 모두 착용이 가능한 벨트를 고르면 출장짐을 줄일 수 있다. 조금 비싼 돈을 지불하더라도 고급의 제품을 고르는 것을 추천한다.

 넥타이(Tie) 디자인이 너무 튀지 않는 전통적이고 보수적인 타이를 선택한다. 사선 스트라이프, 작은 돗트(dot) 무늬 혹은 짙은 단색의 타이면 진중한 비즈니스맨의 수트에 어울린다. 번쩍이는 금실, 은실로 번쩍이는 넥타이는 피하도록 한다.

 양말(Socks) 수트에 맞는 양말의 기본 규칙은 바지 혹은 구두 색상에 맞추는 것이다. 그레이, 차콜 그레이, 네이비, 브라운의 4가지 색상이면 무난하다. 수트나 구두보다 짙은 색상의 양말을 선택한다. 맨살이 보이는 길이의 짧은 양말을 신는 것도 피해야 한다.

2

해외출장 준비는
완벽한 가방 싸기부터

대한항공 마일리지만 지구 60바퀴 거리인 150만 마일이 될 정도로 숱하게 많은 해외출장을 다녔지만 그 중에서도 가장 기억에 생생한 출장을 꼽으라면 입사 동기들의 부러움과 격려를 받으며 떠났던 첫번째 출장이었다.

글로벌 비즈니스를 시작하게 되는 담당자들이 가장 설레고 기대가 큰 것은 바로 해외출장일 것이다. 요즘은 입사 전에 해외여행을 다녀온 사람들이 거의 대부분이라 저마다 각자의 경험이 있겠지만 아무래도 회사의 업무로 해외를 나가는 출장인 경우에는 개인 여행과는 출장준비와 짐을 싸는 것에도 차이가 있다.

특히 해외 전시회 참가 등이 아닌 직접적인 미팅이 잡혀 있는 비즈니스 출장 시에는 출장목적에 맞는 의복선택과 준비물 준비 그리고 출장 가방 크기가 한정되기 때문에 효과적인 짐 싸기는 필수이다. 이런 출장에는 노트북 컴퓨터와 관련서류들 그리고 샘플 등도 가져가는 경우가 많으므로 이러한 서류가방은 물론 샘플 또한 출장 짐 싸기에 고려를 해야 한다.

나는 우선 출장이 정해지면

1. 출장기간

2. 출장국가(수)

3. 거래선 미팅 횟수

4. 현지 도착시간 혹은 국가간 중간이동 횟수

5. 현지 날씨

6. 입/출국 및 현지이동 포함 열차, 비행기 탑승 횟수

7. 단독 혹은 동반 출장여부

8. 노트북 등 업무용 별도가방 여부

9. 현지에서 여유시간

등을 고려해서 이에 맞는 의복 및 준비물을 챙겨서 짐을 싼다.

우선 출장기간에 따라 출장가방을 선택하는 것이 첫번째 일 것이다. 상대적으로 작은 기내용으로 할 것인지 아니면 좀 넉넉한 크기의 가방을 선택해서 수하물로 부치면서 출장을 진행할 것인지의 결정이다. 일반적으로 출장기간이 현지 워킹데이(working day) 기준으로 3~5일 정도로 짧으면 기내용으로도 충분히 가능하지만 1주일이 넘어가는 출장이면 기본적으로 수하물로 부쳐야 하는 크기의 가방을 선택하는 것이 좋다. 그러나 이것은 어디까지나 일반적인 기준이므로 상황에 따라 유연하게 대처할 수 있는 경험과 노하우가 중요하다.

예를 들어 직장생활 중엔 상사나 중요 파트너들을 모셔야 하는 수행

출장을 진행하는 경우도 있게 된다. 이런 경우 모시고 가는 동반인은 비행기의 비즈니스석 그리고 수행인은 이코노미석에 탑승하는 경우가 많을 것이다. 비행기의 크기마다 조금씩 차이가 있지만 일반적으로 비즈니스 클래스의 기내가방 보관함은 이코노미의 가방 보관함 보다 더 크다. 따라서 비즈니스석을 이용하여 출장을 진행하는 승객들 중에 수하물로 가방을 부치는 경우는 많지 않다. 또한 비행기가 착륙을 하고 승객들이 내릴 때는 비즈니스석 승객들부터 내리게 되므로 직장상사나 귀한 손님을 모시고간 출장자가 비행기의 뒤쪽에 좌석을 배정받아서 모시는 분보다 늦게 내릴 수밖에 없는 상황이 어쩔 수 없이 벌어진다.

장거리 비행에 지친 승객들은 조금이라도 빨리 입국수속을 위해 출입국 카운터로 걸음을 재촉하게 되고 입국수속을 마치면 수하물을 찾게 되고 비로서 공항밖으로 나가게 되는 것이다. 만일 모시고 가는 일행이 어느정도 지위에 있다면 도착국가에서 현지 지사에서 미리 픽업을 나오는 경우도 있다. 상상을 해보시라. 모시고 간 분은 이미 입국심사도 다 마치고 짐도 찾을 것이 없는데 수행하는 사람은 아직 입국심사줄에 서있고 더구나 입국심사후에 다시 수하물을 기다리느라 30~40분을 대기해야 한다면 직장상사는 여러분을 과연 어떻게 평가할까?

세계 여러 나라의 공항들의 입국심사 과정과 수하물 처리 시간은 상상하는 것 이상으로 열악하고 짜증나는 경우가 많다. 우리나라의 인천공항과 김포공항을 생각하면 큰 오산이다. 많은 국가의 경우 입국심사와 수하물을 찾는 과정은 큰 인내심을 발휘하게 만든다. 길고 피곤한 비행에 지친 승객들을 빨리 공항을 벗어나고 싶게 만든다. 그런데 '이코노미를 타서 늦게 내리고 짐칸도 작아서 수하물로 부쳤구나'라고 도착공항에서 웃음을 띄며 너그러이 이해해주며 기다리는 상사는 나의 직장생활을 돌이켜 보면 거의 없다.

상사를 모시고 가는 출장 기본 룰은 기내용 출장가방을 가져가는 것이다. 그리고 탑승수속 시 동반 수행 출장임을 이야기해서 비즈니스석과 가까운 최대한 앞쪽을 좌석으로 배정을 요청한다. 즉 비행기가 출장국가에 착륙을 하면 비즈니스승객들이 내린 후에 최대한 빨리 뒤따라 내려서 수행을 할 수 있도록 센스 있는 준비를 하도록 한다.

더 난감한 경우는 담당자의 1주일 이상의 중장기 출장에 처음 몇일간만 동행하는 상사를 모시고 갈 경우이다. 이런 경우 물리적인 출장기간을 고려하면 담당자는 수하물로 짐을 부치는 가방을 가져가야 하는데 앞서 말한 상사를 수행하는 출장이라면 좀 부담스러울 수 가 있다. 게다가 모시고간 상사가 그리 너그러운 사람이 아니라면? 이런 경우라면 어쩔 수 없이 기내용 가방으로 출장을 진행해야 할 것이다. 이때는 특히 출장 T.P.O.(Time, Place, Occasion)에 맞는 비즈니스 수트와 준비물을 어떻게 효과적으로 구성하여 효율적으로 기내용 가방에 챙겨야하는 지가 중요하다. 프로페셔널하고 세련된 출장 복장에 관련해서는 책의 뒷부분에서 자세히 언급을 하도록 하겠다.

만일 미국 출장이 잦다면 수하물로 부치게 되는 출장 가방을 선택할 때 특히 유의 해야 할 사항이 있다. 내가 경험한 사례로 확인해보자. 텍사스 휴스턴 공항에 도착을 했을 때였다. 다른 사람들의 가방은 수하물 벨트에 다 나왔는데 내 가방만 안나오고 있었다. 수하물 벨트에 내 가방과 비슷한 가방이 돌고 있었지만 가방이 테이프로 칭칭 감겨져 있었기에 이것이 미처 내 가방이라고 생각을 하지 못했다.

가까이 가서 확인을 한 후에야 내 가방임을 알게 되었다. 가방이 테이프로 칭칭 감겨 있는 이유는 공항 보안요원들이 내 가방 자물쇠를 강제로 파손하고 보안 검사 후에 테이프로 칭칭 감아 놓았던 것이다. 그리고 가방안에는 보안검사를 위해 가방을 파손할 수밖에 없었으며 이는 미국의 법이기에 배상 책임이 없다는 프린트 한장만이 달랑 들어 있었다. 미국은 9.11테러 후에 보안검사를 강화하기 위해 의심스러운 공항 수하물을 임의로 검사하고 있었던 것이다.

내 사례에서 볼 수 있듯이 미국 출장 시 수하물 가방은 미국교통안전청인 TSA(Transportation Security Administration)의 규격에 맞는 자물쇠가 부착된 된 가방을 사용하는 것이 안전하다. 자물쇠가 TSA인증 제품일 경우 공항의 보안요원들은 마스터키를 이용해서 의심이 되는 가방을 파손하지 않고 열어 검사를 할 수가 있다. 하지만 TSA인증 자물쇠, 즉 보안요원들이 마스터키로 열수 없는 의심스러운 가방의 경우 가방 자물쇠를 강제로 파손해서 내용물을 검사하게 된다. 억울하지만 가방주인은 이러한 파손에 대해서 법적으로 배상을 받을 수가 없다.

출장 가방 싸기 외에 수하물 안전에 대한 팁을 한가지 공유한다. 중남미나 동구권국가 공항에서 약 5~10달러 정도의 비용으로 출

과거 상사맨의 상징이던 하드케이스의 007가방은 어느새 실용적인 백팩으로 바뀌었다

장 가방을 비닐로 랩핑을 해주는 서비스를 이용할 수 있다. 이는 수하물 처리시에 발생하는 가방에 스크래치와 파손을 방지하는 것을 이유로 하고 있으나 더 중요한 것은 가방의 귀중품 도난을 막기 위한 효과적인 방법인 것이다. 저개발 국가의 경우 수하물처리 중에 도난 사건들이 적지 않게 발생을 한다. 귀중품들을 수하물 가방에 넣어 부치는 경우는 적겠지만 소소한 기념품이나 개인물품들이 도난을 당한 다면 출장 중 혹은 귀국후에 기분이 망쳐지는 것은 분명하다. 커피 한잔 정도의 비용이지만 나의 짐을 안전하고 깨끗하게 부칠 수 있다면 이는 충분한 가치가 있다.

출장 가방 싸기는 단독출장, 동반출장, 출장기간, 미팅 횟수, 미팅 종류,
출장 이동 방법 및 횟수, 출장 국가, 날씨 등을 고려해서 짐을 싸야 한다.
미국 출장의 경우 수하물로 짐을 부칠 경우 출장가방의 열쇠가
TSA(Transportation Security Administration)에서 점검이 가능한 것으로
준비하는 것이 미국 공항에서 보안점검 시 가방파손을 막을 수 있다.
기내용 가방에는 화장품 등 액체류는 100ml 이하의 용기만 담을 수 있다.
또한 핸드폰용 보조밧데리는 수하물이 아닌 기내에 가지고 타야 함도 유의 하자.

출장가방 tip

- 지역과 항공기 좌석등급에 따라 무료 수하물의 개수와 무게가 다르다.
- 대한항공의 경우 프리미엄 클럽회원(50만 마일이상)은 수하물 23kg 1개, 밀리언 마일러(100만 마일이상)는 32kg 1개가 무료 추가 된다.
- 수하물 무게가 32kg/70lb이상, 사이즈가 158cm/62in(가로 X 세로 X 높이 세변의 합)이상인 경우 운송이 제한될 수도 있다.
- 국적기의 경우 보통 20인치 기내용 가방은 높이 55cm + 넓이 40cm + 길이(폭) 20cm으로 세변의 합이 115cm 무게는 12kg를 넘지 않아야 한다.

지역	이코노미 클래스	비즈니스 클래스	일등석
미주	23kg 수하물 2개	32kg 수하물 2개	32kg 수하물 3개
아시아	23kg 수하물 1개	32kg 수하물 2개	32kg 수하물 3개
유럽/중동/대양주/아프리카	23kg 수하물 1개	32kg 수하물 2개	32kg 수하물 3개

- 화장품 등 액체류는 개별용기당 100ml 이하로 1인당 총 1L용량의 비닐 지퍼백 1개만 기내에 반입이 가능하다.
- 보조 밧데리인 Power Bank의 경우 수하물로 보낼 수 없으며 반드시 기내에 가지고 타야 한다.
- 미국 교통안전청 TSA(Transportation Security Administration) 인증 자물쇠가 사용된 캐리어나 별도 자물쇠를 사용한다. (우측 로고 참고) ◆

3

해외출장 준비의 기본(基本)

출장 가방 싸기가 되었다면 현지 출장을 위한 더 중요한 기본적인 사항들도 세심히 준비와 체크를 해야 할 것이다. 특히 이는 신입사원뿐 아니라 출장에 어느정도 익숙해진 사람들도 방심해서 실수를 하는 경우가 있을 수 있다. 출장준비에 만전을 기하지 않거나 간과할 경우에는 황당하고 말이 안되는 일들이 심심치 않게 벌어지는 지기도 한다. 완벽한 출장준비는 거래선 미팅뿐만 아니라 현지 이동 및 숙박 그리고 자신의 여권유효일, 출장국가 비자유무, 예방접종 유무 등을 포함한 세세한 유의사항까지 사전에 점검해야 한다.

부서에 L대리가 있었다. 부서장인 임원을 모시고 중국 거래선 미팅을 위한 동반출장이 예정되었다. 사업부장을 모시고 가는 흔치 않은 출장이기에 L대리는 거래선들과 미팅 준비는 물론 호텔과 식당까지 예약을 완벽히 준비하고 자신의 실력을 뽐낼 출장 만을 손꼽아 기다렸다. 하지만 출장이 취소되었다. 사업부원들은 무슨 영문인지 다들 어리둥절하였다. 그 이유는 L대리의 중국비자가 만료가 된 것을 출장 전날 늦게 알게 된 것이었다. 급행으로 중국비자를 발급받기에도 시간이 부족했고 결국 사업부장의 중국출장은 취소되었다. L대리는 당연히 자신의 비자가 아 직 유효한 줄 알았던 것이었다.

출장 포함 해외여행에 가장 중요한 서류는 무엇일까? 바로 여권과 비 자이다. 2019년 기준 영국의 헨리여권지수(Henry Passport Index)에 따르 면 우리나라 여권은 189개국을 무비자 혹은 도착비자로 입국이 가능해 서 싱가폴과 공동으로 세계 2위에 올랐다(1위는 190개국인 일본). 이는 우리 가 알고 있는 왠만한 국가들은 이제 사전에 비자 발급없이 방문이 가능 하다. 내 경우 지난 20여년간 52개국을 수백번 출장을 진행하면서 각 국의 출입국 도장과 비자를 붙이는 여백이 필요해서 여권을 5번 재발급 을 받았다. 재발급 받기 전 여권에 여권 속지를 1회 추가할 수 있기에 5 번의 재발급이라는 것은 곧 10권의 여권인 셈이다. 이렇게 여러 번 여 권을 재발급해야 했던 것은 당시만해도 우리나라의 비자면제 국가의 수가 적었기 때문이었다. 브라질, 아르헨티나, 칠레, 러시아 등 한번 출 장 갈 때마다 여권 한면을 통째로 차지하는 단수비자를 붙여야 하는 국 가들이 수두룩했다.

이제 대한민국의 여권으로 189개국을 비자 없이 입국이 가능하다 해 도 비즈니스의 주요 국가인 미국과 중국은 아직도 비자가 필요하므로 이에 대한 사전준비를 해야만 한다. 비자를 받아 놨다 하더라도 비자만 기일이 언제인지는 때때로 확인을 해야 앞서 L대리의 사례처럼 갑작스 러운 출장에 낭패를 면할 수가 있다. 비자 외에도 자신의 여권만기일 6

개월 전에 갱신을 하는 것도 해외영업을 하는 사람들에겐 기본적인 상식이다. 만일 여권 만료기간이 6개월 이내라면 일부 국가의 입국이 불가능 할 수도 있기 때문이다.

출장 국가에 대한 이해와 사전준비에 대한 또다른 에피소드이다. P대리는 유럽을 담당하고 있었고 첫 독일출장을 가게 되었다. 독일의 출장 목적지는 많은 전시가 열리는 도시인 쾰른(Colonge)이었다. 한국을 떠난 비행기가 독일로 입국을 할 경우 프랑크푸르트 공항으로 직항이 대부분이므로 P대리는 프랑크푸르트에 도착을 한 후 쾰른으로 이동을 해야 했다. 프랑크푸르트와 쾰른간 거리는 약 150Km로 누군가가 픽업을 해주지 않는다면 이동을 위해서는 통상 기차나 버스를 이용하게 된다.

독일에 첫 출장이던 P대리는 두 도시 간의 거리 등에 대해서 인지를 하지 않고 프랑크푸르트 공항에서 호기 있게 택시를 타고 쾰른에 예약한 호텔로 가자고 했던 것이다. 경황이 없어 흘려보냈지만 그때 독일 택시 기사가 야릇한 웃음을 지었다는 것을 P대리는 나중에야 그 이유를 알게 되었다. 한국으로 예를 들면 서울서 대전까지 가자고 택시를 탄 셈이었던 것이다.

유럽 택시비는 한국의 택시비와 비교가 안될 정도로 비싸다. 프랑크푸르트 공항에서 곧 도착할 줄 알았던 쾰른은 P대리의 예상과 다르게 택시의 미터기가 100유로, 150유로, 200유로로 계속 올라가도 도착할 기미가 안보였던 것이다. 이때부터 P대리는 등에서 식은 땀이 흘렀다고 한다. 결국 택시기사에게 부탁을 해서 택시를 중간에 기차역으로 돌렸지만 생각치도 못한 택시비를 지불해야만 했던 것이다. 훗날 P대리의 회고를 들었을 때 모든 사람들이 배꼽을 잡고 웃었다. 아마 그 택시기사도 속으로 "You said so (니가 말한거다)"라고 하지 않았을까?

하지만 출장 준비를 소홀히 한다면 이런 일들은 누구에게나 일어날 수 있다. 요즈음에는 우버(Uber) 택시 서비스가 유럽을 포함해서 많은 국가들에서 이용 가능하므로 출장 시 교통수단으로 아주 유용하고 편리하다. 기존 택시비에 비해서 훨씬 저렴한 것은 물론이다. 출장을 자주 가야하는 해외영업 담당자라면 우버 어플에 자신의 신용카드(혹은 법인카드) 정보를 입력해두면 현금 지급 없이도 안전하고 편리하게 서비스를 이용할 수 있다.

소홀한 출장 준비 때문에 일어났던 더 황당한 사례도 있다. 종합상사의 특성상 관계사와 업무도 협업을 하는 일들이 많았다. 관계사 L주임이 스페인 출장을 가게 됐는데 당시 삼성물산 스페인지사는 마드리드에 있었고 지사장인 K차장은 공항에 관계사 출장자인 L주임 픽업을 나갔다. 공항에 대기하던 K차장은 아무리 기다려도 L주임이 나타나지 않자 L주임의 핸드폰으로 전화를 걸었다.

"L주임, 내가 기다리고 있는데 왜 안 나오나? 입국심사에 무슨 일이라도 있나?" L주임이 놀라면서 대답을 했다. "K차장님, 저도 아까부터 나와서 차장님을 기다리고 있는데요."

순간 K차장은 불길한 예감이 들었다. "L주임 지금 무슨 터미널인데?" L주임은 "네, 터미널 XX인데요". 그렇다. L주임은 마드리드 공항이 아니고 바로셀로나 공항에 도착을 했던 것이다. 마드리드로 와야만 했던 L주임의 600km는 아마 산티아고 순례길이 아니었을까 싶다.

이런 코메디 같은 일이 실제로 발생한 것은 출장 전에 세심히 준비를 하지 않은 L대리는 물론 현지 주재원 역시 좀더 신경을 써서 출장자를 챙겼어야 함은 물론이다. 통상 지사가 있거나 현지의 거래선에게 출장일정을 알려줄 때는 '언제 어느 항공편으로 어느 터미널에 도착 및 출국'을 한다는 것을 알려주는 것이 출장자의 기본 예의이다.

완벽한 출장 준비는 거래선과의 업무 미팅준비 뿐만이 아니고
출장자 자신의 여권, 비자, 출장국가의 예방접종 사항 등을
미리 점검해야 생각치 못한 낭패를 방지한다.
또한 출장 중 이동, 교통편, 숙박 등에 대해서도 사전에 확실히 체크를 해야 한다.
우버(Uber)를 잘 활용하면 편리하고 교통비 절감에 도움이 된다.

PART
04

글로벌 전쟁터에서
승자(勝者)가 되는 법

영어 닉네임 있으신 가요?

해외 거래선이 여러분을 부를 때 어떻게 부르는지요? Mr. Kim? Ms. Lee? 아니면 영문 이니셜? 해외 거래선들과 업무가 많은 경우 상대방이 한국이름을 부르고 발음하는 것은 상당히 어렵다는 것은 경험해 보신 분들은 다 알 것이다. 그렇다고 Mr. Kim, Mr. Choi와 같이 성(姓)만 부를 경우 같은 부서내에 여러 명의 같은 성을 가진 사람들도 있어 헷갈리고 다른 사람에게 전화가 전달되기도 한다. 그래서 많은 경우는 HP Jung, HJ Lee와 같이 성과 이름 이니셜을 사용하기도 한다. 하지만 이왕 해외거래선들과 좀더 친밀한 관계를 다지기 위해 영어 닉네임을 써서 한발 더 쉽게 다가가는 것은 어떨까?

내이름의 경우 서양인들이 성인 Jung(정)과 이름인 Haepyung(해평)을 발음하는데 상당히 어려움을 느끼고 정확히 발음하는 경우는 매우 드물었다. 아무리 '정' '해평'이라고 발음을 알려줘도 'Mr. 중' '해퐁' '해퐁' 등 제 각각으로 발음을 하곤 했다. 발음만 어려우면 그럭저럭 지낼

텐데 그들이 한국인의 파트너의 이름을 외우는 것은 숙제 같아 보였다.

흥미롭게 당시 부서는 전원이 영어 닉네임을 만들어 사용하도록 했다. 나도 입사후에는 닉네임을 만들어야 했고, 성이 Jung(정)은 어차피 사용을 해야 하니 이름을 닉네임으로 작명을 하기로 했다. 다른 닉네임들을 보면 자기가 좋아하는 영화배우나 소설의 주인공 혹은 동물명 등 나름대로 작명을 선정했다. 내가 세운 원칙은 내이름인 Hae Pyung의 이니셜인 H와 P로 시작되는 닉네임을 짓는 것이었다. 닉네임 후보로는 Harold, Henry, Harry, Peter, Paul, Patrick 등 내가 생각해볼 수 있는 영어이름을 리스트업 해보았다.

결국 낙점은 Patrick이었다. 그냥 낙점이 아니고 나름의 이유를 만들었고 그것은 Patrick은 아이리쉬계의 이름이었고 아일랜드인의 기질이라고 하는 열정, 정의감, 불의에 대한 저항, 반골기질 등이 마음에 들었다. 그래서 나의 명함엔 Patrick Jung이 영문 닉네임이자 이름으로 불리게 되었다. 영문 닉네임을 사용하는 것이 오버라고 생각하고 거부감이 드는 사람들도 있을 것이다. 하지만 조상이 지어준 이름을 법적으로 바꾸는 것도 아니고 일제시대의 창씨개명을 하는 것도 아니지 않은가? 글로벌 시대에 해외 파트너들과 조금이라도 빨리 그리고 쉽게 가까워질 수 있고 나를 좀더 빨리 친숙하게 익히게 할 수 있는 작은 방법이 있다면 이를 굳이 마다할 이유는 없다.

닉네임을 사용하면서 부수적으로 발생하는 좋은 효과가 하나 있다. 그것은 영어 닉네임을 사용하는 경우 담당자들이 영어공부를 좀더 열심히 한다는 것이다. 만일 그냥 본인 이름을 영어로 표기하거나 이니셜

정도로 줄여서 쓸 때 보다 나름 멋지게 영어 닉네임을 지어 놓고 영어 구사가 원활치 못하다고 생각하면 조금은 창피한 생각이 드는 것이 당연했다. 그래서 당시에 전 조직원이 영어 닉네임을 썼던 우리 부서원들이 해외출장도 더 적극적이고 활발한 영어 커뮤니케이션을 했었다.

이제부터 여러분도 한번 자신의 닉네임을 만들어서 해외파트너와 이야기를 해보시면 어떨까? 만일 딱딱하고 서먹서먹한 거래선과의 관계였다면 이를 녹여줄 또다른 새로운 주제와 이야기 거리가 생길 것이다.

영어 닉네임은 1석2조의 효과를 준다.
그것은 해외 거래선들과의 친근감과 본인 스스로 외국어 공부에 대한 동기부여이다.
닉네임 작명 스토리 역시 서먹서먹한 상대방과의 첫만남 자리에서
ice breaking하기에 좋은 대화 소재이다. 만약 내 영어 이름이 'Ned'인데
상대방이 '왕좌의 게임(Game of Throne)'을 좋아한다고 한다면
'강인하고, 불의에 타협하지 않는 남자 중의 남자'라는 이미지를 심어줄 수 있다.
'Stark! 아, 에다드(Eddard)'라는 스토리로 말이다.
서먹한 분위기를 없애는 데 이만큼 좋은 '건수'가 또 있을까?

해외출장과 협상준비:
'바인딩 효과(binding effect)'
상대방을 묶어라!?

여러분은 해외출장 준비를 어떻게 하십니까? 해외출장은 얼마나 자주 가시나요? 회사, 업무 마다 해외출장의 빈도수나 출장 사유는 여러 가지 일 것이다. 출장을 자주가는 사람들은 본인들도 모르게 매너리즘에 빠지게 되기도 한다. 반면 오랜만에 혹은 가끔 가는 사람은 정작 출장의 목적보다는 출장국의 볼거리나 쇼핑기회 등에 대해서 더 열심히 조사를 하는 경우도 있을 것이다.

직장 생활을 하면서 출장을 가는 목적은 무엇일까? 회사라는 조직은 친목단체가 아니고 이익을 창출하는 것을 제1의 목적으로 함을 잊어서는 안된다. 즉 근무하는 동안에는 조직원은 회사에 이익 창출 기여와 새로운 이익 창출의 기회를 만들려는 노력을 게을리해서는 안된다. 해외영업 담당자로써 그 효과를 극대화할 수 있는 기회 중에 하나는 바로 해외출장이 될 것이다. 더욱이 해외출장은 그간 자신이 준비하고 연마한 실력과 능력을 보여주고 인정을 받을 수 있는 절호의 기회라는 것을 잊지 말아야 한다.

그런 만큼 출장을 준비함에 있어 혼신의 노력과 힘을 쏟아야 한다. 이러한 철저한 준비를 통해서만이 신규 거래선 개척 또는 기존 거래선과의 미팅에서 내가 원하는 출장의 목적을 이룰 수 가 있다. 처음에는 번거롭고 귀찮은 준비과정이지만 이것이 습관이 되어 몸에 자연스럽게 익게 된다면 자신도 모르는 사이에 협상 실력이 엄청나게 성장되어 있음을 상대방과의 협상결과에서 알게 될 것이다.

내가 출장을 준비했던 예를 들어 보겠다. 한달에도 수차례 출장을 진행했던 나는 매 출장마다 그 출장의 목적과 달성해야 하는 목표가 무엇인지를 명확히 하였고 이를 위해 해당 출장과 관련된 각종 자료들을 바인딩(binding)한 '출장 book'을 만들어 출장에 임했다.

바인딩 '출장 book'은 아래와 같이 구성을 하였다

1. 표지 페이지

2. 비행 출장 일정표

3. 국가, 거래선별 미팅 일정표

4. 출장기간 날씨

5. 호텔예약 정보

6. 각 미팅 별 주요 자료 (예를 들면, 출장발표 PPT자료, 주요 email 교신 카피, 거래내역 정리표, 타겟 목표 시뮬레이션 자료 등)

7. 기타 소개 자료

출장마다 항상 만들어가던 '출장 book'

A4사이즈 노트 바인딩이므로 보통 두꺼운 노트 두께의 출장자료가 매 출장마다 만들어 졌다. 만일 간혹 상사를 모시고 가면 똑같이 한권을 더 만들어서 출장전에 미리 출장자료로 드렸다. 상사의 자료에는 해당 국가와 출장 도시 등 에 관련된 주요 상식 내용을 정리한 페이지를 추가로 더 첨부해서 넣는 것도 잊지 않았다.

해외영업과 제품개발 그리고 구매 업무를 동시에 책임지고 있었기에 수주목적의 영업출장, 구매가 협상을 위한 공급선 출장, 제품 개발을 위한 출장, 모든 것이 복합된 목적 등 출장 목표가 명확했다. 이 자료 바인딩 book을 출장국가로 가는 비행기안에서 항상 세세하게 밑줄을 긋고 다시 정리하고 노트하며 정독, 숙독을 하였고 이러한 출장 바인딩 book은 특히 거래선과의 미팅 시에 유형 무형의 위력을 톡톡히 발휘하였다.

아마 여러분은 노트북 컴퓨터를 출장에 가져가는데 무엇하러 이렇게 출장자료를 출력해서 바인딩까지 만들어 갈 필요가 있냐고 반문을 할 수도 있다. 나 역시 노트북 컴퓨터는 항상 출장 시 지참을 하였다. 하지만 거래선과의 협상장에 앉아서 열띤 협상을 하고 있는 장면을 상상을 해보시라. 여러분이 거래선과 협상을 하는 자리에서 여러분이 준비한 두꺼운 노트 자료 그것도 바인딩이 된 자료를 넘겨가면서 주요한 협상 이슈에 대해서 조목조목 이야기를 하는 협상 모습을 보여준다면 거래선이 여러분을 어떻게 느낄까?

그 효과는 여러분이 기대하는 그 이상의 강력한 힘을 발휘한다. 이것은 내가 경험으로 보장할 수 있다. 이렇게 만든 출장 book 바인딩이

200여권이 넘어 사무실 캐비닛을 한가득 메우게 되어 나중에 비록 정리를 하였지만 그 한권 한권은 내 업무에 대한 소중한 히스토리 그 자체였다.

아무리 아날로그에서 디지털 시대로 바뀌었다 해도 직접 필기한 노트자료, 정성스럽게 사전 준비한 출력 출장자료 등은 디지털 이상의 효과가 있다. 나는 그걸 '바인딩 효과(binding effect: 상대방을 옴짝달싹 못하게 만들기에)'라고 부르는데 대화가 이뤄지고 있는 미팅이나 협상 시에 내 손에 들려있는 정성스럽게 바인딩 된 출장book과 같은 자료는 상대방에게 좀더 신뢰감과 압박감을 주는 효과가 분명히 있기 때문이다.

좀 극단적이긴 하나 아날로그 자료의 예를 들어보겠다. 이태리의 필름공급선에 구매 관련 출장을 갈때마다 내가 준비했던 것이 있다. 그것은 바로 OHP(overhead projector)필름에 잉크젯 프린터로 출력한 각종 그래프와 주요 내용 자료들이다. 지금이야 파워포인트 프로그램(PPT)을 이용해서 자료를 작성하여 이를 빔프로젝트로 쏘면서 보여주는 시대이지만 2000년대 초중반만 해도 IT기술이나 활용에 보수적이던 유럽의 경우 OHP필름을 이용한 광학투영기기로 한장 한장 자료를 비춰가며 협상을 하였다.

아마 요즘세대의 독자라면 OHP필름이 무엇인지도 모를 수도 있을 것이다. OHP는 투명한 필름을 프린터에 넣고 말그대로 한장 한장 출력을 하는 것이다. 특히 잉크젯프린터로 칼라 출력을 한다면 1장의 출력에 1~2분이상 시간이 소요되는 작업이었다. 필름 한장에 내가 말하고자 하는 내용이 담긴 그래프 달랑 한개가 들어가는 것이다.

요즘 PPT는 자료 작성 편집이 그야말로 컴퓨터로 얼마든지 해서 수백장 페이지라도 파일로 저장하여 보여줄 수 있다. 하지만 OHP필름으로 40~50장의 자료를 칼라출력해서 출장준비를 한다는 것은 거의 반나절에서 하루 가까이 시간이 소요되는 작업이었다. 나는 이 작업을 위해 주말에 출근해서 출장자료를 만들었다. 누가 시킨 것이 아니었다. 내가 거래선과 이기는 협상을 하기위해 구상하고 셋업한 '스토리텔링(story telling)'을 시각적으로 설명하기위해 반드시 필요한 자료였기에 신이 나서 주말에도 자발적으로 출근을 해서 만들었던 것이다.

여러분이 출장에서 해외 파트너와 협상을 하고 목표했던 목적을 달성하고 승리하기 위해서는 반드시 '스토리텔링'을 만들어야 한다. 스토리텔링은 최대한 논리적(論理的)이어야 한다. 아니 최소한 그렇게라도 보여야한다. 내가 원하는 목표를 달성하기위해 무조건 우기는 것이 아니라 내가 이야기하는 것에 대해서 상대방이 '일정부분이라도' 수긍할 수밖에 없는 논리적인 근거가 기반이 되어야 한다.

아쉽게도 한국인의 협상력은 이런 면에서 부족한 점이 많다. 논리가 불명확 하거나 설득력이 부족한 경우가 많다. 무엇보다도 우리는 너무 감정적이다. 하지만 매번 논리적으로 적정하고 적합한 스토리텔링을 만드는 것이 쉬운 일은 아니다. 왜냐하면 내가 주장하고 얻고자 하는 목표가 너무나도 비논리적인 경우가 비일비재한 경우도 많기 때문이다.

그럼 어떻게 해야 할까? 그럼에도 불구하고 이 상황에서도 나름의 '스토리텔링'을 만들어야 한다. 그것이 바로 여러분의 능력이고 협상을 성공적으로 이끄는 비결이다. 여러분의 로직으로 구성된 스토리텔링이 담긴 PPT 발표자료를 포함해서 철한 출장준비를 보여주는 출장 보조 자료들이 함께 한다면 협상 시작전에 이미 70%는 승기를 잡고 들어가는 셈이다. 지구 60바퀴, 150만 마일의 마일리지를 쌓은 글로벌 비즈니스 프로가 확실하게 보증하니 독자들께서는 믿고 실행해 보시기 바란다.

해외 거래선과 협상에서 성공하는 사람은 사람일까?
외국어가 능통한 사람? 평소 실력 있는 사람? 운이 좋은 사람?
언변과 임기응변이 능한 사람? 경험이 많은 사람?
성공하는 사람은 바로 '철저하게 사전 준비한 사람'이다.
그 누구도 '준비된 사람'을 이길 수는 없다.
해외 협상의 가장 중요한 성공요소는 '철저한 준비'이다.

3

출장과 협상을 위해
외국어(外國語) 공부는 어떻게 하십니까?

영어 닉네임도 있고 출장준비도 출장자료 book을 만들어서 완벽히 준비를 했다. 그런데도 아직 해외출장과 미팅의 경험이 적다면 뭔가 출장을 떠난다는 것이 설레기도 하지만 한편으로는 찜찜하고 자신감이 부족할 수 있다. 부담감에 가장 큰 요인은 외국인과의 외국어로 해야 하는 협상일 것이다.

글로벌 전사(戰士)가 되기 위한 조건 중에 하나가 외국어 구사 능력이다. 특히 국제 비즈니스 공용어인 영어의 구사 능력은 해외출장과 성공적인 협상의 기본임에 틀림없다. 그렇다면 해외거래선과 성공적인 협상을 하려면 어느 정도로 영어를 잘해야 할까? 한국에서 태어나고 학업을 한 대부분의 경우 네이티브 스피커처럼 영어를 구사한다는 것은 쉽지 않다. 그럼 역(逆)으로 생각해서 네이티브 스피커처럼 영어를 구사한다면 성공적인 협상 결과를 얻을 수 있을까?

나의 대답은 'No'이다. 해외 거래선과 미팅, 협상을 하기 위해선 기본적으로 언어소통이 되야 함은 필요한 조건이다. 하지만 영어 구사능력이 성공적인 협상결과를 보장하는 충분한 조건이 아닌 것이다.

요즘은 해외 어학연수를 비롯 영어회화 공부에 많은 노력을 하여 신입사원들의 기본적인 영어구사능력은 '어느정도' 갖추어 졌다. 이러한 기본적인 영어 대화능력은 갖춘 것을 전제로 하였을 때 성공적인 해외 거래선과 협상을 위해 영어실력을 중급이상 그리고 고급회화를 구사하는 집중하는 것도 소홀히 해서는 안된다. 하지만 그보다 더 중요한 것은 해외 거래선과의 협상과 원하는 결과를 얻기 위해 더욱 중요한 것은 '논리적인 사고'와 '스토리텔링(storytelling) 구성'의 연습이다.

종합상사에는 다양한 해외국가의 사업이 전개되는 만큼 대학에서 러시아, 중국어, 인도네시아어, 포르투갈어 등 영어 이외의 특수 언어를 전공한 사람들도 적지 않다. 하지만 종종 해당 국가 지점의 현지직원이나 거래선으로부터 비즈니스 마인드가 부족하다는 불만 아닌 불만을 듣는 경우가 있었다. 이는 사람마다 차이가 있기에 언어 전공자가 경영학 전공자보다 업무성과가 나쁘다는 이야기가 아니다. 오히려 해당 특수언어를 구사할 수 있는 능력은 다른 사람들이 갖지 못한 자신만의 장점이 된다. 다만 여기에 '논리적인 사고와 스토리텔링'을 견실하게 만들고 활용하는 능력이 있다면 그야말로 금상첨화인 것이다.

내가 영어구사와 협상에 대해 이야기를 할 때 예를 들어 이야기하는 것이 있다. 만일 해외 거래선과 영어로 이야기와 협상하는 것을 단계별로 구분한다면 "Conversation(대화)", "Discussion(토론)" 그리고 "Negotiation(협상)"이다. 본격 협상전에 영어로 가벼운 대화

(conversation)을 했고 이제 토론(discussion)과 협상(negotiation)이 시작되니 내 머리속에 스위치를 바꾸어서 협상용의 중급 토론용의 고급 영어를 구사해야 하는가? 과연 conversation → discussion → negotiation 이 각각 다른 레벨의 영어 구사를 하는 것일까?

이 역시 나의 대답은 'No'이다. 만일 여러분이 기본적인 영어 소통이 가능하다 하면 해외 협상에서 여러분이 목표한 타겟을 쟁취할 준비는 되어 있는 것이다. 이제 해외 거래선과 협상의 성공은 어려운 단어와 미사여구를 자유자재로 활용하며 네이티브 스피커와 같은 발음을 하려고 혀를 굴리며 물 흐르는 듯한 고급영어 구사 능력에 달린 것이 아닌 얼마나 협상에 대해서 철저한 준비를 하고 얻고자 하는 목표를 논리적으로 설명하고 설득할 수 있는 탄탄한 스토리텔링을 준비하느냐가 협상에서 승리할 수 있는 핵심인 것이다.

영어구사가 자유롭지 않아서 잔뜩 긴장을 한 상황에서 내가 해야 할 말과 협상의 방향에 대해서 '논리적인 스토리텔링'이 준비마저 되어있지 않다면, 그러한 협상은 100전 100패가 된다. 거래선과 중요한 협상(negotiation)을 해야하니 멋진 영어로 협상을 해야 하겠다는 생각보다 간결하더라도 내가 구성한 협상 논리와 이를 뒷받침하는 스토리를 명확하게 이야기하고 상대를 설득시키는 연습과 준비가 더욱 필요하다. 이러한 논리적인 스토리텔링의 준비와 연습은 여러분이 직장에서 경험이 많지 않은 초년생일수록 더욱더 필요하다.

앞 장에서 설명한대로 스토리텔링이 담긴 간결한 PPT자료를 준비해서 활용한다면 영어로 협상을 하는 여러분들에게는 중요하고도 든든한 지원군이 될 것이다. 여러분의 스토리텔링이 담긴 PPT자료를 놓고 상대방과 함께 협의를 한다면 현지인과 같은 수준의 영어를 구사하지 못해도 전혀 주눅이 들 필요가 없다. 조금은 어눌하더라도 여러분의 스토리텔링을 설명하는 영어를 상대방은 이러한 자료와 함께 듣고 본다면 쏙쏙 이해할 것이다.

같은 본부에 H부장이 있었다. H부장과 같이 해외출장을 다녀온 동료들이 출장 시 거래선과의 미팅이야기를 할 때 마다 H부장에 대해선 고개를 절레절레 흔들었다. 그 이유는 나도 같이 출장을 다녀온 후에 알게 되었다. 거래선과 미팅 시에 H부장이 A라는 이슈에 대해서 이야기를 시작하면 A와는 관련 없는 B, C, D 들로 꼬리에 꼬리를 물고 이야기가 전개가 되는 것이었다. 그러다 보니 논점이자 타겟을 했던 A이슈에 대해선 결과를 얻지 못하고 오히려 거래선들로부터 미묘하게 무시를 당하는 것까지 느껴졌다. H부장 자신은 A이슈를 설명하기 위해 B, C, D로 이야기를 전개하려 했지만 결국 이야기는 길어지고 이미 핵심 주제

외국어(外國語)로 해외 거래선과 협상(協商)을 효과적으로 하기 위해선
외국어 공부에 앞서 논리적인 사고와 스토리텔링을 구성할 수 있는
연습이 반드시 먼저 선행(先行) 되어야 한다.
논리적인 스토리텔링(storytelling)이 뒷받침되어 있다면 기본적인 회화수준으로도
원하는 협상결과를 얻을 수 있다. 하지만 논리적인 구성의 준비가 안되었다면
네이티브 수준의 외국어 실력도 협상에서는 무용지물이다.

와는 상관없는 샛길로 빠지게 되었던 것이다.

영어로 협상하면서 원하는 목표를 달성하기 위해선 최대한 간결하고 효과적으로 나의 논리와 스토리텔링을 명확히 전달할 수 있는 커뮤니케이션 능력을 키우는 것이 핵심(核心)임을 잊지 말자. 글로벌 협상에서 영어는 커뮤니케이션의 수단과 도구이다. 아무리 좋은 도구가 있어도 그것을 올바르게 사용할 수 없다면 무용지물이다. 해외 협상을 준비하고 실행할 때 도구와 수단에 매몰되지 말고 올바르게 사용을 하는 능력부터 키우는 노력을 하자.

해외협상(Global Negotiation) 주요 팁 10가지

1. 구체적이고 명확한 협상의 목적(目的)이 있어야 한다.
2. 목적과 목표(目標)를 혼동하지 마라. 목적을 정확히 하는 것과 목표치를 최고로 올리는 것은 다르다.
3. 목표치도 상, 중, 하로 준비한다. 즉 Plan B, C 등의 차선책 등 충분한 준비를 사전에 해야 한다.
4. 객관적 지표를 사용한다.
5. 협상장에서 내가 하고 싶은 이야기만 하지말라. 상대가 관심있는 것을 공략하라.
6. 이슈와 사람을 분리한다. 즉 이슈에 대해선 강하게 이야기해도 인간관계는 부드럽게 유지한다.
7. 매력있는 협상자가 되어라. 작은 행동 하나가 상대에게 호감과 인정을 얻을 수 있다. 매력 있는 협상자가 유리한 위치를 선점할 수 있다.
8. 한쪽만 승리하는 협상은 없다. 양쪽 모두 이익(interests)을 얻는 방향으로 협상이 되어야 한다.
9. 상대방의 패(요구조건)를 먼저 파악하도록 한다. 상대방의 패를 아는 쪽이 협상의 주도권을 가진다.
10. 협상이 결렬되었을 때를 대비한 차선책(배트나 BATNA; Best Alternative to Negotiated Agreement)이 있어야 한다. 그리고 배트나가 있음을 상대방에게 은근하게 알린다.

4

적자생존! 적는 사람이 이긴다
기록광(狂)이 되라

직장생활을 하면서 후배들에게 꼭 당부하는 말이 있다. 그것은 "적어라, 많이 적어라, 상대방의 농담이라도 받아 적어라!"이다. 조금 전에도 거론했던 산요 사람들처럼 무엇이든 적을 필요가 있다. 또한 앞장에 설명한 출장 준비를 위해 만드는 출장 book은 협상 시 상대방에게 심적 압박을 주는 '바인딩 효과(binding effect)' 이외에도 그 자체가 유용한 기록물이 된다. 만일 같은 상대방에 대한 출장이라면 지난번 출장 book을 지참한다면 더할 나위 없이 훌륭한 참고서가 될 것이다. 나 자신의 기억력을 마냥 신뢰하다 가는 낭패를 보는 일이 종종 생기기 때문이다. 이를테면 월요일에 이륙해서 도착하면 수요일인 남미 출장을 떠나면 제 아무리 철인 체력을 가진 사람이라도 녹초가 되기 마련이다. 잘 되던 시차(時差) 적응도 어느 날에는 갑자기 사람을 힘들게 한다. 사람 일은 누구도 확신할 수 없기 때문이다. 시차 적응이 힘들겠다 싶은 경우에는 일부러 호텔방의 불을 일부는 켜 놓거나 TV를 틀어 놓은 상태로 선잠을 자기도 한다. 시차로 인해 현지 도착지의 아침에 제대로 기상하지 못할 까봐 깊게 잠드는 것을 막고자 하는 것이다. 이렇게 시차와 피로가 겹친 출장과 미팅에서 기억력에만 의지하는 것은 위험하다. 글로벌 비즈니스 현장은 언제나 나의 예측대로만 흘러가지는 않기 때문이다.

'적자생존(적는자 만이 생존한다)'이라는 말이 있을 정도로 기록의 중요성에 대해서는 많은 이들이 이야기한다. 하지만 이것은 몇 번을 강조해도 지나침이 없다. 회사 생활을 하면서 기록을 잘하는 것은 개인의 업무능력을 향상시키는 핵심 비법(秘法)이다. 그럼에도 불구하고 바르고 꾸준하게 기록을 하는 사람들은 많지 않다. 대부분의 기업들은 회사 다이어리를 매년 직원들에게 나누어 준다. 만일 회사에서 다이어리를 안 준다면 시중에 얼마든지 저렴하고 좋은 다이어리 노트가 있으니 자신에게 맞는 것을 사면 된다. 매년 다이어리를 지속해야 하므로 가능하면 동일한 규격의 다이어리 사용을 추천한다.

기록하는 것도 여러가지가 있다. 나는 회사 다이어리에 매일 아침 그날 할일(To Do list)을 다이어리에 적었다. 동시에 전날 적었던 어제의 리스트에서 만일 못한 일이 있으면 그것을 다시 적고 우선 끝마칠 수 있도록 했다. 또한 해야 할일의 기록 외에 팀 미팅, 사내 유관부서 미팅 등 모든 미팅 내용을 누가 무슨 말을 했는지까지 자세하게

밀리언 마일러의 한결 같은 필수 아이템인 다이어리. 수기(hand writing)로 적는 행위 자체가 갖는 암묵적 동의같은 그 무언가가 있다. 디지털로는 절대로 대체될 수 없는 것들 말이다

기록했다. 보통 1년에 회사 다이어리를 1~2권정도 사용하면 평균수준일 것이다. 내 경우는 1년에 최소한 4권 이상의 다이어리를 사용할 정도의 기록을 하였다. 이는 업무용 다이어리 기준이고 개인 생활을 적는 다이어리도 별도로 구비해서 매년 기록을 한다.

기록은 해외출장 시에 더욱 중요하다. 출장시에는 가능하는 짐의 무게를 줄이는 것이 관건이므로 회사 다이어리 대신 수첩 크기의 출장전용 다이어리를 사용하였다. 매 출장 마다 출장 국가, 미팅 일시 그리고 거래선과의 미팅내용을 최대한 세세하게 기록했다. 나는 상대방의 이야기를 1. 2. 3. ~ 이런 식으로 번호를 매기면서 노트를 한다. 보통 미팅은 50개 정도 그리고 좀 더 정보를 찾아야 하거나 중요한 미팅은 70~100개의 미팅 내용이 채워진다.

이러한 출장기록은 출장복귀 후에 미팅 상대처에게 내가 먼저 회의록(meeting minutes)을 정리해서 보낼 때 유용하다. 더욱이 이 기록들은 다음 번 출장전에 반드시 숙독을 해서 미팅 준비를 하는 필수자료이다. 다 쓴 출장 수첩은 별도로 보관을 하며 필요할 때 마다 언제나 꺼내서 볼 수 있도록 유지하였다. 맡은 업무에서 좋은 성과를 내는 것과 해외 거래선과의 협상에서 목표를 달성하는 비결은 다른 곳에 있지 않다. 그 비결은 바로 꾸준한 기록 습관이다

출장 외 해외 거래선과의 일상 업무 시에도 주요 이슈에 대해서는 전화통화 보다는 반드시 이메일을 사용하는 것이 중요하다. 사람의 기억은 한계가 있다. 그리고 두 사람 간 대화내용 해석도 본인이 기억하고 싶은 내용과 상대방이 기억하고 싶은 내용의 간이 차이가 발생을 한다.

같은 주제와 이슈에 대해서도 나뿐만 아니라 상대방도 물론 서로 자기에게 유리한 내용으로 해석과 이해를 하고 기억을 하기 마련이다. 특히 이것은 나중에 민감한 이슈에 대해 양사간 이견이 발생하는 주요 원인이 되기도 하는데 이견이 발생한 후에 서로 잘잘못을 따지려 해도 기록이 없는 내용에 대해서는 자기 주장만을 하는 평행선을 달리게 되기 마련이다.

후배 중에 Y대리가 있었다. 그녀는 해외거래선과 업무 대부분을 전화 통화를 중심으로 진행했다. 근무 시간에 사무실에서 들리는 그녀의 카랑카랑한 해외 거래선과의 통화소리는 그녀가 얼마나 열정적으로 일하는지를 보여주는 상징과도 같았다. 하지만 아쉽게도 Y대리의 실적은 부서에서 항상 중하위에 머물렀다. 거래선들과 통화를 하고 월초에 호기 좋게 예상했던 수주가 불발되는 일이 많았다. 회의 시에 부진한 실적에 대해서 질책을 받으면 Y대리는 '지난번 통화할 때 오더 한다고 했는데'라고 말끝을 흐리곤 했다.

전화 통화는 즉시 상대방과 커뮤니케이션이 가능하다. 이런 장점을 충분히 활용을 해야 한다. 하지만 전화통화 후라도 확인 상대방에게 메일을 보내는 습관을 갖는 것은 업무의 완결성을 높일 수 있는 간단하지만 중요한 팁이다.

현대인의 스트레스 레벨과 바쁜 일상 환경은 아침에 비타민을 먹었는지 안 먹었는지도 저녁에 헷갈리고 기억이 안나는 경우도 허다하다. 적어라! 메모하라! 필기하라! 나중에 승리의 미소를 지을 때가 반드시 올 것이다.

5

Don't be a messenger boy!
아시겠나요?

"Don't be a messenger boy! ((단순히) 전달자가 되지 마세요!)" 이 말은 업무를 진행함에 있어 단지 중간에 이야기만 전달하는 사람이 되지 말라는 의미이다. 즉 업무에 있어서 주인의식을 가지고 책임있는 행동을 하라는 의미이기도 하다. 여러 상황에 쓰일 수가 있는 문장이지만 해외영업을 담당하게 되는 신입 혹은 주니어사원들의 경우에는 각별하게 주의를 요하는 내용이다.

해외영업 담당자로서 출장을 가서 거래선과 협상을 하면서 당면하게 되는 어려움 중 하나는 자신의 권한 밖의 이슈에 대해서 상대방이 결정을 요청하고 압박할 때이다. 특히 업무를 오랫동안 담당한 사람이 아니고 신입이거나 그 업무를 새로 맡은 지 얼마 안된 상태라면 상대방의 이러한 요청에 더욱 당혹하게 될 것이다. 만일 상대방이 이런 요청을 했다면 그는 매우 노련한 협상가이다. 이런 요청에 대해서 적절하게 대응하지 못한다면 출장 협상에서 열세의 상황에 처하게 되고 상대는 출장자의 기선을 제압하고 협상을 주도하게 된다.

그렇다면 이럴 경우 옆에서 조언이나 결정을 해줄 상사(上司)가 없이 혼자 출장을 온 담당자는 어떻게 반응할까? 출장지와 시차가 다른 한국에서 새벽잠을 곤히 자고 있는 상사에게 전화를 해서 깨워서 지시를 받아야 할까? 아니면 우선 출장을 왔으니 내 권한 밖에 일이라도 우선 어떻게 든 이야기를 하고 나중에 수습을 해야 할까? 그런데 이자리를 잘 모면하고자 자신의 결정권한 밖의 이야기를 하면 나중에 본사에 돌아가서 문제가 생기면 어떻게 될까? 라는 걱정이 들 것이다.

이럴 때 무의식적 혹은 경험부족 그리고 가장 근본적인 원인인 철저한 출장 준비 부족으로 담당자임에도 책임회피처럼 답변을 하게 되는 것이 바로 "I'll ask my Boss (상사에게 물어볼께요)"이다. 불행히도 상대방의 압박과 자신의 준비 부족으로 대답을 할 수 없어서 I'll ask my Boss later 라고 대응을 한다면 이야말로 상대방에게 자신의 존재와 가치를 한낱 'a messenger boy(전달자)'로 인지시킬 것이다. 그러므로 이 말은 해외영업 담당자로써 해외 거래선과 협상 중에 반드시 피해야 할 말이다. 하지만 안타깝게도 실무현장에서 이러한 이야기들이 심심치 않게 사용되고 있다. 특히 상대가 노련한 협상가라면 출장자가 대답을 하기 힘든 권한 밖의 요청과 압박도 할 수 있다는 것을 미리 인지하고 이에 대한 대응준비를 해야 한다.

'상사에게 물어보겠다'라는 대답은 노련한 상대방의 협상술에 스스로 말려들어가는 것이고 출장을 온 자기 자신이 영업 담당자로서 상대방의 적절한 카운터 파트너가 아님을 자인(自認)하는 셈이 된다. 이런 일

이 반복되면 나는 그 상대방에게 '말이나 전하는 사람'으로 각인되는 것
이고 여차하는 상황이 생기면 나를 배제하고 업무가 진행되는 낭패스
러운 일이 벌어질 수도 있기 때문이다.

그렇다고 권한 밖의 결정을 한다면 이는 나중에 더욱 큰 문제를 일으
키게 된다. 그렇다면 이런 난처한 경우를 슬기롭게 넘길 수 있는 방법은
무엇일까? 특히 이는 아직 스스로 업무에 대해서 결정권한이 상대적으
로 적은 신입이나 주니어 담당자들의 경우에는 출장 전에 반드시 준비
가 필요한 해외협상 기술 중에 기초이다.

따라서 출장 전에는 반드시

1. 해당 출장의 목적을 분명히 한다.

2. 목적 달성을 위한 협상안(여러 버전)을 준비한다.

3. 나의 권한범위에 대해서 명확히 이해를 하고 만일 범위밖의 요구에 대한 대응
   안을 준비한다.

즉 먼저 해당 출장의 목적에 대해서 분명히 정의하고 이에 맞는 협
상 준비를 해야 한다. 영업 담당자로서 기존거래선에게 수주를 하러 가
는 것인지? 구매 담당자로서 공급선에 가격인하를 요청하러 가는 것인
지? 아니면 신규 거래선을 개척하고 신규 거래를 오픈하기 위해 출장
을 가는 것인지? 모든 출장에는 분명한 목표가 있다. 또한 출장가서 협
상을 한다는 것은 내가 원하는 것을 얻기 위함도 있지만 해외영업담당
자로서 더욱 신경 쓰고 준비를 해야 하는 사항은 바로 상대방 입장에서
의 전략이다. 과연 상대방은 왜 나를 만나주고 무엇을 얻고자 하는 지에
대한 상대방 입장에서 시뮬레이션을 해봐야 한다. 이러한 시뮬레이션에

서 내가 담당자로서 해줄 수 있는 권한과 그 밖에 것에 대해서도 예상을 해보고 대응 방안을 준비하고 가야 한다. 만일 아무 준비 없이 무작정 출장을 진행한다면 이러한 상황이 닥쳤을 때 당황하고 내가 얻고자 하는 것을 얻기는커녕 상대의 협상 전략에 오히려 말릴 수밖에 없다.

담당자는 현재 상대방과 주요 이슈에 대해서 가장 잘 알고 있으므로 상대방이 요청하고 있는 혹은 할 수 있는 사항들에 대해서 사전 검토를 철저히 해야 한다. 그리고 만일 자신의 업무 권한 밖의 이슈에 대한 논의가 예상된다면 이에 대한 대응안을 1개 이상 출장 전 상사와 반드시 협의를 해서 준비해야 한다.

하지만 현지에서 협상 시에 준비한 대응안을 넘어서는 예상 밖의 요청과 압박이 있을 수도 있다. 이럴 경우에도 당황하거나 급하게 답을 하기 보다는 상대방의 요청은 '회사의 정책 때문에 받아들이기 힘들다' 혹은 '법무팀 또는 관리팀의 가이드와 다르기에 본사에서 협의를 거쳐야 한다' 등으로 간접 거절 혹은 시간을 갖고 검토할 수 있도록 해야 한다. 상대방의 지나친 요구사항에 대해서도 무조건 상사에게 물어봐야 한다고 하는 것은 오히려 상사에게도 해결할 수 없는 부담과 상대방의 협상 덫에 빠지게 되기 때문이다.

신입과 주니어 담당자들의 경우 업무 권한이 제한되어 있기 때문에 출장협상 및 평소 해외 거래선과 업무진행 시에 난처한 입장에 처할 경우가 있다. 하지만 이러한 경우를 슬기롭게 대응한다면 오히려 상대 거래선에게 해외영업 담당자로서 만만치 않고 능력있는 파트너로 인정을 받을 수 있는 좋은 기회가 될 것이다.

신입이나 주니어 사원이 경험하지 않은 출장에 대해서
완벽한 준비를 하기는 불가능하다.
경험 있는 선배들이 열린 마음으로 작은 것부터 세심히 지도를 해주어야 한다.
회사에서 내가 믿고 따를 수 있는 롤 모델이 되는 멘토(Mentor)가 있는가?
내 스스로 후배들의 멘토와 롤모델이 될 수 있도록 노력을 하자.

출장 후 내가 먼저
팔로 업(follow up) 하자

6

'용두사미(龍頭蛇尾)', '유두무미(有頭無尾)'

우리가 흔히 시작은 거창하고 끝마무리가 시원치 않은 경우를 두고 쓰는 고사성어들이다. 그런데 이 고사성어가 우리네 해외영업 담당자들이 범하기 쉬운 실수를 설명하기에 적절한 단어이기도 하다. 출장 전에는 심혈을 기울여서 준비를 하고 현지에 가서도 상대방과 협상을 잘 마쳤다. 그리고 복귀 후 본사에 돌아와서 폼나게 출장보고를 마치면 출장이 종료된 것일까?

비즈니스는 살아있는 생물(生物)과도 같아서 출장보고서를 작성하고 결제를 받았다고 해서 모든 프로세스가 끝이 나는 것이 전혀 아니다. 긴 과정 속의 한 단계가 매듭 지어진 것뿐이다. 비즈니스는 출장보고서와는 무관하게 계속해서 진행이 되지만 해외영업의 특성상 보통은 현지에서 미팅을 마치면 물리적으로 상대방과는 다음 출장 때까지는 만나지 않게 된다. 따라서 출장을 마쳤다 하더라도 출장 중에 협의한 내용들에 대해서 상대방과 긴밀하게 후속 follow up을 하지 않는다면 공들여서 진행한 출장은 아무 의미와 성과가 없게 된다. 돌이켜보면 내 경험으로 봐도 출장 시 협의했던 내용들에 대해서 제대로 진행이 안되어 다음 번 출장에서 똑같은 이슈에 대해서 또다시 논의가 반복된 적들이 많았다.

따라서 출장에서 협의된 내용은 출장 복귀 후에 반드시 미팅요약 (meeting minutes)를 작성해서 상대방에게 보내는 것을 원칙으로 해야 한다. 내가 상대방보다 먼저 보내는 것이 좋다. 이것은 이슈 사항에 대해서 최대한 내 쪽에 유리하게 미팅요약을 작성하기 위함이다. 물론 미팅시 협의된 내용을 일방적으로 나에게 유리하게 왜곡해서 작성하라는 의미가 아니다. 하지만 같은 이슈에 대한 표현이라도 어느 쪽에서 작성하는가에 따라 미묘한 차이가 있고 이는 향후에 문제 발생 시에 중요한 변수가 되기도 한다.

통상 미팅요약(meeting minutes)은 아래와 같은 구조로 작성된다.

1. 양 사가 미팅 시 합의한 내용이 있다면 이에 대해 기술

2. 각 follow up해야 할 이슈 사항 정리

3. 우리 쪽과 상대방이 각 이슈에 대해 취해야 할 action 사항들

4. action에 대한 일정(time line) 등

이중에 1번에 언급한 양사가 합의한 내용을 정리함에 있어 누가 작성하는가에 따라 차이가 생길 수 있게 되므로 이에 유의를 해야 한다.

상대방이 먼저 미팅요약을 작성해서 보냈다면 이점을 유의해서 세심히 검토해야 한다. 만일 출장미팅 시 협의했던 내용과 차이가 있다면 반

드시 이에 대해서 지적하고 수정해야 한다. 상대방의 미팅요약에 대해서 아무런 회신을 하지 않거나 합의했던 내용과 달라도 이슈를 제기하지 않는다면 이는 상대방의 주장을 수용하는 것으로 간주되는 것이다. 즉 이러한 미팅요약과 이메일 교신들은 향후 양쪽에 법적인 이슈가 생겼을 때 중요한 증빙이 되므로 출장 후 follow up에서 반드시 철저하고 세심하게 살펴보아야 한다.

거래선과의 follow up 만큼 중요한 것이 내부 출장보고이다. 특히 신입과 주니어 시절에 이러한 업무 습관을 갖는 것이 조직 내에서 신뢰받는 핵심 직원으로 성장하는 비결이다. 출장보고서는 첫 장에 출장의 주요목적과 성과를 executive summary(요약 내용)로 정리하는 것이 좋다. 자세한 출장 세부내용은 뒷장에 첨부를 하더라도 출장보고를 받는 상사를 위해서는 첫 장에 간략히 출장결과의 핵심을 정리하는 보고서를 준비해서 보고 시에도 주요내용 중심으로 리포트 하도록 한다.

또한 앞 장에서 기술했듯이 마지막으로는 출장자 스스로 출장결과에 대한 대차대조표를 작성하는 습관을 갖도록 한다. 해당 출장목적과 이에 대한 성과를 정량적인 비용 측면에서부터 정성적인 비즈니스 측면까지 리뷰를 해보는 것이다. 이렇게 함으로써 해당 출장의 성과는 물론 부족했던 점이 있다면 반성을 하는 계기가 된다. 이는 다음 출장에서 똑같은 실수를 반복하지 않고 성장할 수 있는 자신만의 특별한 비밀 일기장이 되어 줄 것이다.

시작은 거창하나 끝은 흐지부지한 마무리.
이는 우리가 심심치 않게 경험하는 현상이다.
일 잘하는 사람, 뛰어난 사람, 칭찬받는 사람,
남다른 사람은 끝까지 세심하게 마무리를 하는 사람이다.

7

까다로운 영문(英文) 계약서(Contract) 작성과 주의할 것들

"Patrick, 너는 변호사가 되었어야 했어"

이 말은 필름회사인 아그파 코리아(Agfa Korea)의 독일인 지사장(支社長)이 공급계약서에 서명을 하면서 내게 외친 말이었다. 필름 구매를 책임지던 나는 안정적인 공급 확보와 우수 공급선의 확보를 위해 기존 이태리 공급선 외에도 독일 아그파에서도 추가로 소싱을 추진하고 있었다. 따라서 아그파 코리아와 길고 긴 구매 계약 협의를 하고 있었던 것이다. 독일 회사 답게 아그파 계약서 내용은 까다롭기 그지없었다.

하지만 나 역시 그리 호락호락 계약서 작업을 하는 담당자가 아니었다. 이태리 필름 공급선과도 구매계약서를 1년 이상 길고 긴 협상을 통해서 USD/EURO 환율보정, MDF(Marketing Development Fund)지원, VIR(Volume Incentive Rebate)등 새로운 프로그램을 계약서에 넣어 삼성에 최대한 유리한 조건들로써 최종 계약을 한 바가 있었다. 따라서 아그파의 계약에도 이러한 조건들을 삽입할 것을 강력히 주장했던 것이다. 하지만 독일의 거대 필름기업인 아그파에서는 이러한 계약을 해본 적 없기에 자신들의 정형계약서(아그파에게 유리한 조건이 명기된 아그파의 공식계약서)로 계약을 맺을 것을 주장했다.

당시 삼성은 이태리 필름공급선에서 큰 물량을 구매하고 있었다. 아그파에서는 이태리 공급선에서 구매하는 삼성의 물량을 가져오기를 원했고 나는 오히려 아그파 보다는 무명이라고 할 수 있는 이태리 공급선의 구매계약 조건보다도 더 나은 조건을 아그파에게 요청하였던 것이다. 이러한 상황을 활용해서 약 1년반의 밀고 당기는 계약협상을 통해 아그파의 정형계약서가 아닌 삼성의 정형계약서를 기준으로 내가 원하는 항목들을 넣고 계약을 할 수 있었던 것이다. 양사의 계약서의 검토버전이 책상위에 한 무더기가 될 정도로 주요 항목에 대해서 하나씩 하나씩 집요하게 협상을 진행하였다. 아그파의 입장에서는 내가 까다롭고 상대하기가 어려운 카운터 파트너였던 것이다. 그래서 마침내 양사가 모든 계약조건에 합의를 했을 때 나에게 변호사가 되지 왜 영업을 하냐고 농담반 진담반의 이야기를 했던 것이다.

해외영업 및 구매업무를 하면서 가장 어렵고 하기 싫은 업무가 '영문계약서' 작업일 것이다. 신규 거래선이나 공급선과 거래를 시작하게 되면 안정적인 사업관계를 유지하기 위해 계약서를 맺는 것이 좋다. 언어가 다른 국가들 간의 해외거래 관계이기에 통상적으로 계약서는 영문으로 작성된 것을 사용한다. 물론 러시아와 같이 러시아어 계약서를 우선으로 한다고 억지 아닌 억지를 부리는 국가들도 있다. 하지만 통상적으로 해외영업/구매의 계약서는 영문으로 작성되는 것이 기본이다.

위의 아그파 사례에서도 보듯이 계약은 당시의 양사의 상황, 즉 구매, 판매자의 상황, 브랜드의 위상, 거래 물량, 조건 등 여러가지 변수가 있다. 상황을 적절하게 이용해서 계약을 하는 것도 담당자의 능력이자 역할이다. 하지만 이러한 영업적인 측면 이외에 계약서에 담긴 독소조항(향후 법적이슈 시 불리하게 작용될 수 있는 조항)을 걸러내고 회사가 입을지도 모르는 피해를 예방하는 것이 해외 영업 및 구매 담당자의 더욱 중요한 역할이다.

영문계약서를 처음 접하는 경우에는 보통의 영문 문서와는 다른 계약서만의 문구와 용어들에 많은 어려움을 겪는다. 따라서 세심하고 자세하게 계약서의 항목(article)을 해석하고 이해하기 보다는 모르는 부분이 있더라도 그냥 방심하고 지나치는 경향이 크다. 법무팀이 있는 회사의 경우 법무팀에서 1차로 검토를 해주기는 하지만 결국 계약서의 최종 책임은 계약서에 서명을 하는 해당부서에 있게 된다. 따라서 해외영업을 담당하는 실무자는 영문계약서에 대한 공부와 이해를 반드시 해야만 한다.

계약서는 최후의 보루이다. 평상시 거래에 문제가 없을 때는 필요 없는 것이 계약서이다. 하지만 거래관계에 문제가 생기게 되었을 때 꺼내게 되는 것이 계약서이다. 이때 충분히 검토되지 않은 독소조항(毒素條項)이 가득 찬 계약서가 나온다면 회사는 엄청난 손해를 감수해야 할 수도 있다. 따라서 문제가 없기를 바라는 요행보다는 1%의 가능성이라도 있을 수 있는 만약의 분쟁에 대비해서 계약서는 반드시 철저하게 검토하고 작성해야 한다. 서구권(西歐圈) 회사들일수록 계약서와 법적인 대응에 철저하므로 이를 충분히 대비해야 한다.

영문계약서 내용을 설명하고자 하면 별도의 책 한권으로도 모자랄 수 있다. 그렇기에 여기에서는 해외영업 담당자가 영문계약서에서 놓치지 말아야할 핵심 사항들에 대해서 간단히 설명을 하도록 하겠다.

계약서는 크게 두개 파트의 내용으로 구분을 할 수 있다.

　　1. 영업적인 내용: 가격, 지불, 물량, 납품, 선적, 반품 조건 등

　　2. 법적인 내용: 계약기간 및 종료, 준거법, 분쟁조정, 클레임 처리, 상표권 등

특히 영업적인 내용은 통상 회사의 법무팀에서도 별도의 가이드를 정하기 어려운 영업팀의 고유의 영역이다. 따라서 현업 영업팀에서는 매출과 손익에 직접적으로 관계되는 구매/판매 가격, 지불 조건 등의 영업적인 내용에만 관심을 가지고 계약서 내 법적인 내용 부분에는 검토를 등한 시 하는 경우가 많다.

반면 해외영업에서 회사전체에 손해가 발생할 수 있는 잠재적인 리스크는 법적인 내용 부분에 더 많이 달려있다. 앞서 말한대로 이부분은 법무팀의 검토를 거치게 되는 경우가 많다. 하지만 법무팀의 의견은 통상 회사에 일방적으로 유리하고 손해를 보지 않는 매우 원론적인 의견만 제시하는 경우가 많다. 이는 상대방의 회사도 마찬가지이다.

즉 현업인 양쪽의 영업부서에서 계약을 협의할 때 양사의 법무팀 의견만을 서로 주장하게 될 경우에는 만나지 않는 두개의 평행선으로 진행이 되어 결론이 나지 않게 되는 경우가 많다. 그렇다고 계약이 시급한 한쪽의 영업부서에서 상대방의 법적 조건들을 그냥 수용하게 된다면 향후 분쟁발생 시 불리한 계약이 될 것이다.

따라서 해외영업 담당자는 영업조건들 이외에 법적인 조건들이 양쪽 회사 어느 한쪽에 일방적으로 불리한 조항이 되지 않도록 조정하고 조율하는 역할을 해야 한다. 예를 들어 분쟁 시 계약서를 해석하고 기준이 되는 국가의 법을 어느라 나라로 할 것인지를 정하는 항목이 '준거법(Governing Law)'이다. 한국회사는 한국법을 주장할 것이고 이태리회사는 이태리법을 주장할 것이다. 앞의 사례로 들었던 아그파 경우에는 독일법을 주장했다. 이렇게 양쪽의 의견이 다를 때 이를 양쪽 국가에 일방적으로 불리하지 않은 제3국의 법을 준거법으로 하는 협의 등이 필요한 것이다.

하기 싫은 일, 잘 모르는 일을 노력하고 집중해서
완벽하게 수행하는 사람이 되자.
영문계약서에서 몇 가지 핵심 사항들만 점검하고 지킨다면
겁먹고 하기 싫은 일이 아니다.
오히려 독보적인 능력자로 인정받게 될 것이다.

영문(英文) 계약서 작성 시 핵심 체크 포인트

해외 거래선과 영문계약서 중요 체크 포인트

Sales and Purchase Agreement

This Agreement, made and entered into this _____th day of 2002 by and between Samsung Corporation, a corporation organized and existing under the laws of Korea having its principal office at Samsung Plaza Bldg., 236, Seohyeon-Dong, Bundang-Gu, Sungnam-Si, Kyungki-Do, Korea (hereinafter referred to as "BUYER" and) Ferrania S.p.A., a corporation organized and existing under the laws of Italy having its registered headquarters at Viale della Libertà 57, Frazione Ferrania — 17014 Cairo Montenotte (SV), Italy (hereinafter referred to as "SELLER").

WITNESSETH

WHEREAS, BUYER is engaged in foreign trade including the importation of "SAMSUNG" brand color print films and SELLER is engaged in the production and sales of Products, and

WHEREAS, SELLER is willing to supply BUYER with Products and BUYER is willing to purchase Products from SELLER in accordance with the terms and conditions hereinafter set forth,

NOW, THEREFORE, in consideration of the mutual premises, covenants and stipulations herein contained, SELLER and BUYER agree as follows:

Article 1   DEFINITIONS.

1.1   "Product" or "Products" means the color negative films, regularly or collectively, which arise fully packed Products listed in Appendix A1, attached herein, and manufactured under BUYER packaging design created and provided by BUYER to SELLER.

1.2   "Material Parts" means metallic printed cassette and empty box, which have BUYER's brand on them. Material Parts are used to assemble Products.

1.3   "Agreement" means this sale agreement and the Appendix(s) attached herein.

ARTICLE 6   PAYMENT

6.1   Payment for the Products purchased by BUYER shall be made in EURO. The amounts of Products invoiced (final commercial invoice) in a month shall be paid by BUYER no later than the last day of the next month.

6.2   SELLER shall suggest its best efforts to present the following documents within seven (7) days, when so required by BUYER.
(a) A certificate of origin
(b) An Inspection Certificate by SGS or SELLER at BUYER cost (c) Any other documents

ARTICLE 7   PRODUCTION FORECAST, BUFFER STOCK AND INSPECTION

7.1   BUYER shall submit to SELLER by the 15th day of each month, on a rolling basis, the next three (3) month forecast and shall use its reasonable endeavors to purchase the quantity as rolling forecast but BUYER shall be under no obligation to do so. And SELLER shall inform production schedule by 25th day of each month based upon BUYER's forecast

7.2   Based upon BUYER's three (3) months rolling forecast, SELLER shall use its best endeavors to make available a buffer stock of one hundred percent (100%) of the first month plus fifty percent (50%) of the second month of forecasted volume of Products in SELLER's warehouses, at SELLER's cost by the 10th day of each forecast first month for quick delivery to support BUYER's sales promotion. BUYER will use its best endeavors to keep the variation for the same month in each following rolling forecast less than 150%.

7.3   The buffer stock of Material Parts for each Production shall not exceed the three (3) months rolling forecast of each Product item.

7.4   In case that SELLER needs to produce Products and/or Material Parts more than the buffer stock levels, which are mentioned in Article 7.2 and Article 7.3 respectively, SELLER shall get a written consent from BUYER before the production.

7.5   The final buffer stock of both Products and Material Parts shall be set forth in Appendix 3. And the buffer stock of both Products and Material Parts shall be reviewed by BUYER and SELLER quarterly.

7.6   SELLER shall inform BUYER of the exact buffer stock, including Material Parts by the 5th day of each month.

7.7   In any case of termination of this agreement BUYER will agree to take the Products carried in the

1. 계약기간(Term): 자동연장 여부
2. 준거법(Governing Law): 양쪽에 객관적인 국가법 적용
3. 중재(Arbitration): 문제발생 시 객관적으로 중재 가능한 관할 법원
4. 계약종료(Termination): 계약종료 통지 기간
5. 최소 구매물량 등 약속이행 가능범위 내용(영업계약 시)
6. 오더 입수 후 적정 생산완료일(구매 계약 시)
7. 품질, 클레임, 워런티(Quality, Claim and Warranty): 상대방에게 일방적으로 유리한 조건이 안되도록 해야 함

※가격 등 영업적인 항목(Article)외에도 회사에 잠재적으로 리스크가 될 내용이 있는지 세심하게 리뷰해서 한쪽에 일방적으로 유리하거나 불리한 계약이 안되도록 해야 한다.

독사, 진돗개, 드라큘라를
우리회사로 보내주세요

"독사, 진돗개, 드라큘라"

이 단어들의 공통점은 바로 회사내에서 그리고 해외 거래선에게서 얻은 내 별명들이었다. '독사와 진돗개'는 영업이던 구매이던 목표한 것은 악착같이 달성을 한다고 사내에서 얻었던 좀 터프한 별명이자 애칭이었다. '드라큘라'라는 별명은 필름 구매담당자 당시에 이태리 공급선에서 지어주었다. 하지만 나를 악덕 구매업자로 오해를 하지 않으시길 바란다. 나를 드라큘라라고 불렀던 그 이태리 회사에서는 나에게 자신들의 회사로 이직을 할 것을 수차례 제안하였다.

이는 내가 구매가격과 여러 공급조건들에 대해서 끊임없이 개선을 요청하여 공급선의 입장에서는 만만치 않은 파트너였다는 것을 의미했다. 하지만 공급선에게는 내가 약속했던 구매물량은 물론 그 이상을 구매하여 공급선의 이익도 극대화될 수 있도록 했다. 이러한 상호간의 신뢰와 약속이행은 결국 양사의 사업이 확대되고 중장기전인 파트너쉽을 이룰 수 있게 해주었다.

출장을 가서 회의실로 들어가면 내 서류가방을 자신들의 피를 수혈해서 담아가는 blood bag(수혈 가방)이라고 농담을 했다. 하지만 이는 서로 간의 신뢰에 기반한 농담이었던 것이다. 만일 내가 일방적으로 우리 한쪽의 이익만을 추구했다면 절대로 이러한 관계를 성립될 수가 없었을 것이다. 이태리 공급선 외에도 홍콩과 중국 등의 파트너들에게 서도 자신들과 사업을 같이 하자라는 제안을 받았다.

물론 나는 당시 이들의 제안이 고마웠지만 이를 진지하게 생각하지 않았다. 아니 외국회사로 이직을 하거나 내가 하던 일을 들고 나와서 사업을 하는 것은 내가 속한 조직에 대한 예의가 아니라고 생각을 했었다. 하지만 그들이 이런 제안을 한다는 것은 내가 일을 엉터리로 한 것은 아니라는 반증이라고 생각 할 수 있었다.

한국 기업의 특징 중에 하나는 해외업무 담당자가 자주 바뀐다는 것이다. 이는 물론 장단점이 있다. 장점은 조직내 한담당자가 업무 매너리즘에 빠지지 않고 새로운 업무를 익힐 수 있는 기회를 제공하는 것이다. 반면에 단점은 자주 바뀌는 담당자로 인해 거래선과 일관성 있는 업무를 할 수 있는 환경이 안된다는 것이다. 또한 조직은 단기(短期) 성과 중심의 운영이 될 가능성이 높다. 따라서 각 담당자는 상대 거래선과 중장기적인 전략과 협력 보다는 자신이 담당할 동안 성과의 극대화를 위해 무리한 업무를 추진하게 되는 위험성이 있다.

가령 어떤 제품을 해외에서 소싱을 할 경우, 우리측 담당자가 바뀌었다고 그전의 실수나 잘못이 용인되거나 덮어지는 것이 아니다. 그럼에도 새로운 담당자들은 관행적으로 미흡한 업무인수인계와 이슈 건들에 대해선 전임 담당자가 한 것이고 자기는 모르는 일이라고 할 수밖에 없는 경우가 다반사이다. 만일 A라는 공급선에서 소싱을 하다가 담당자도 바뀌고 A라는 공급선에 미결 이슈가 있다면 많은 경우 새로운 담당자는 B나 C의 새로운 업체와 거래를 추진한다.

이럴 때 간과해선 안될 중요한 것이 있다. 업계에서는 경쟁관계라고 하더라도 서로 정보공유가 의외로 활발히 이루어진다는 것이다. 또한 업계내에서 이직이나 전직이 되는 경우도 많다. 따라서 B나 C업체에서는 우리와 새로운 거래를 하겠지만 이미 A업체에서 우리에 대한 부정적인 이야기들도 알고 있다는 것을 염두 해 두어야 한다. 이러한 상황이라면 건전한 중 장기적인 협업관계가 이루어지기 어렵다.

만일 해외출장을 가는 거래선이 나와 진심으로 신뢰관계가 있다면 목표한이상의 성과가 만들어 질 수도 있다. 하지만 상대방의 신뢰를 얻지 못한다면 계속해서 새로운 거래처를 찾아 다녀야 하는 어려움에 직면하게 될 것이다. 이럴 경우에 대부분은 더 나은 거래처를 찾는 다는 것은 매우 어렵다는 것을 인식해야 한다. 여러분은 지금 상대 거래선에게서 얼만큼의 신뢰를 받고 있습니까? 스스로 생각을 해보시기 바란다. 여러분은 상대 거래선에게서 스카웃트 제안을 받아 본적이 있는지요?

상대 거래선에서 여러분을 자신의 회사로 스카우트하고 싶을 정도로
신뢰를 주면서 일을 해보자. 이 정도의 관계라면
이미 여러분 회사의 목표는 달성이 되고 난 후이다.

나를 기다리던
글로벌 무대

밀리언 마일러의 화두(話頭)
'비즈니스'란 무엇일까?

　007 가방 하나를 들고 글로벌 무대를 휘젓고 다니겠노라는 나의 포부는 꿈에 그리던 종합상사맨이 되고 첫번째 출장으로 아주 조금씩 현실로 바뀌고 있었다. 그 어느 곳보다 체계적이고 혹독한 삼성의 신입사원 연수 과정을 통해서도 적잖은 것들을 배웠고, 그 삼성의 종합상사에서도 사내 연수를 거치면서 더 많은 것들을 배웠다. 앞길이 보장됐을 탄탄한 코스를 마다하고 선택한 길인만큼 종합상사맨이 되고 나서도 나는 주말에도 회사에 나와 즐겁게 업무를 하고, 출장 준비를 하며 개인적으로도 글로벌 비즈니스 프로가 되기 위해서 참 열심히 노력했다.

　책을 쓰겠다는 마음을 가진 사람들이라면 통과의례처럼 겪는 과정이라고 하는데 나 역시 출간 제의를 받으면서 놀랍고 감사한 마음이 들었지만 내가 책을 쓸만한 사람인가 하는 괜한 자기검열을 하기도 했다. '그래 책을 한번 써보자'라는 결심을 굳히고 나서 나는 시간을 쪼개서 원고를 쓰기 시작했는데 아마 회사에 다니면서 책을 쓴 모든 저자들이 그러하겠지만 보고서를 쓰고 기안서를 작성하는 것과는 또 크게 다른 글쓰기라는 사실을 알게 됐다. 조용하게 생각을 가다듬고 그동안 했던 경험들을 떠올리며 그런 것들에서 무엇을 배웠는지를 반추하는 의식이 필요했다.

돌이켜보면 지구 60바퀴의 출장을 다니면서 의도한 것은 아니었지만 괜찮은 습관을 갖게 됐던 듯한데 보통 해외 출장을 위해 비행기를 타면 저마다 나름의 시간 보내는 요령들이 있게 마련이지만 나는 가급적 비행기에서 잠을 자지 않으려고 했다. 한국과 출장지 사이에 존재하는 시차적응을 빨리 하려고 했던 것이었지만 이 습관이 책을 쓰고 있는 지금 이 순간에도 도움이 된다는 것을 절감하고 있다. 생각해보면 너무나 바쁘게 하루하루를 살아가고 있는 현대인들 그리고 한국의 직장인들은 자신만의 공간, 오롯이 내 것인 순간이 거의 없다는 것을 알게 된다. 아침부터 울려대는 메신저 알림음, 쉴새 없이 걸려오는 업무 전화들 그리고 이것저것 써야 하는 보고서, 기안서 등등의 문서들. 그러다보니 오늘 하루 참 열심히 살았구나 하는 생각이 들어도 어딘가 가슴 한켠에 공허함이 조금씩 자라고 있다는 생각도 갖게 된다.

그런데 출장지로 향하는 비행기에서 잠을 자지 않고 있는 그 시간들이 나에게는 귀중했다. 출장지에 도착하자 마자 계속될 각종 미팅에서의 협상 포인트를 점검하고 상대방의 협상 논리를 미리 예측하고 그에 대한 나와 회사의 대응 방안을 생각하고 그것들을 물 흐르듯이 자연스럽게 우리 쪽으로 유리한 방향의 결론으로 이어질 수 있는 스토리텔링을 구상하는 시간이 될 수 있었기 때문이다.

이 원고의 상당한 분량도 비행기에서 잠을 자지 않음으로써 만들었던 나만의 고요한 순간들을 활용한 것이었다. 독자들께서도 한번 경험해 보시기를 바란다. 그렇게 고요한 나만의 순간을 통해 글을 쓰고 과거에 겪었던 다양한 순간들, 해프닝들을 떠올리다가 문득 이런 생각을 해보게 됐다. '비즈니스란 무엇일까?'

책에 담고 싶은 많은 내용들을 정리해서 목차를 만들고 하는 과정을 반복하며 추리는 동안 '이 에피소드는 꼭 넣어야지'라고 했던 것들이 너무나 많았는데 그것들에 대한 소제목을 이리저리 구상하면서 그 중에 '한국 비즈니스맨, 나만 모르는 글로벌 호구?' '나는 한국인과의 거래가 가장 쉬웠어요' 같은 다소 선정적인 것들 도 있었다. 그러다 문득 '비즈니스는 무엇일까?' 하는 선문답 같은 질문을 스스로에게 해보게 됐다.

물론 나도 그에 대한 내 나름의 대답을 알고 있고, 독자들께서도 마찬가지로 그에 대한 답이 있으실 것이다. 그런 답들 중 어떤 것은 맞고 또 어떤 것은 틀렸다고 말하고 싶은 생각은 전혀 없지만 '비즈니스맨은 식탁에서도 싸운다'라고 말하던 어느 거래처 담당자의 농담이 떠오른다. 우리는 서로 상대방에게서 원하는 것을 얻으려고 얼굴을 마주보며 치열한 기(氣)싸움, 수싸움을 벌였다.

내가 협상 테이블에서 벌인 그 조용한 전투의 결과에 따라서 회사의 실적이 좌우되고, 그것들이 쌓여서 회사의 주가가 오르내리기도 하고, 이름만 대면 누구나 아는 브랜드의 회사가 되기도 한다. 그 가장 최전선에 내가 있다. 돌이켜보면 비즈니스이든 전쟁이든 원하는 것을 가장 작은 대가를 지불하고 얻으려고 하는 것이라는 기본적인 구조는 동일하다. 그것이 평화적인 수단으로 진행되는 경우에는 '협상'이고 폭력적인 방법이 동원될 때에는 '전쟁'이라고 부르는 것이겠지. 그렇기 때문에 심지어 전쟁 중에도 우리는 서로 테이블에 마주 앉아서 원하는 것을 쟁취하기 위해 딜을 한다. 그런 게 비즈니스니까.

앞장에서 다룬 내용들은 어찌보면 이 책 전체의 내용을 일람한 것이라고 볼 수 있는데 그동안 글로벌 현장에서 만난 다양한 사람들, 다양한 현장의 특수성들 그리고 그들을 통해서 내가 배우고, 내가 대응한 것들이니 말이다.

이번에는 앞장에서 다뤘던 내용들을 조금 더 깊숙히 들어가 보도록 한다. 왜냐하면 내가 만나고 경험했던 많은 글로벌 비즈니스 프로들 중에서도 '아, 정말 잘한다' 싶었던 사람들의 비즈니스에는 나름의 로직이 있었고 탄탄한 스토리텔링이 동반됐었는데 그런 인상깊었던 사람들의 비즈니스는 모두 견고한 기본기에서 출발한 것이었다. 비즈니스는 결국 '윈윈'이다. 모든 계약서의 가장 마지막 조항인 중재 조항에도 들어있는 '상거래 관행'이라는 것이 상호이익이니까. 손해보려고 비즈니스를 하는 사람은 없지 않은가.

그런데도 이런 기본중의 기존을 도외시하고, '오늘 이 테이블에서 승리해야겠다 혹은 이번 세일즈를 성공시켜서 인센티브를 받는 것이 중요하다' 라는 단기적인 시각으로 비즈니스를 했던 사람들이 더 많지만 그런 사람들보다 보다 긴 안목으로 바라보고 비즈니스를 했던 사람들이 결국엔 성공을 했고, 조직에서 인정을 받고, 업계에서 스카우트 제의를 받는 사람들이었기 때문이다.

PART
01

종합상사맨의 자기 점검, 'Why?'

목적과 효율
출장은 왜 가야하나?

독자들 중에는 요즈음과 같이 인터넷과 메일, SNS 그리고 화상 시스템까지 다양한 커뮤니케이션 방법과 이를 언제든지 사용과 활용이 가능한 시대에 왜 굳이 직접 출장을 가야 하는지에 대한 의문이 들 수도 있다. 게다가 해외출장의 경우 항공료, 호텔비 등 적지 않은 관련 비용이 발생하므로 출장을 진행하는 당사자나 회사의 입장에서도 부담이 된다. 그럼에도 불구하고 해외영업을 하면서 왜 직접 출장을 가는 것일까?

우선 왜 출장을 가야 하는지 이야기에 앞서 해외출장의 목적을 먼저 분류해보자. 신규 시장(거래선) 개척, 전시회 참가, 정기적인 거래선 미팅, 신규(추가) 수주활동, 제품 소개, 공급선 수배, 구매가 협상, 타겟 시장 분석 등 각자가 속한 회사의 특성에 따라 언급된 정도가 해외 출장의 목적이 될 것이다.

해외출장의 목적과 빈도수에 중요한 영향을 끼치는 것은 여러분이 속한(혹은 앞으로 속할) 회사의 성격과 특성이다. 만일 자신이 속한 회사가 안정적인 매출을 하는 구조(예를 들어 해외의 거래선들이 원하는 우수한 제품, 장기 전략 거래선과 시장)를 가지고 있다면 이러한 조직에서 출장은 주로 정기적인 거래선 미팅, 전시회 참가 등이 될 것이다. 하지만 아쉽게도 현실에선 이러한 기업은 손에 꼽을 만큼 적고 그러한 기업들 역시 치열해지는 경쟁속에서 지속적인 성장을 위해 글로벌 시장에서 성장을 지속적으로 추구한다.

반면에 대부분의 해외영업을 하는 기업들은 글로벌 시장에서의 성장에 명운을 걸고 수많은 해외 경쟁사들과 경쟁을 하고 있다. 치열한 경쟁 속에서 목표를 달성하기 위해서는 직접 얼굴을 맞대고 미팅을 하는 것이 이메일이나 화상회의 등의 커뮤니케이션 방법보다 효과적인 경우가 많다. 하지만 간과해서는 안되는 것은 매번 모든 이슈를 출장협의로 풀 수는 없다는 것이다. 따라서 평소에는 이메일, 전화, 화상회의 등의 커뮤니케이션을 통해 세밀하게 업무를 진행해야 하며 그러한 과정에서 전략적으로 중요한 시점에는 상대방과 직접 마주앉아 협상과 협의를 하는 것이 목표한 것을 이루는데 효과적인 것이다.

출장은 앞서 이야기한대로 적지 않은 비용이 수반된다. 내 경우를 보아도 1회 출장의 경우 아시아권은 출장기간에 따라 다르나 보통 3~4일의 출장에 약 200~300만원, 유럽이나 미주지역은 일주일 내외의 기간에 약 300~400만원 그리고 남미와 같이 거리가 먼 곳의 출장은 약 2주의 일정에 약 500~1,000만원 정도의 출장 비용이 소요되었다.

따라서 출장을 비용의 개념으로 강하게 보는 조직에서 흔히 볼 수 있는 케이스는 출장을 직간접적으로 어렵게 하는 분위기가 있을 수도 있다. 즉 새로운 거래선이나 수주를 협의하기 위해서 출장을 가야 한다고 하면 확실하지도 않은데 왜 출장을 가냐며 승인을 꺼리며, 반대로 어떠한 딜이 거의 성사되었으니 마무리 출장을 가겠다 하면 거의 다된 일이니 뭐 하러 출장을 가냐며 출장을 안 보내주는 경우이다. 이는 관리부서의 타이트한 컨트롤과 조직 부서장의 스타일에 따라서도 좌우가 되는 형태이기도 하다. 이러한 경우에는 단기적으로 출장 비용에 대한 절감은 할 수 있어도 새로운 비즈니스 찬스나 거래의 확대에 제한적일 수밖에 없다.

반면에 적극적인 해외영업을 위해 조직원들의 해외 출장을 장려하는 경우 상대적으로 신규거래선 개발 및 수주가 활발히 이루어지는 장점과 사업의 확대에 기여를 할 수 있다. 이것은 가장 바람직하게 출장 목적이 이루어진 모습이다. 하지만 자칫 출장에 대해서 철저한 사전 준비와 성과 분석 그리고 후속 조치가 적절히 이루어지지 않는다면 비용대비 결과가 만족스럽지 못하게 된다. 이는 결국 출장에 대한 보수적이고 타이트한 관리가 되게 하여 출장에 제동을 걸게 되는 빌미를 주게 될 수도 있다.

자신의 회사가 해외시장개척을 하지 않아도 외국의 거래선들이 자발적으로 찾아오는 제품이나 비즈니스 모델을 가지고 있지 않은 이상 해외사업을 하는 회사에 있어서 출장은 필수불가결한 핵심 활동이다. 따라서 조직원들이 출장을 효과적으로 수행할 수 있는 능력은 아무리 강조를 해도 부족하다.

나를 향해 활짝 문을 열어놓고 기다리는 글로벌 현장은 없다.
끊임없이 문을 두드리고, 시도해야 비즈니는 시작된다.

종합상사맨들은
왜 해외출장이 더 많을까?

그럼 상사맨들은 출장이 왜 유독 많을까? 이는 수출과 해외무역의 첨병인 종합상사의 구조와 비즈니스 모델에 대한 이해를 하면 쉽게 이해가 된다. 통상 종합상사는 제조업 기반 즉 자체 생산을 하지 않는 것을 기본으로 한다. 가격 경쟁력과 제품이 우수한 제품들을 국내는 물론 글로벌하게 수배하고 구매하여 이를 다시 다른 국가로 수출하는 삼국무역(triangle business) 형태의 비즈니스 모델을 가지고 있다. 따라서 상사맨들은 제품 개발 및 소싱을 위해서 공급선에 대한 구매 출장은 물론 이렇게 개발되고 소싱 된 제품을 각국의 해외 거래선들에게 판매를 하기 위해 영업 출장을 진행하게 된다. 따라서 물리적으로도 출장의 빈도수가 높을 수밖에 없다.

더욱이 상사맨이 성공적인 비즈니스의 수행을 위해선 단순히 해외에서 사서 다른 해외로 파는 것만이 아니다. 해외에서 소싱을 할 때는 경쟁력 있는 가격과 빠른 납기 그리고 품질관리를 지속적으로 해야 하며 신규 시장 개척과 해외 거래선을 개발하고 판매를 하기위해서는 수많은 경쟁사와 치열한 경쟁을 해야 한다. 이러한 무역전쟁터에서는 하루하루 방심을 할 틈이 없다.

예를 들어 구매를 하고 있는 공급선에는 수많은 다른 구매고객들이 있기 마련이며 이들과도 경쟁을 해야 한다. 즉 공급선(제조사)의 입장에서는 좀더 많은 물량을 주는 구매처의 주문에 대해서 구매단가 및 생산 일정에 우선을 두게 된다. 하지만 내가 신규 구매담당자로서 빠른 납기와 경쟁력있는 구매단가를 확보하는 것이 핵심이라면 이는 한국에서 보내는 이메일과 전화 통화만으로는 달성하기 어렵다. 공급선에선 이메일과 전화 통화시에는 알겠다고 대답을 하지만 실제로는 우선 순위에서 밀리게 되는 경우가 발생한다. 이럴 때 필요한 것이 출장이다. 사업을 성공시키기 위해 적극적으로 공급선에 출장을 진행하면서 내가 발주한 소량의 주문을 경쟁력 있는 구매가는 물론 단납기에 가능하도록 하는 것이 구매를 담당하는 상사맨 역할인 것이다.

판매의 경우에도 현지 시장 상황에 대한 깊은 이해를 기본으로 해외 거래선에게 수많은 경쟁 제품들 중에 내가 제안하는 제품을 선택하도록 믿음과 신뢰를 심어주는 것이 필요하다. 이것 또한 이메일과 전화 등을 통한 커뮤니케이션 보다는 거래선에 대해서 진심으로 파트너쉽을 가지고 같이 동반 성장을 하는 의지를 보여주는 것이 영업을 담당하는 상사맨의 역할이며 이를 위해 현지 출장을 진행하는 것이다.

독자 중에 종합상사에 대해서 이해가 있다면 종합상사의 장점인 수많은 해외법인과 지사의 주재원과 현지직원들을 본사 담당자의 출장

대신 활용하는 것에 대해서 궁금증을 가질 수도 있을 것이다. 본사에서 해외영업 시에는 당연히 해외법인과 지사의 주재원과 현지직원들과 협업을 해서 업무를 진행한다. 하지만 이것은 사업 케이스마다 차이가 있다. 예를 들어 보통 종합상사에는 그 명칭은 조금씩 다를 수 있지만 철강, 화학, 자원, 프로젝트, 정보통신 등 각각의 사업분야에 따른 10여개 내외의 사업부(혹은 본부)가 있다.

해외법인은 여러 명의 주재원이 파견되는 반면 지사의 경우 1인 주재원이 파견되는 것이 보통이다. 하지만 현실적으로 해외법인이나 지사에 본사 전체 사업부에서 주재원이 파견이 되지 않는다. 따라서 예를 들어 나는 정보통신 사업부에 근무를 하는데 유럽법인에는 화학, 철강, 프로젝트 사업부에서만 주재원들이 그리고 브라질 지사에는 프로젝트사업부 출신의 주재원이 파견이 되었을 수도 있다. 이럴 경우 유럽과 브라질 시장을 개척하기 위해서는 정보통신 제품이나 사업에는 전문적인 지식이 없지만 현지에 파견된 주재원들과 협업을 하게 된다.

통상 주재원은 직접 영업을 수행하는 경우 보다는 파견된 해당 사업부 사업을 현지 직원들을(현지 채용직원으로 통상 '현채'라고 불림) 통해서 수행하며 관리하는 역할을 한다. 또한 파견 주재원은 자신의 원래 본사소속의 사업부('친정'이라고 불림) 업무 및 목표달성이 최우선 과제이며 그러한 주재원 밑의 현지직원들 역시 소속된 사업부의 목표달성이 우선 시된다.

이러한 구조에서 본사 다른 사업부의 시장개척 업무를 해외법인/지사의 주재원과 현지 직원을 통해서 수행해야 하는 것이다. 즉 자신의 전공이 아닌 다른 사업부의 제품과 사업에 대해서 전문적인 지식이 부족한데 반대로 현지시장에서 전문적인 지식과 경험을 가진 업체들을 상대하기에는 어려움이 따를 수밖에 없다. 이런 경우 신규 거래선 개발이나 수주활동 시에 현지 거래선에게 휘둘리는 경우가 많게 된다. 현지 법인이나 지사에 다른 사업의 개척을 요청했을 때 오는 전형적인 피드백의 예는 본사에서 요청한 시장개발을 위해 미팅을 진행했으나 현지 업체에서 제품의 가격이 너무 높다고 한다. 가격을 더 낮춰줘야 한다 라는 메세지가 대부분이다.

이러한 내용이 사실일 수도 있다. 하지만 적지 않은 경우는 현지 업체들의 이야기를 단순히 우리에게 전달할 수밖에 없는 구조가 되는 것이다. 지나고 보니 당시에 아주 좋은 유망한 사업기회가 있음에도 그러한 잠재적 가능성을 알아보는 사람이 없었던 관계로 놓쳐버린 사업 기회는 자주 발생하는 불상사 중 하나이다.

이러한 구조상의 문제로 사업이 진행되지 않는 경우도 생길 수 있다. 따라서 현지에 법인이나 지사가 있어도 본사 직원이 현지 출장을 통해 직접 시장개척을 진행하는 이유이기도 하다. 본사의 담당자가 적극적인 출장을 통해 시장이 개척되고 정규적인 사업관계가 셋업이 된 후에는 법인 및 지사의 관리가 한층 수월 해진다. 하지만 신규 시장 개척(거래선, 공급선 개발 등)을 위해선 담당 제품에 대해서 전문적인 지식을 갖춘 본사의 담당자의 출장이 필수불가결한 요소이다. 또한 종합상사에서 본사 담당자는 특정시장을 키워서 주재원으로 파견이 되는 것이 목표이기도 하다.

대리 때 경험이다. 당시 사업부에서 신규 사업아이템 및 사업으로 해외법인 및 지사에 시장 개척을 강력히 요청을 하였다. 내 담당 지역이던 남미 브라질지사의 현지직원에게서 낭보가 들려왔다. 거래선에서 신규 제품에 대해서 첫 오더로 수억원 규모의 몇 개 컨테이너 물량을 주문하겠다고 하니 본사에서 와서 최종 확정을 해달라는 요청이었다. 당시 신규 사업으로 강력히 드라이브를 걸고 있던 본사 사업부에겐 흥분되는 소식이었다. 따라서 사업부장인 임원도 거래선 미팅을 포함 신규사업에 대한 현지 시장을 둘러보기 위해 지역담당자인 나와 함께 출장을 진행하였다.

약 30여 비행시간의 장거리 출장으로 브라질에 도착하여 들뜬 마음으로 그 거래선과 미팅을 하였다. 미팅은 충격이었다. 그 업체에서는 브라질 현지직원이 본사에 낭보로 전달한 물량 규모의 구매를 하겠다고 이야기 한적이 없다고 했다. 자신들이 큰 물량을 구매를 할 수는 있다. 단 구매를 하려면 자신들이 요청하는 타겟 가격과 여러 조건들을 맞추면 고려해보겠다는 이야기였던 것이다. 하지만 현지 출장 미팅시에 업체의 요구 가격과 조건을 들어보니 이는 우리가 공급선에서 구매하는 가격보다도 한참 낮은 실질적으로 거래가 불가능한 조건이었다. 하지만 현지직원이 본사에 소식을 전할 때는 가격을 포함해서 거의 다 합의가 되었다고 했던 것이다.

물론 모든 해외무역의 거래가 한번에 성사되는 경우는 거의 없다. 수많은 협상을 통해서 간극을 좁혀 나가는 것이 비즈니스 협상이기도 하다. 하지만 그 조건의 간극이 어느정도 인지, 현실적인 것인지 등에 대한 판단이 필요한 것이다. 지사의 입장에서는 지사의 실적이 되는 큰 매출을 일으킬 수 있는 수주 건에 대한 생각만이 앞섰던 것이고 이익 등의 구조에 대해서는 본사의 책임이라고 생각을 하였던 것이다. 이런 경우 거래가 안되면 지사에서는 큰 수주기회가 있었는데 본사에서 가격 결정 지원을 안 해줘서 성사가 안되었다고 느끼기도 한다. 하지만 마이너스가 되는 비즈니스를 할 수는 없는 것이다. 현지법인이나 지사의 주 재원이 담당사업부 출신이 아닌 경우에는 제품과 사업에 대한 이해의 부족 등으로 이러한 오해 아닌 오해가 생기는 경우가 적지 않다. 이 역시 본사의 담당자들이 현지 출장을 활발하게 다녀야 하는 이유이기도 하다.

스토리   "마이 네임 이즈 패트릭", 아직 게임 안 끝났어

이를 테면 브라질식 거래법이었던 셈이다. 익숙치 않은 억양으로 '미스터 지웅? 미스터 중?'이라 읽는 상대방의 눈빛 바로 너머에 분명한 의도가 있었다. 내게 성의를 보이고 있다는 브라질식 과도한 제스쳐인 셈이었다. 남미의 맹주를 자처하는 브라질에서의 비즈니스는 그렇게 과정 하나하나가 유독 까탈 맞았다.

노련한 비즈니스맨은 협상 상대의 심리를 끊임없이 흔들어야 한다는 것을 잘 안다. 발음하기 쉽지 않은 한국 사람의 이름을 힘들게 읽으려는 '성의'를 일부러 노출시키면서 판을 자신에게 유리하게 끌고 가려는 의도였다. '나는 그런 규모의 거래를 약속한 적이 없어. 단가만 낮춰준다면 한번 생각해볼 용의는 있지만 말이야' 무려 30시간을 상사와 함께 날아온 브라질에서 우리는 전언과는 전혀 다른 상황을 맞았다. 현지 직원이 보내온 상파울로 발 낭보는 그렇게 메신저 보이가 저지른 어처구니없는 실수로 변하고 있었다. 그러나 능글맞아 보이기까지 한 브라질 특유의 낙천적인 톤으로 파고든 그의 첫 공격은 식상했다. 예상하지는 못했지만 뻔했기 때문이었다. 나는 인사를 건네려는 그의 면전에 차갑게 "패트릭"이라며 말을 잘랐다.

검도에서 상대방의 실력을 가늠하기 위해서 시합의 초반, 서로 죽도를 두어 합 정도 탁탁 맞부딪치는 작은 실랑이를 볼 수 있는데 고수일수록 이런 짧은 순간에 상대방의 실력을 짐작할 수 있다. 그 대결이 손쉬울 것인지 아니면 맞서기 부담스럽고 꺾기 힘든 강자일지에 대한 판단이 그때 내려진다.

다른 언어를 사용하고, 홈그라운드가 아닌 상황에서 노련한 상대방과 비즈니스를 하는 현장은 항상 긴장되게 마련이다. 이미 쉽게 이기기 어려운 상황에서 시작해야 하기 때문이다. 하지만 객관적인 실력이 앞서고 유리한 상황에 있는 사람이 반드시 승리하지는 않는다는 것이 인생의 묘미이고, 계속 삶에 도전하게끔 만드는 원동력이자 매력인지도 모르겠다. 마일리지가 쌓일수록 온갖 상황에 빠지게 되는 경험이 늘어날수록 나는 종합상사맨으로써의 투지가 불타올랐다.

전해 들었던 거래 조건 일체를 딱 잘라 간단히 부인하는 브라질 거래처의 눈빛에서 '내가 이겼다'라는 표정이 읽혔지만 나는 결코 그 게임에서 패배할 생각이 없었다. 기대하지 않았기에 들려왔던 상파울로 발 낭보는 우리 부서 전체를 환호하게 만들었던 것은 분명한 사실이다. 그 먼 곳까지 직접 계약서에 서명을 하기 위해서 상사까지 따라온 그 출장이 시작부터 '함정인가?' 하는 불안감을 드러냈고 있었다.

순간 머릿속을 스치고 지나간 생각은 '저 사람이 우리에게 대안을 제시하겠구나' 하는 것이었다. 이미 우리는 '잃을 것이 큰 게임'을 하러 그곳으로 날아간 것이기 때문에 상대방은 우리가 내릴 판단에 그럴듯한 구실을 주면 자신에게 유리한 결과로 게임을 끝낼 수 있으리라고 생각했을 것이다. 비슷한 상황을 만들어 재미를 본 게 한두번은 아니었을 테니까 어디 브라질이 마음만 먹으면 쉽게 날아갈 수 있는 거리인가?

사실 그때의 상황을 솔직하게 평가해본다면 브라질 거래처의 의도는 거의 맞아들었다. 우리는 뜻밖의 거래가 성사됐다는 기쁨에 그 먼 곳으로 날아왔다. 기쁨. 기대감을 안고 왔으리라는 상황을 이미 상대방은 간파하고 있었던 것이다. 게다가 적잖은 비용을 들였음은 굳이 말할 필요도 없었고, 그에 따른 회사 내부에서의 기대감과 호기심 섞인 시선을 뒤로하고 왔으리라는 것도 능히 짐작할 수 있는 상황이었기 때문이었다. 한마디로 우리의 패는 이미 대부분 상대에게 공개된 상태로 게임을 해야 했던 것이다. 노련한 비즈니스맨이라면 '지금은 판을 한번 흔들어볼 때'라는 판단을 했으리라. 그로써는 잃을 것이 없는 판이었을 테니까. 혹시나 우리가 흔들리지 않아도 그는 잃을 것이 없고, '이왕 여기까지 왔는데 성과없이 가는 것보다는 이익을 덜 보더라도 도장을 찍고 가는 게 더 낫지 않은가'라는 결론이 나면 '베스트'일 테니까.

그가 던진 구실에 우리의 냉철함과 객관성을 유지해야 할 심리에 큰 동요가 일어 '어지간한 조건'에 싸인을 하고 돌아간다면 완벽한 그의 승리일 것이었다. 그로써는 '질 수 없는 게임'으로 우리를 몰아넣은 것이다. 성공적으로.

현지 직원의 보고와는 턱없이 다른 조건을 수용할 것인지, 거부할 것인지에 대한 강력한 압박 상황에 빠져들고 있었기 때문에 나는 '승리하기 위해서'가 아니라 '패배하지 않기 위해서' 일단 가쁘게 추락하고 있던 호흡을 멈추기로 했다. 그래서 만면에 웃음을 띠고 일부러 내 명함에 적힌 이름을 발음하려고 애를 쓰는 듯한 시늉을 하는 브라질 거래처의 의도에 말려들 생각이 없다는 분명한 시그널을 보냄으로써 우리의 기싸움은 시작됐다. 일단은 패하지 않기 위해서.

"패트릭. 마이. 네임. 이즈. 패트릭"

그가 들고 있는 내 명함 어디에도 그가 억지로라도 읽을 수 있는 영어로 된 내 한글 이름은 없었으니까. 그는 이 상황을 철저하게 설계했지만 그렇게 예리한 공격을 할 만한 내공을 가진 검객은 아니었다. 무대가 워낙 그에게 유리해서 착시를 일으키기 십상이었을 따름이었다. 나는 속으로 다짐했다. "아직 게임 안 끝났다" 해외 출장은 늘 그런 현장이다. 150만 마일의 마일리지를 가진 지금 돌이켜봐도 소풍처럼 손쉬운 출장은 없었다. 단 한번도.

PART
02

종합상사맨이
바라보는 세계

그 나라의 첫인상은 입국(入國)심사에서

'출장 가 보신 나라 중에 어느 나라가 가장 좋아요?'

책을 쓰고 있다는 걸 굳이 알릴 생각은 없었지만 책에 어떤 내용을 넣을까에 대한 자문을 받기 위해서 이 사람, 저 사람에게 물어보다가 '밀리언 마일러(Million Miler)'라는 단어를 제목에 넣는 게 어떠냐?는 이야기를 제법 들었다. 그런데 '밀리언 마일러'라는 단어를 곧장 알아듣는 사람들은 대부분 직장인들이었는데 '어, 마일리지가 그렇게 많아요?'라고 놀라곤 했다. 그런 내가 가장 많이 듣는 질문 중에 하나가 바로 '어느 나라가 가장 좋아요?'라는 것이었다.

현재까지 방문 국가수를 세어보니 유럽, 중남미, 아시아, CIS('독립국가연합'. 구 소련 붕괴 후 존재했던 소비에트 연방 국가들의 집합체를 말하는 명칭), 중동 등 52개국이고 도시들은 200개가 넘는다. 이런 질문을 받을 때 마다 나도 생각을 해본다. 과연 어느 나라, 어느 도시가 가장 기억에 남고 좋았지? 라고. 하지만 번쩍 하고 어느 특정 국가나 도시가 떠오르지는 않는다.

그래서 식상한 대답이기는 하겠지만 내 대답은 '모든 나라가 각각의 매력과 특징이 있어서 다 좋더군요'이다.

물론 업무 차의 출장이었기 때문에 출장국가에 도착 후 거래선들과 미팅 그리고 다른 나라로 이동하는 짧은 일정이 대부분이라 현지의 유명 관광지나 명소를 방문할 기회는 아쉽게도 그리 많지 않았던 것도 사실이라 질문한 사람에게 그리 도움이 되는 답을 주기는 힘들기 때문이기도 하다. 150만 마일의 마일리지를 쌓는 동안 러시아에서 지역전문가 그리고 유럽에서 주재원으로 현지에서 근무 및 생활을 한 경험도 있지만.

따라서 어떤 국가에 대한 호불호(好不好)의 감정은 대부분 그 나라에 도착해서 가장 처음으로 맞닥뜨리게 되는 공항의 입국심사 과정이 큰 영향을 준다. 대한민국의 여권을 내밀고 입국심사를 받는 짧은 시간이지만 그 국가에 대한 분명한 첫인상을 갖게 되는 것이다.

러시아 모스크바의 제1국제 공항인 세르메쳬보(Sheremetyevo) 공항은 최악이었다. 러시아에 한 두번 와본 사람이라면 비행기가 도착하자 마자 마치 단거리 선수들처럼 모두 입국심사를 하기 위해 달려가야 한다는 것을 안다. 입국 심사 부스의 수도 적고 한사람당 입국심사에 소요되는 시간이 오래 걸리기에 자칫 입국심사 줄을 뒤에 서면 1~2시간의 심사대기는 기본이기 때문이다. 심지어 심사부스당 수백명의 사람들이 줄을 서고 있어도 입국심사자가 자기 업무시간을 마치면 심사부스를 그냥 닫아 버리고 떠나는 경우도 다반사였다. 그렇게 되면 그 앞에 서있던 수백명은 다른 줄에 새치기로 끼어드는 등 한마디로 세르메쳬보 공항은 내겐 최악의 공항이었다. 이런 입국과정을 거치면 어찌 그 나라가 아름답게 보일 수 있을까? 몇 년 전에 세르메췌보 공항도 리노베이션을 하여 입국과정도 예전에 비해 많이 개선되었지만 아직도 내게 러시아는 입국과정이 짜증나고 불쾌한 국가라는 첫인상이 깊이 각인되어 있다.

그래서인지 러시아 사람들의 무뚝뚝하고 무표정한 얼굴을 두고 '시베리아 불곰'이라고 묘사하는 것을 납득할 수 있었다. 그만큼 입국심사에서부터 불친절한 러시아에서 선뜻 따뜻함을 느끼기는 쉽지 않은 노릇이다. 우리 나라 유튜브에도 '소련여자'라는 러시아 여성의 채널이 있는데 희한한 러시아식 유머가 깔려 있는 이 유튜브 채널의 한 영상에 '충격, 소련여자는 CG'라는 것이 있었는데 잡티 하나 없이 깨끗한 피부에 그려 놓은 것 같이 차가운 외모가 언뜻 CG로 혼동될 법도 하지 싶었다. 하지만 현지에 체류하면서 러시아와 러시아 사람들을 겪어보니 세상 어느 곳 사람들에 비해서도 뒤지지 않을 따뜻한 마음을 가진 순박한 사람들이라는 것을 알 수 있었다.

그리고 차갑고 불쾌한 첫인상을 주는 나라를 더 꼽는다면 러시아 못지 않게 입국심사 시에 유쾌한 기억이 별로 없는 미국이다. 최근에는 전자여권으로 입국수속이 기계를 통해 진행이 되기도 하지만 미국 시민권, 영주권자를 제외한 방문자는 기본적으로 불법체류 후보자로 보는 듯한 태도와 위압적인 입국심사 과정은 꼭 경찰서에 죄를 짓고 온 듯한 기분을 들게 한다.

미국은 자국민 우선주의로 입국심사라인도 자국민과 방문자를 철저히 나누어서 운영한다. 아무리 자국민 입국심사 부스가 비어 있어도 방문자들을 그 심사라인이 넣지 않는다. 우리나라를 포함해서 많은 국가에서도 공항입국 심사대를 자국민과 방문자로 나누어서 운영하고 있지만 자국민 라인에 잘못 줄을 서도 어지간 하면 그냥 입국 심사를 해주는 것에 반해 미국에서는 방문자 줄로 갈 것을 지시한다.

이 얘기는 남미에서 출장을 마치고 미국으로 이동을 하였을 때이다. 마침 도착한 입국심사장에는 미국시민권자 심사라인에는 아무도 없었고 방문객 라인에는 막 도착한 비행기들로 인해 수많은 사람들이 입국 심사를 위해 길게 줄을 서있었다. 그때 입국자들을 안내하던 공항 직원이 방문객 라인에 있던 절반가량의 사람들을 비어 있던 미국 시민권자 심사라인으로 가서 입국 심사를 볼 수 있도록 이동하도록 했다. 나도 다행히 이들과 함께 비어 있는 미국 시민권자 라인으로 갔다. 길고 길었던 방문자들 대기라인에서 좀더 빨리 입국 심사를 하게 되 왠일이냐 싶어 미소를 짓고 서 있었다.

그런데 갑자기 웅성거리는 소리와 함께 다시 방문자 라인으로 돌아가라고 소리치는 공항직원들의 목소리가 들렸다. 이는 다른 비행기로 도착을 한 미국 시민권자들을 입국심사장으로 들어오고 있었기 때문이었다. 어쩔 수 없이 다시 방문객 입국 심사 라인으로 돌아갈 수밖에 없었다. 오히려 왔다 갔다 하지 않았으면 저 앞쯤 가 있을 텐 데라는 생각에 황당하고 화가 났다. 하지만 동시에 철저하게 자국민을 위하는 것을 보고 질시와 부러움도 동시에 느꼈었다.

이렇게 러시아와 미국 외에도 여러 나라 입국심사는 그 나라에 대한 첫 인상을 심어준다. 첫인상 효과가 얼마나 중요한 것인가를 굳이 예로 들 필요도 없지만 의외로 입국 심사 과정이 주는 심리적 불편함에 대해서 크게 신경을 쓰는 나라가 그리 많지 않은 것 같다. 그런데 뜻밖에 입국 심사 때문에 좋은 인상을 주는 나라도 있다. 예를 들어 예상 보다 빠른 일처리와 신속한 입국 심사가 진행되는 중국은 그 빠른 성장을 입국 시부터 느낄 수가 있다. '만만디'라고 말하는 중국 특유의 지루할 정도의 느긋함은 최소한 입국심사 과정에서는 사실이 아니다. 그리고 지구저 반대편인 칠레는 매번 좋은 인상을 전해주었다. 칠레에 입국할 때 대한민국 여권과 회사 명함을 보면 언제나 엄지를 들어 미소를 지어주던 입국심사관의 환대에 한국인이라는 자부심이 생긴다. 그런 첫인상처럼 칠레는 중남미 국가중에서는 유일하다 할 정도로 비즈니스 시스템이 체계적이고 신뢰할 만한 국가이기도 하다. 그런가 하면 심심찮게 인종차별 적인 언행과 태도를 보이던 독일공항의 입국 심사 후에는 독일이라는 국가에 씁쓸한 기분이 들게 된다. 미국과 러시아라는 강적이 있어두드러지지는 않지만 입국심사로 불쾌감을 자주 주는 나라가 또한 영국이다. 막상 도착을 해보면 지금 내가 영국에 도착을 한 것인지 인도에 도착을 한 것 인지 헷갈리는 런던의 히드로(Heathrow) 공항에서 1시간 이상 긴 입국 수속줄을 서있으면 긴 비행시간 보다 더 큰 피로감을 느끼게 된다. 그리고 입국 심사 시 '상륙허가(上陸許可)'라는 입국 스티커를 붙여주는 일본은 입국이 아니라 섬에 상륙을 하는 건가 라는 묘한 기분이 들기도 한다.

입국 심사가 어떠한 느낌을 주던 간에 출장 목적지에 도착해 입국수속을 부드럽게 진행하는 것은 글로벌 비즈니스 프로의 기본 덕목이다. 출장 국가 도착 전에 기내에서 도착 1~2시간 전에 나누어 주는 해당국가 입국서류를 미리 작성을 해놓는 것이 좋다. 도착 후 입국심사를 위해서는 통상 긴 줄을 서서 기다리고 입국 담당자에게 여권을 제출하고 입국심사를 받게 된다.

통상적인 질문일 수도 있으나 기본적인 입국관련 내용은 미리 준비해야 당황하지 않고 신속하게 입국을 마칠 수 있다. 입국 심사관이 주로 질문을 하는 것은 입국목적, 무슨 일을 하는지? 얼마나 체류를 하는지, 어디에 숙박을 하는지? 등을 묻는다. 국가와 입국 심사관마다 차이가 있을 수 있으나 여러가지 질문을 까다롭게 하는 경우도 많고 은근히 인종 차별적인 언사를 하는 경우가 있다. 입국 심사관에 따라서는 다음 출국 비행기표까지 보여 달라고 하는 경우도 있다. 어떠한 경우라도 입국 문제없이 신속하게 입국수속을 마치고 숙소로 이동을 해서 휴식을 빨리 취하는 것이 출장을 진행하는 데 도움이 된다.

이렇게 입국심사는 그 국가에 대한 첫인상이다. 각 국가마다 미묘하지만 분명한 특징들이 있다. 이런 점을 보면 우리나라의 공항시설과 입국심사 프로세스는 세계 최고의 수준임을 새삼 느낀다. 외국에 나가보면 애국자가 된 다는 말에 100% 공감을 하게 된다.

대한민국(大韓民國) 국민으로서 자부심을 갖자.
우리가 생각하는 것 보다 대한민국은 훨씬 발전되고 안전한 국가이다.

중국(中國), 하나가 아닌 하나,
실상은 잘 모르는 문화(文化)

요즘 '동북공정(東北工程)'이라는 말을 뉴스 등에서 접할 수 있는데 대충 그 내용은 현재의 중국 영토에 있는 과거의 모든 역사가 중국의 것이라는 주장이라고 한다. 그래서 발해나 고구려가 우리의 역사가 아니라 중국의 역사라는 억지 소리를 하는 사람들이 있다고 하는데 이 책에서 그것이 역사적으로 타당한 지 아닌 지를 논할 생각은 없다.

하지만 종합상사맨 가져야 할 중요한 능력의 하나인 '정보 수집 및 분석'에 대해 말하기 위해 '동북공정'이라는 주제를 잠시 꺼냈다. 혹자는 이 동북공정을 '역사에 대한 왜곡'이라고 말하는 데 글로벌 비즈니스 프로로써의 우리는 이 말에 숨겨져 있는 것들을 캐치할 수 있어야 한다. 현재의 영토 내에 있었던 모든 역사가 모두 중국의 것이라는 주장은 역설적으로 현재의 중국이 수많은 문화, 그동안 존재했던 다양한 나라들을 품에 안고 있다는 사실을 내포하고 있다. 하나가 아니었기 때문에 그것을 하나로 묶기 위해서 그런 주장을 펼치게 됐을 것이라는 사실을 짐작할 수 있어야 한다.

우리가 흔히 '중국' 혹은 '중국 시장'에 대해 갖고 있는 가장 큰 오해 중 하나는 '14억명 짜리 거대한 시장'이라는 것이다. 물론 중국의 인구는 14억명이 맞다. 하지만 현재의 중국은 하나의 나라이지만 여러 개의 나라가 존재하는 시장이라고 보는 게 좋다. 언어만 해도 북경어와 남쪽 지방의 광동어가 다르고, 경제수준이 상당히 높은 동부 해안쪽과 중국 내부는 현격한 차이가 있다. 그리고 지리적으로도 쓰촨 지역이나 신장 위구르 지역 같은 중부, 서부는 매우 높은 고지대이고 상해, 심천 같은 해안가는 저지대이다. 언어와 경제 수준이 다르고 지난 수천년 동안의 역사를 통해서 각 지역마다 사람들의 특질이 다르기 때문에 '중국은 이런 시장' '중국 사람들은 이렇다'라고 잘라 말하는 것은 매우 섣부른 생각이다. '하나이지만 하나가 아닌' 나라라고 생각하는 게 오히려 현실적이다.

중국 첫 출장이었다. 상해(上海) 푸동 공항에서 나를 픽업한 운전기사가 모는 차는 빗속을 2시간여 달려 공장에 도착을 하였다. 점심 식사시간에 도착한 공장에는 이미 공장장을 비롯해 여러 명의 사람들이 이미 구내 식당의 큰 원형테이블을 가득 채운 음식을 앞에 두고 나를 기다리고 있었다. 간단한 인사후에 권하는 좌석에 자리를 잡고 앉자 이번엔 공장장이 나를 픽업해서 온 운전기사도 불러서 같은 원형테이블에 앉아 식사를 하게 하였다. 그간 대만, 홍콩 등 다른 아시아 국가들의 출장에서도 볼 수 없는 모습이었다. 사람의 신분차이를 논하는 것은 아니지만 이런 모습이 '인민의 평등'을 이야기하는 공산주의 국가의 한 단면을 보게 되었다.

식사가 진행되자 서로들 담배를 피우는지 물으며 편하게 담배를 권했다. 담배를 피지 않는다고 해도 담배를 재차 권하며 피우라고 했다. 손님에게 담배를 권하는 것도 우리나라와 비슷하다고 생각이 들었다. 그런데 원형 테이블 건너편에 있던 상대방의 젊은 매니저가 갑자기 일어나서 담배를 한가치씩 꺼내서 테이블 너머로 던졌다. 이는 나 뿐만이 아니고 머리가 희끗희끗한 공장장에게도 마찬가지였다. 우리나라의 담배예절과는 너무 다른 모습에 나는 어리둥절 했다. 흥미롭게도 식사 내내 밥상위로 담배가치가 수도 없이 날라 다녔다.

이러한 광경들에 대한 생경함은 식사 후에 홍콩에서 별도로 도착한 삼성의 현지직원이 나에게 설명을 해주자 풀리게 되었다. 중국의 공장은 순수한 중국자본과 경영자가 운영하는 곳이 있고, 대만이나 홍콩 등의 기업이 투자한 공장들도 있다. 우리가 방문한 공장은 순수한 중국자본과 경영진이 운영하던 곳이었다. 따라서 직원과 직급의 차이와 상관없이 평등의식이 좀더 강했던 것이다.

또한 중국인들의 담배 권유는 자신들의 부(富)와 능력을 과시하는 것이었다. 내가 담배를 안 피워서 몰랐던 것도 있지만 그날 식탁위로 날라 다니던 담배는 붉은 담배갑의 '중화(中華)'라는 중국의 고급 담배였던 것이다. 이 중화 담배는 한 갑이 보통 중국인민들이 피는 담배 한 보루(10갑)의 가격과 비슷할 정도의 고가(高價) 담배였던 것이다. 자신의 부와 통이 크다는 것을 은연중에 과시하기 위한 것이 이러한 고급 담배를 후하게 던져주며 권하는 담배문화가 되었던 것이다.

식사 후 공장 투어를 진행했다. 예상은 했지만 역시 중국 공장은 또 다른 충격이었다. 한국, 대만, 일본 등 다른 국가들의 공장과는 너무나 다른 모습이었다. 다른 나라의 공장에서 기계로 생산하는 것과는 달리 수많은 어린 직공(職工)들이 길게 늘어앉아서 수작업으로 제품을 만들고 있었다. 공장의 한쪽 벽면에는 수 백개 아니 수천개의 차(茶) 그릇들이 선반위에 가지런히 놓여 있었다. 이는 쉬는 시간에 직원들이 사용하는 각자의 찻잔들이었다.

공장장은 나에게 자신들의 공장을 본 소감을 말해달라고 했다. 그 표정에는 공장에 대한 자부심이 묻어나고 있었다. 나는 이렇게 많은 인력들이 수작업으로 하는 것이 생산효율이나 품질 관리 등에 어렵지 않을지 조심스럽게 이야기를 했다. 그리고 기계를 설치해서 생산하는 것이 더 비용적으로도 절약이 되지 않을지를 물었다. 그는 '기계를 설치하는 것보다 사람들을 고용해서 생산하는 것이 더 적은 비용이 든다'라고 당연히 예상했다는 듯이 즉시 대답을 했다.

당시에 한국의 공급선에도 구매를 진행하고 있던 나는 이러한 중국의 무모한 도전과 성장에 긴장감과 안타까움을 느끼지 않을 수가 없었다. 한국 공급선은 가격경쟁력이 계속 약화되고 있었고 중국의 급속한 성장과 빠른 추격에 어려움을 겪고 있었다. 한국인으로써 한국기업에게 구매를 하는 것에 일종의 책임감도 있었다. 한국 공급선과 이야기를 할 때마다 그들도 상황을 이해하고 있었다. 하지만 생산 경쟁력 강화를 위해 중국으로 공장을 이전하려는 논의를 할 때마다 노조에서 심한 반대를 해서 실행을 못한다고 토로를 하였다. 결국 나는 한국 공급선에서 구매를 점차 줄일 수밖에 없었다.

물론 당시에도 중국 다른 공장 중에는 한국 공장보다도 더 큰 대단위 설비를 갖춘 곳도 적지 않았다. 그리고 이제 중국의 임금도 많이 상승을 해서 과거와 같이 싼 노동력이 더 이상 중국의 핵심 경쟁력도 아니다. 하지만 일부 아이템이긴 하지만 당시 구매담당을 하면서 현장에서 지켜본 중국의 저돌적인 성장과 한국의 경쟁력 하락은 많은 시사점을 주었다. 더욱 착잡한 점은 이것이 현재 진행형이라는 것이다.

중국(中國)을 같은 아시아국가 같은 문화권이라고 속단하지 말라.
중국은 엄연히 우리와 다른 문화와 제도를 가진 이국(異國)이다.
우리는 순진하고 감성적이다.
글로벌 비즈니스의 세계는 피와 눈물도 없는 전쟁터이다.

남미(南美), 'Jet lag'과 'Season lag'

내가 밀리언 마일러가 될 수 있었던 이유 중 하나는 중남미(中南美) 담당을 약 5년간 했던 것도 큰 몫을 하였다. 지금은 운항 중단이 되었지만 당시에는 국적기가 한국에서 브라질 상파울로(Sao Paulo)까지 가는 '직항노선'이 있었다. 이 노선을 탑승하게 되면 상파울로까지 편도 거리로만 약 1만 마일의 마일리지가 쌓였다. 그런데 직항노선이라는 말과는 달리 실제로는 중간에 미국 로스엔젤레스에 기착을 한 후 다시 브라질 상파울로로 가는 노선이었다. 흥미로운 것은 로스앤젤레스 도착하여 비행기 정비를 하는 동안 기장을 비롯한 승무원들은 전원 교체가 되어 새로운 기장과 승무원들이 탑승을 하는 것이다.

그렇지만 승객들은 대합실에서 4~5시간 동안 대기를 하다가 다시 탑승을 하고 상파울로로 여정을 계속 했다. 미국은 밀입국자 방지를 위해 비자유무에 대해서 엄격하였고 상파울로 직항 승객들 중에는 미국 비자가 필요 없는 승객들도 있었으므로 4~5시간의 트랜짓 시간에도 승객들을 공항 터미널의 특정장소에만 머물도록 하였다. 따라서 잠시라도 로스엔젤레스의 공항 밖 공기는 마실 수도 없이 수백명의 승객들은 터미널에 갇혀서 대기를 해야만 했다.

이 브라질 직항노선을 타면 로스앤젤레스까지 2번 그리고 로스엔젤레스에서 상파울로까지 3번 총 5번의 기내식을 먹게 된다. 출장 초년에는 재밌게 탔던 노선이었지만 좁디 좁은 이코노미좌석에서 24시간이 넘는 시간을 계속 앉아 있으면서 5번의 식사를 한다는 것은 상상하기 힘든 고역이 되기도 한다. 이렇게 긴 여정 끝에 브라질에 도착 호텔로 이동을 하고 한국의 집에 무사히 도착하였다고 연락을 하면 한국에선 내가 떠난 지 이틀 후에야 연락을 받게 되는 웃지못할 시차(時差)가 발생을 하였다.

남미여행에서 12시간의 시차와 함께 출장자들을 힘들게 하는 것은 한국과 정반대의 계절이라는 점이다. 즉 한국과 남미는 지구 중심을 사이에 둔 지구상의 반대편 지점을 일컫는 '대척점(對蹠點)'으로 계절 및 낮과 밤이 반대이다. 참고로 우리나라의 대척점은 남미 우루과이 수도인 몬테비데오 앞의 남동해상이다. 따라서 한 겨울에 한국서 출장을 떠났다면 남미는 그야말로 한여름인 것이다. 한겨울 새벽 영하 10도의 날씨에 떠난 한국에서 약 30시간의 비행 후에 도착하는 곳은 30도가 넘은 한 여름의 날씨가 기다리고 있는 것이다. 즉 두 지역의 온도차이가 40도 이상 발생을 하였고 이는 출장 시에 입고 가는 옷부터 챙겨가는 출장 의복에도 영향을 주었다. 다른 국가와 시차로 인한 피곤함과 적응에 힘든 것을 제트랙(Jet Lag)이라고 한다. 제트랙 못지 않게 정반대의 계절을 몸으로 직접 겪게 되는 것도 생체리듬을 깨뜨리어 몸 컨디션에 많은 피로감을 주어 건강을 해치게 된다. 나는 이를 제트랙처럼 시즌랙(Season Lag)이라고 부르곤 했다.

통상 남미 출장을 가면 4~5개국을 이동해야 하므로 최대한 짐을 컴팩트하게 하는 것이 중요한데 한국에서 떠날 때 춥다고 겨울 옷에 코트까지 입고 남미 출장을 떠난 다면 그 옷은 현지 이동 시에는 불편한 짐이 된다. 당시에는 공항에 코트서비스도 없을 때였기에 출장 복장의 난감함은 더했다. 결국 출국 시 한겨울 새벽 공항으로 향하는 동안의 추위는 여름옷으로 견디는 일이 일상이 되기도 했다. 이렇게 계절이 정반대로 되는 출장을 '냉탕, 온탕 출장'이라고 부르곤 했다. 이 냉탕 온탕 출장 때문에 나는 한겨울에도 한여름 양복과 옷들을 정리해 넣지 못하고 1년 내내 사계절 옷들을 꺼내 놓고 생활을 해야 했다.

회사내에서도 중남미 출장자들은 많지 않았기에 내가 출장을 가는 것은 현지 주재원들에겐 반가운 한국음식과 필요물품을 전달받는 중요한 기회이기도 했다. 남미 출장의 경우 A.B.C라고 별칭을 했던 아르헨티나, 브라질, 칠레(Argentina, Brazil, Chile) 3개국은 기본으로 방문하였고 남미로 가는 길 혹은 귀국길에 멕시코나 파나마 등을 들리는 기본적으로 4개국 이상 방문의 2주 출장이 기본이었다. 이 출장길엔 언제나 각국의 주재원들을 위한 라면 한 박스씩 그리고 개별적으로 부탁받은 물품들을 가지고 가야했다. 예를 들면 어린 자녀가 있는 주재원의 부탁으로 어린이 동화책들, 한국 과자들은 물론 골프채 세트까지도 들러 매고 출장을 가기도 했다.

세계 3대 폭포인 이과수 폭포. 브라질 무역에 중요한 인접국인 파라과이 도시 시우델에스테 (Ciudad del este)에서 멀지 않고 브라질과 아르헨티나, 파라과이에 걸쳐져 있는 이과수 폭포는 여의도 면적의 630배가 되는 광활한 규모를 자랑한다. 미국 루즈벨트대통령의 영부인이 이 폭포를 본 후에 'Poor Niagara(불쌍한 나이아가라)'라고 탄식했다는 에피소드도 있다. 글로벌 비즈니스 현장이 꼭 그렇다. 아직 내가 경험해 보지 못한 비즈니스, 겪어보지 못한 프로들이 있을 것이라는 생각은 언제나 피를 끓어오르게 한다.

출장 가방, 노트북을 포함한 서류 가방, 샘플박스 그리고 라면 3~4박스 등 당시 내 모습은 아마 영락없는 보따리 장사였을 것이다. 그럼에도 나는 홀수달은 남미지역, 짝수달은 중미지역으로 정해서 매달 중남미 국가들을 출장을 다녔고 이 중남미담당 시절은 마일리지를 쌓는데 큰 역할을 한 것임에 틀림이 없다.

반면 2주간의 남미출장은 공휴일은 물론 주말시간을 희생을 할 수밖에 없는 출장이기도 했다. 이동 거리와 시간이 긴 남미출장은 현지에서 일하는 평일 시간을 최대한 확보하기 위해 한국시간 주말인 토요일에 출국을 했다. 현지에서도 국가간 이동은 주말을 이용하며, 귀국도 현지에서 금요일 저녁 혹은 토요일 이른 새벽에 출발해야 했다. 한국으로 복귀하는 30여 시간의 여정은 결국 집에 도착하면 일요일 저녁이거나 월요일 이른 새벽이 되는 것이었다. 요즈음은 주말 혹은 공휴일에 근무나 출장을 진행할 경우에는 대체 휴가제도를 통해 쉬지만 당시에는 이러한 남미출장에 개인의 주말시간을 사용되는 것을 당연한 것으로 생각하였다. 따라서 나 또한 귀국하면 별도 대체 휴가없이 바로 출근을 했다.

보통 1시간의 시차를 적응하는데 하루가 걸린다고 하는데 남미와 12시간의 시차가 있으므로 남미 현지에서 약 2주의 시간을 보내면 생체리듬이 현지에 맞추어지는 셈이다. 하지만 나는 현지에 막 생체리듬이 맞춰지는 2주 후에는 다시 12시간의 시차와 정반대의 계절인 한국으로 복귀를 했던 것이다. 이렇게 매달 2주씩 중남미 출장을 3년여간 다녔을 때였다. 역시 약 30시간의 이동으로 브라질 상파울로에 월요일 아침에 도착을 하여 호텔에서 간단히 여장을 풀고 바로 지점으로 출근을 준비하던 중이었다. 세수를 하던 중에 세면대에 붉은 물이 흘러내리기에 거울을 본 순간 내 양쪽 코에선 쌍코피가 흘러내리고 있었다. 몸에서 점점 피곤하다는 신호를 보내고 있었던 것이다.

남미(南美)는 우리나라와 지구의 정반대에 위치해 있다.
12시간의 시차는 물론 계절 또한 정반대이다. 남미 출장을 위해선
시차와 계절에 대한 대비와 건강관리에 각별히 유의를 해야 한다.
특히 장시간의 비행이동 중에는 좁은 좌석에 계속 앉아 있지 말고
충분한 수분섭취와 중간중간 간단한 체조와 몸을 움직이는 것이
'이코노미 클래스 증후군'인 다리 정맥에 혈전과 혈괴가 생기어
폐동맥을 막아 호흡곤란이나 심폐정지를 일으키는 폐색전을 예방한다.
황열병(Yellow Fever) 예방접종 국가는 콜롬비아, 아르헨티나, 페루,
볼리비아, 에콰도르 등이다. 출국 10일전에 접종이 필요하며
접종 증명서를 가지고 출장 가야한다.

이코노미클래스 증후군 예방

이코노미 클래스 증후군(Economy Class Syndrome)

좁은 좌석에 장시간 앉아 있을 경우 다리 정맥에 혈괴가 발생하여 이것이 폐동맥을 막아 호흡곤란이나 심폐정지 등의 폐색전을 일으킨다.

고령자나 비만인 사람, 기내에서 술을 마시는 사람에게 발생하기 쉽다.

7~8시간 이상 비행기를 탈 경우 수분을 많이 섭취하고 다리를 굽혔다 폈다 하는 운동을 해야 한다. 한시간에 한번은 일어나서 복도를 걷고 다리를 주물러 준다.

자리에 앉아 있을 때는 발뒤꿈치를 들었다 내렸다 하는 동작을 반복하거나 발목을 움직여 종아리 근육을 자극하는 운동을 하면 정체된 혈류를 풀어줄 수 있다.

또한 압박스타킹을 착용하여 다리근육을 압박하면 이코노미 클래스 증후군 예방에 도움이 된다.

－기내체조

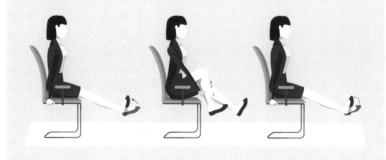

중남미(中南美), Business lag의
또다른 세상

소득수준이 높아지다 보니 우리나라 사람들에게 해외여행이란 더 이상 희귀하고 드문 경험은 아니지만 그럼에도 불구하고 여전히 무언가 막연한 환상이나 미지(未知)의 세계처럼 느껴지는 지역이 있다면 그게 바로 중남미 지역이다. 캐나다와 미국 그리고 그 아래의 멕시코까지만 하더라도 왠지 모르게 익숙하고 낯설게 들리지 않지만 파나마, 과테말라, 베네주엘라, 우루과이, 칠레, 페루, 볼리비아 라고 하면 '또 다른 세상'처럼 느껴지는 게 사실이다. 그런데 비즈니스 현장에서 겪어본 중남미 지역은 정말로 또 다른 세상이었다.

몇 년에 걸쳐 중남미 담당을 하고 매달 출장을 가다 보니 내 나름대로 각 국가들이 지닌 고유의 특성을 느낄 수 있었는데 짧게나마 경험을 바탕으로 한 느낌을 이야기해 보자면 우선 칠레는 '중남미에서 선진국이 될 수 있는 나라가 있다면 여기가 아닐까?' 하는 생각을 갖게 하는 나라였다. 우리에게는 알려진 것이 많지 않은 나라이지만 칠레는 군

사독재의 국가로도 알려졌지만 반대로 비즈니스 환경이나 규율은 다른 중남미 국가들에 비해서 훨씬 안정적인 국가로써 국제무역에 있어서 기본 중의 기본인 신용장(L/C, letter of credit)을 은행에서 문제없이 개설할 수 있는 국가가 남미에선 칠레 정도였다.

아마 독일계 이민자가 많고 군사 정부 통치의 영향 때문인지 남미 국가중에서는 엄격한 사회 규율을 유지하고 있어서인지는 몰라도 칠레 거래선과의 거래는 안심이 되곤 했다. 더욱이 칠레는 한국을 자신들의 경제발전 모델로 삼아 공무원들을 한국으로 연수를 보내는 등 한국 및 한국기업들에 대한 이미지가 좋다. 입국 심사시에도 여권에 꽂혀 있는 명함을 보면 먼저 한국과 한국의 기업에 대해서 좋은 이야기를 하는 경우도 많았다.

그런가 하면 '엄마 찾아 삼만리'의 배경이기도 하고, 미국의 톱 가수 마돈나가 주연을 했던 영화 '에비타(EVITA)'의 무대인 아르헨티나는 쓸쓸한 과거의 영광과 무거운 현재의 공존을 느끼게 하는 나라였다. 과거의 화려한 영화를 잃고 몇 번의 국가 디폴트까지 선언할 정도로 추락한 아르헨티나는 이태리계 이민자가 많고 빈부의 차가 심하다. 남미 국가이면서도 자신들은 유럽인이라고 할 정도로 독불장군식의 행동을 해서 남미 지역 안에서도 따돌림을 당하는 국가로 여겨지기도 한다. 1982년 영국과 포클랜드섬 (아르헨티나에서는 '말비나스 섬'으로 부른다)의 영유권을 놓고 전쟁을 치룰 때 오죽하면 다른 남미국가의 국민들이 영국을 응원하였다고 할까?

그런 아르헨티나는 출장을 갈 때마다 안타까움을 느끼게 되는 나라였다. 부에노스아이레스(Buenos Aires), 즉 '좋은 공기'라는 수도명이 의미하듯이 바다의 해풍의 향기가 나는 듯한 공기와 맑은 날씨가 매혹적이지만 개보수가 제대로 되지 않아 낡고 우울한 느낌의 건물들과 영화에서나 볼 수 있을 듯한 오래된 자동차들 그리고 활기 없이 거리를 거니는 사람들은 암울한 경제현실을 반영하고 있었다.

그리고 1980년대 한때 아르헨티나로의 이민이 유행을 한 적이 있어서인지 부에노스 아이레스에도 한인 밀집 지역이 있는데 그 이름이 '백구촌'이라고 불린다. '백구촌'이라는 이름의 유래를 물으니 한인 사람들의 가구수가 109세대라 백구촌이라고 불리었다는 설, 흰 강아지라는 뜻의 백구라는 설 등이 있다고 하는데 정설은 한인들이 사는 지역이 109번 버스의 종점이기 때문에 그렇게 불렸다는 것이다.

하지만 중남미 지역을 통틀어서 개인적으로 가장 흥미로운 곳은 뭐니뭐니해도 브라질이다. 다른 남미국가들이 스페인어를 사용하는 반면 브라질만은 포르투갈어를 사용한다. '따봉~'이라는 TV CF로 잘 알려져 있는 브라질의 면적은 미국, 중국, 러시아, 캐나다에 이어 세계 5위를 차지하고 있고 2억 1천만명 인구 역시 세계 5위이다. 따라서 중남미에선 가장 큰 규모의 국가이며 스스로도 남미의 맹주라는 자부심이 강한데 이는 흡사 아시아에서 중국이 스스로를 생각하고 있는 듯한 느낌과 같았다.

인구 약 11백만명의 상파울로(Sao Paulo)에는 레스토랑과 극장 숫자가 미국 뉴욕 보다 많다고 할 정도로 복잡하고 큰 대도시이다. 처음 상파울로에 도착을 했을 때는 도로에서 브라질 현지 생산되는 수많은 폭스바겐(Volkswagen) 차량들을 보며 마치 독일의 어느 도시에 온 듯한 착각이

들기도 하였다.

남미에서도 시장크기는 가장 크지만 브라질코스트(Brazil Cost)라는 말이 있을 정도로 복잡하고 높은 관세, 관료주의, 불안한 치안 등 외국기업들이 브라질에서 사업을 하는 것은 많은 어려움이 있다. 외국기업들이 자신들의 시장에 물건을 팔고 싶으면 국제무역의 통상적인 방식보다는 자신들의 방식을 따르라는 억지를 부리곤 했다. 그래서 브라질 시장의 크기와 수주 금액에 현혹되어 섣불리 계약을 하고 물건을 공급했다가 판매 물대를 받지 못하고 손해 보는 경우가 적지 않은 것이 브라질 사업의 리스크였다. 적어도 비즈니스에서 만큼은 브라질은 결코 '따봉'이 아니었다.

그렇지만 남미 담당자로서 중남미 최대시장인 브라질 시장을 빼놓을 수는 없어서 반드시 개척해야 하는 시장이기도 했다. 당시 수출을 위해 협상을 진행하던 브라질 업체가 이야기하는 물량은 다른 중남미 국가들과 보통 10배 이상 차이가 날 정도의 큰 규모였다. 그렇지만 브라질 업체와의 협상은 많은 시간과 인내심을 필요로 했다. 자신들이 약속했던 내용을 바꾸기는 일상이었고 대금결제나 여러 조건들이 국제무역의 정상범위를 벗어난 요구를 하였다.

출장을 와서 얼굴을 맞대고 협상을 할 때는 합의를 한 것처럼 이야기하지만 다시 한국으로 돌아가면 약속을 깨고 또 다른 황당한 요구를 하는 것이 일상이었다. 협상의 최종단계에 접어들어서는 다른 남미국가를 방문하고 다시 브라질로 돌아오는 등 남미 출장을 6주까지 연장을 하면서 끈질기게 협상을 한적도 있었다. 해외거래선과 협상을 하고 딜을 만든다는 것이 어느 한쪽의 일방적인 승리를 의미하는 것이 아니기 때문에 그 브라질의 업체와는 하나 하나씩 이슈를 좁혀 나가면서 비즈니스를 끈질기게도 진행했다.

결국 마지막에 남은 이슈는 항상 대금결제 방법이었는데 그들의 요구는 '여신(외상)'을 달라는 것이었다. 즉 브라질 업체에서는 제품을 구매하기 위해 물건값을 선지불 (T/T, Telegraphic Transfer) 하거나 국제무역의 대금결제의 기본인 신용장(LC, Letter of Credit)의 개설하지 않고, 외상으로 물건을 받기를 원하는 것이었다. 남미 등 일부 국가에서는 신용장 개설의 번거로움과 수수료 비용의 이유를 들어 개설을 꺼려 한다. 하지만 여신거래를 주장하는 것은 만일 어떠한 이유로든지 판매가 자신들이 생각한 만큼 좋지 않을 경우에는 물건대금의 인하를 요청하거나 지불을 유예하고자 하는 리스크가 있다는 것을 의미했다.

그럼에도 거래선과 끈질긴 협상과 관계개선을 통해서 결국 거래선은 신용장 개설을 하였고 나는 팀 전체에서 가장 큰 수주 금액의 오더를 확정할 수 있었다. 당시 본부에서 신제품으로 개발한 제품을 판매하기 위해 설립된 신규 영업팀에게 이 브라질의 수주는 가뭄의 해갈과 같은 소식이었다. 거래선 이름인 까룽가(Kalunga)를 따서 이 수주를 본부에서는 "까룽가(Kalunga)의 기적"이라고 불렀다. '끝날 때까지 끝난 것이 아니다 (It ain't over till it's over.)'라는 뉴욕 양키즈의 레전드 요기 베라의 말처럼 결국 나, 패트릭은 그 길고 지루한 게임에서 승리했고 브라질 수주를 기념하기 위해 계약서를 액자로 만들기도 했다. 그만큼 나에게는 해외영업의 성취감을 맛보게 해준 경험이었다.

해외 거래처와의 비즈니스 경험이 없는 사람들을 위해 부연설명을 좀 해보자면 국제무역에서 신용장(L/C, Letter of Credit)이라 함은 수출자와 수입자의 원활한 무역을 증진시키기 위한 은행의 지급보증 방법이다. 수입자의 요청 시, 수입자의 거래은행(Issuing Bank)이 수입자(Applicant)의 신용을 보증하여 신용장 개설한다. 이를 근거로 수출자 국가의 은행(Negotiating Bank)은 수출자(Beneficiary)에게 수출대금을 지급해주는 것이다.

아주 간단하게 말하면 신용장 방식은 수입자든 수출기업이든 계약서에 서명을 했지만 상대방을 전적으로 신뢰하고 일을 진행하기에는 리스크가 크기 때문에 대신 상대방이 거래하고 있는 은행은 믿을 수 있지 않느냐? 그렇기 때문에 그 은행에서 거래에 대한 보증을 서고 수수료를 떼가는 방법을 말한다.

하지만 결국 수입업자가 어떠한 이유 에서라도 수입한 물건의 대금 지불을 안하게 되면 수출자 국가의 은행(Negotiating Bank)은 수출자에게 이미 지급해주었던 수출대금을 회수할 수 있는 권리를 가지고 있다. 이를 소구권(Recourse Right)이라고 하는데 수출자가 신용장 거래를 했음에도 아직 잔존 리스크가 있게 되는 것이다.

참고로 당시 브라질 거래선이 개설한 신용장은 usance L/C 180days (기한부 신용장)이었다. 끈질긴 협상을 통해 거래선이 요청한 여신거래는 하지 않고 신용장을 개설하였지만 통상 30~120days까지 주게 되는 신용장의 대금 결제일을 180days까지 늘린 신용장으로 합의를 하였던 것이다. 따라서 리스크가 있는 여신거래 조건은 회피를 하였으나 180일 신용장 역시 잔존 리스크가 있었다.

나는 브라질에서 당시 사업부에서 가장 큰 금액의 수주를 했지만 만에 하나 발생할지도 모를 180일 후에 수입자의 대금 미결제 리스크가 걱정이 되었다. 따라서 이 잔존(殘存) 리스크를 없애고 싶었다. 따라서 금융팀과 협의를 하고 당시 일반적으로 신용장 거래 시 주거래 은행이던 국내은행 대신 HSBC 은행과 비록 수수료율은 더 높았지만 은행이 소구권을 완전히 포기하는 포페이팅(Forfaiting) 금융기법을 이용해서 혹시 모를 브라질 거래선의 지불거절 사고 리스크를 완전히 없앨 수 있었다.

당시 국내 은행들은 포페이팅 금융서비스를 제공하지 않고 있었기에 어쩔 수 없이 외국계 은행인 HSBC와 거래를 진행할 수밖에 없었다. 이 브라질 거래에 대한 설명은 별도의 페이지에 담았다. 3국 무역과 L/C거래 그리고 포페이팅에 대한 간략하지만 참고가 될 것으로 생각한다.

포페이팅(Forfaiting)은 일종의 '깡'

어렵사리 체결한 브라질 거래선과의 계약에서 일말의 리스크까지 없애기 위해서 사용한 '포페이팅'은 결국 우리가 너무나 잘 아는 '깡'의 일종이다. 미리 돈을 받는 대신 일정 비율을 제하고 돈을 받고, 깡을 해준 사람이 그 리스크를 감당한 대가로 만기때 거계약금액을 전액 가져가는 방식.

중남미(中南美) 거래선들과 사업을 하는데 성급함과 조급함은 사고의 원인이 된다. 단 한번의 사고는 기존 열번의 성공했던 거래 보다 피해가 크다. 우리와 다른 문화와 관습 그리고 상거래 방식을 가진 것에 대해서 공부와 깊은 이해가 필요하며 더불어 현지 상관습에 대응할 준비가 되어 있어야 한다. 절대 조급해서는 안된다. 무모한 '깡'만 갖고 덤볐다가는 백전백패하는 곳이 중남미 시장이다. 요약을 해보면 중남미 시장은 time lag, season lag 그리고 business lag도 있다.

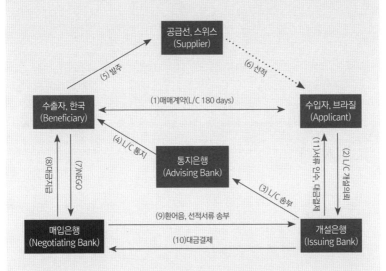

브라질 Kalunga L/C 180 days 거래 (일반 NEGO 시 리스크)

- ○ 3국 무역거래로 수출자(삼성)와 수입자(Kalunga, 브라질)의 L/C 180days 매매계약이 기본임. 수출자는 제품을 해외공급선(스위스)에서 소싱을 함. 따라서 제품은 스위스에서 브라질로 선적됨
- ○ 수출자(삼성)는 수입자의 요청으로 개설은행이 오픈한 L/C를 수출국인 한국의 매입은행(Negotiating Bank)에서 NEGO를 하여 LC 만기일인 180days가 도래하기전에 수출대금을 수취함
- ○ 매입은행(Negotiating Bank)는 브라질의 수입자가 L/C만기일 이후에 대금지급을 하지 않을 경우, 수출자에게 지급했던 대금을 다시 회수할 수 있는 소구권(Recourse Right)이 있다.
- ○ 따라서 수출자는 L/C거래를 했음에도 수출대금에 대한 리스크가 남아 있게 된다.

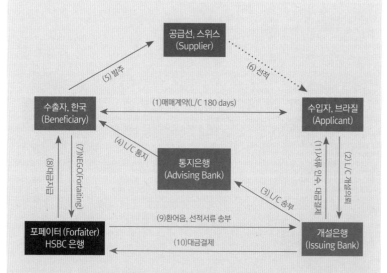

브라질 Kalunga L/C 180 days 실제 거래 (포페이팅(Forfaiting) 활용)

- 수출자는 포페이팅(forfaiting)을 통해 소구권을 없애고(Without Recourse) L/C를 NEGO 할 수 있다.
- 포페이팅(forfaiting)이란 수출자가 포페이터(forfeiter, 이 경우는 HSBC은행)에게 소구권이 없는 조건으로 고정이자율로 환어음을 양도하는 국제 무역금융 기법이다.
- 수출자는 일반 매입은행의 NEGO보다 높은 포페이팅 수수료를 내야 하지만, 수출대금에 대한 리스크를 없앨 수 있는 것이 가장 큰 장점이다.

PART 03

세계를
누비기 위한
준비

패션은 매너이자,
나를 표현하는 비즈니스 언어

글로벌 비즈니스 무대에선 남들에 비쳐지는 모습 역시 중요한 경쟁력이고 필수적인 매너이자 비즈니스 언어이기도 하다. 소득수준이 높아진 요즈음에는 우리 나라 직장인들의 패션은 세계 어느 곳에 내놓아도 손색이 없는 수준이다. 그만큼 옷차림에 관심이 많고 옷을 멋지게 입는 사람들도 많아 졌다.

하지만 그럼에도 글로벌 무대에서 바쁘게 진행되는 해외출장 시에 T.P.O. (Time, Place, Occasion)에 맞게 출장 복장을 준비하기 위해선 연습과 공부가 필요하다. 만일 옷 입는 연습 자체가 안되어 있는 경우가 있을 수 있다. 혹시 나만 편하면 되지라고 생각하고 있다면 지금 부터라도 생각을 바꾸기를 권한다. 물론 피곤한 출장길에 '나만 편하면'은 아니더라도 출장목적을 최대한 달성하기 위해선 비행기 이동중, 호텔 휴식, 여유시간 등 '내가 편해야'할 경우가 있기는 하다. 하지만 이 역시 때와 장소를 가려야 함은 물론이다.

이렇게 제한된 상황에서 어떻게 하면 프로페셔널한 비즈니스맨의 모습을 위한 T.P.O에 맞는 의복과 준비물을 챙겨야 할까? 출장가방에 여러 벌의 양복을 챙겨가는 것이 쉽지 않고 한 벌의 양복을 몇일 연속으로 입어 바지가 구깃구깃 해졌는데 호텔에서 다려서 입을 시간도 없는 빡빡한 일정이라면 어떻게 품위 있고 프로페셔널한 비즈니스맨의 모습을 유지할 수 있을까?

출장 시 내가 추천하는 비즈니스 의복은 '블레이저(Blazer)'이다. 아쉽게도 아직도 우리나라에는 블레이저의 개념과 이를 즐겨 입는 직장인들이 많지 않다. 하지만 블레이저를 잘 코디하고 매치하면 더없이 훌륭한 출장 비즈니스 복장이 된다. 블레이저란 보통 짙은 곤색의 콤비(세퍼레이트) 자켓을 의미하며 멋을 내기위해 금장, 은장의 단추를 달고 입지만 비즈니스 개념에 좀더 충실하거나 진지한 모습을 위해선 짙은 색의 뿔 단추를 추천한다.

이럴 때 블레이저와 매칭이 되는 회색 팬츠 2장 그리고 다양한 드레스셔츠만 준비한다면 완벽한 비즈니스 슈트가 된다. 블레이저에는 회색 팬츠와 블루셔츠를 입는 것이 가장 기본이지만 화이트, 스트라이프, 연한 핑크색 등의 다양한 드레스셔츠가 잘 매칭이 되므로 예의에 벗어나지도 않으며 한껏 여러분의 멋과 패션감각을 살려줄 수 있다. 더욱이 블레이저 자켓에는 치노 면바지 혹은 청바지도 멋진 조합이 되므로 출장 이동간이나 좀더 캐쥬얼한 미팅에도 훌륭한 비즈니스 복장이 된다. 블레이저는 이렇게 출장에서 만날 수 있는 대부분의 상황에서 크게 예의에 벗어나지 않을 수 있는 옷차림이다.

그래서 나의 출장 양복은 항상 블레이저 자켓이다. 여름, 봄가을, 겨울용의 블레이저를 준비해서 계절에 따라 입는다. 사실 블레이저를 너무 애용해서 출장이 아닌 평소 근무 시에도 블레이저는 나의 유니폼과도 같다. 출국이나 귀국시에 너무 캐주얼한 복장이 맘에 걸린다면 청바지와 남방위에 블레이저 자켓만 매치해도 예의를 벗어나지 않는 세련된 모습을 연출할 수 있다. 게다가 자켓만 출장가방에서 빠져도 가방에 스페이스가 많이 생기고 짐 싸기가 훨씬 수월 해진다. 이는 상황상 기내용 가방만으로 일주일 이상의 출장을 진행해야 할 경우라면 더욱 유용한 짐 꾸리기가 될 수 있다.

많은 출장길에 느낀 안타까운 점 중에 하나는 장거리 비행기 이동을 하는 출장 중에도 넥타이를 매고 한 벌의 양복을 갖춰 입고 비행기를 타는 직장인들이 의외로 많다는 점이다. 양복을 입고 비행기를 타고 출장 가는 이유 중에는 앞서 이야기한대로 출장가방의 스페이스 부족한 경우도 있을 것이고 회사의 내규일 수도 있다. 하지만 현지 출장에서 거래선과 미팅 입을 양복을 10시간이 넘는 비행이동에도 입고 가는 것은 옷의 구겨짐이나 장거리 이동중에 조금이라도 휴식을 취해야할 출장자 자신에게도 바람직하지 않다.

물론 한국인들의 해외여행 유니폼이라고 하는 등산복 셋트를 상하로 입고 비즈니스 출장을 떠나는 것도 꺼려지는 것이 사실이다. 이럴 경우에도 블레이저 자켓과 청바지 혹은 면바지 그리고 편한 셔츠의 매칭 한다면 글로벌 비즈니스맨으로써 멋과 격식을 잃지 않는 동시에 출장자에게도 좀더 편한 차림이 될 것이다. 블레이저 이외에도 얇은 스웨터류와 바람막이용 점퍼 등 부피가 부담이 되지 않으면서 현지에서 날씨에 따라 긴요하게 활용이 가능한 의류들을 챙기는 것도 출장 시 건강과 멋을 챙기는 유용한 팁이다.

대부분의 출장은 단독으로 진행하였다. 독일 출장 중 셀카놀이. 이날 역시 나의 전투복은 블레이져와 회색바지였다.

비즈니스맨으로써 누구보다 옷차림의 중요성에 대해 잘 알고 있는 나이지만 '저런 게 몸에 밴 정식 패션 매너로구나'하는 것을 목격한 일이 있다. 이번에도 브라질 출장 때의 에피소드인데 현지직원과 상파울로에서 다른 지방도시를 방문해서 1박을 해야 했다. 나야 한국서 남미출장 중이었으므로 내 출장가방을 가지고 갔지만 반면 상파울로에 살고 있던 현지직원은 단 하루 지방출장을 가는 것 임에도 커다란 보스톤백 가득이 짐을 싸가지고 왔다.

저녁을 먹으러 가자고 그 직원 방에 들렀을 때 꺼내어져 있는 옷과 신발을 보고 나는 깜짝 놀랄 수밖에 없었다. 신고 있는 신발 외에 추가 2켤레와 각종 옷들을 침대 가득히 꺼내 놓고 정리 중이었던 것이다. 나는 단 하루 출장에 무슨 옷과 신발을 이렇게 많이 가져왔냐고 묻자 그는 다 입고 신어야 할 것을 가져왔을 뿐이라고 태연하게 대답을 했다.

사실 그 직원은 지사의 현지 직원들 중에서도 부유한 집안의 출신이라고 이야기를 들었었다. 그는 자라면서 T.P.O.에 따른 옷차림에 대해 자연스럽게 익혀왔던 것이다. 단 하루의 지방 출장에도 입고 있는 옷 외에 거래선과 미팅 시 입을 옷, 자유시간에 입을 옷, 잠옷 등 여벌의 옷과 신발을 가방 가득이 챙겨왔던 것이다.

물론 부유한 사람들 만이 복장 T.P.O.를 지켜야 한다는 규칙은 없다. 매너는 강요가 아니고 몸에 배서 자연스럽게 밖으로 나오는 것이니 글로벌 비즈니스 프로로써 T.P.O.에 따른 모습을 보여준다면 비즈니스 매너를 지키며 자신의 세련된 감각을 보여줄 수 있는 절호의 찬스 인 것이다.

해외출장 중 T.P.O. (Time, Place, Occasion)에 맞는 복장을 준비하는 것은
비즈니스 매너의 기본이다. 여러 벌의 양복을 챙겨 가기 어려울 때
구세주와 같은 것이 블레이저(Blazer)자켓이다.
자신에게 맞는 멋진 블레이저 자켓 하나면 출장 중 비즈니스 미팅은 물론
다양한 캐쥬얼 룩을 퍼팩트 하게 완성시켜 준다.
블레이저는 프로페셔널한 글로벌 비즈니스맨의 필수 아이템이다.

블레이저(Blazer)와 출장 중 완벽한 코디법

네이비 블레이져(Blazer) 자켓의 장점이자 편리함은 팬츠와 셔츠를 어떻게 코디하느냐에 따라서 포멀, 인포멀, 캐쥬얼 룩을 다양하고 세련되게 표현할 수 있다는 점이다.

블레이져 자켓에 회색 울팬츠 그리고 블루 혹은 화이트 셔츠와 전통적인 레지멘탈 타이면 어떠한 국제 미팅과 회의에서도 완벽한 글로벌 비즈니스맨의 아웃룩이 된다. 저녁 식사와 모임 등의 인포멀한 자리에서 노타이로 연출하는 블레이져의 캐쥬얼 룩은 기본적인 예의를 갖추

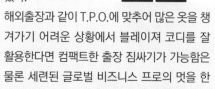

면서도 편안하고 친근한 이미지를 전달할 수 있다.

해외출장과 같이 T.P.O.에 맞추어 많은 옷을 챙겨가기 어려운 상황에서 블레이져 코디를 잘 활용한다면 컴팩트한 출장 짐싸기가 가능함은 물론 세련된 글로벌 비즈니스 프로의 멋을 한껏 낼 수 있다.

또한 출장 이동 시에 치노(Chino) 면바지 혹은 청바지에 블레이져를 매칭한다면 당신의 댄디한 감각에 상대방은 감탄을 하게 될 것이다.

들뜨기 쉬운 해외출장,
망가지기 쉬운 자기관리

　입사(入社) 두 달만에 첫 유럽출장을 다녀온 이후 나의 출장은 끊임 없이 이어졌다. 한달에 많게는 4번 보통 1년에 20회 이상의 출장이 진행되었다. 예를 들어 구매업무를 위해선 유럽과 중국을 그리고 영업업무를 위해선 중남미로 출장을 가야했다. 한국에 있을 때에는 시차에 따라 오전엔 중남미와 아시아지역 오후에는 유럽과 통화를 하였다. 그리고 남미, 유럽, 러시아, 중국, 일본, 홍콩, 인도, 미국 등 지역을 가리지 않고 맡은 업무에 따라서 지속적으로 출장을 다녔다. 한달에 1주일 내외의 시간만을 본사에 근무하는 나를 직원들은 우스개 소리로 본사로 출장을 온다고 이야기를 할 정도였다.

　신나고 재밌던 출장도 1년에 20회를 넘기는 수준이 되자 점차 몸에 피로가 쌓였다. 역시 출장이 적지 않던 동료들의 "출장 몇 년 만에 몸무게가 십키로 이상 늘고 배가 이만큼 나왔다" "풍성하던 머리가 빠져 대머리가 되었다" 등의 한탄에 나도 슬슬 걱정이 되기 시작했다. 업무 출장이라는 것은 해외에 놀러가는 것이 아니다. 분명히 출장의 목적이 있고 이를 달성해야 하는 정신적인 스트레스가 가장 큰 것이었고, 물리적으로는 다른 시차, 날씨 등에 따른 육체적인 스트레스와 피로 또한 만만치 않기 때문이다.

예를 들어 남미출장의 경우 비행시간만 20시간이 넘는다. 중간에 갈아타고 대기하는 시간 등을 합치면 약 30시간 이상의 이동시간이 소요되는 강행군이다. 그러니까 한국서 떠난 남미 출장은 한국시간기준으로 약 이틀후에 현지에 도착을 하게 되는 셈이다. 이렇게 먼 중남미 담당을 약5년간 하면서 나는 매달 중남미 출장을 진행했는데 한번 출장에 최소 4개국 방문 및 기간은 2주 이상이 기본 원칙이었다.

그리고 남미까지의 비행은 큰 움직임 없이 좁은 비행기 좌석에 앉은 채로 고칼로리의 기내식은 5번이나 먹게 된다. 게다가 현지에 도착하면 거래선들과의 식사와 술 등을 피할 수 없고 따라서 철저한 자기관리를 하지 못하면 육체적으로 비만을 비롯해 건강에 이상이 오기 십상이다.

이러한 환경에서 내가 자기관리를 위해 한 것은 꾸준한 '운동'이었다. 학생때부터 수련하던 '검도(劍道)'를 입사 후에도 계속 수련했다. 특히 출장 복귀 후 시차적응 및 출장 중에 본의 아니게 섭취하게 되는 고열량(高熱量)의 식사와 과식 그리고 스트레스 조절을 위해선 땀을 흠뻑 흘리는 운동이 절대적으로 필요했다. 30시간이 넘는 중남미 출장을 비롯 어느 국가의 출장이던지 귀국하여 집에 도착해서 검도 도장에 갈 시간이 된다면 아무리 피곤해도 죽도와 호구를 챙겨 들고 도장으로 갔다. 도장에서 흠뻑 땀을 흘리고 운동을 마치고 숙면을 취하면 귀국후의 빠른 시차적응에도 훨씬 도움이 되었다. 지속적인 검도 수련은 나중에 러시아 지역전문가 파견과 유럽 주재원 근무 시에도 업무 스트레스 해소와 건강을 지키는 역할을 톡톡히 해주었다.

아직도 계속하는 있는 검도(劍道) 수련에서 거친 호흡이 정수리까지 차오르면 어느샌가 남김없이 나자신을 소진했다는 작은 성취감을 느끼게 된다. 검도에서 나는 비즈니스의 원리를 배웠다. 남김없이 쏟아부어 최선을 다하라는. 그게 '밀리언 마일러'가 될 수 있었던 이유인지도 모르겠다.

물론 출장 중 묵게 되는 호텔에 휘트니스 센터가 있다면 이용을 하는 것도 방법이다. 나 역시 한때는 운동화와 운동복을 챙겨서 휘트니스 센터를 이용한 적도 있다. 하지만 제한된 출장비로 묵게 되는 호텔의 수준에 따라 휘트니스 센터는 없는 곳이 더 많다. 또한 출장 가방에 차지하게 되는 운동화의 부피도 상당하다. 따라서 출장 중에 멋지게 호텔에서 휘트니스를 하고 업무를 진행하는 것은 내 경우에는 그리 효과가 없다는 것을 깨달았다. 따라서 평소에 꾸준히 운동을 하고 몸을 만드는 것이 출장이 잦은 해외영업 담당자들에게는 매우 중요하다.

앞에서도 얘기했지만 개인마다 차이가 있겠지만 출장 도착국가의 시차적응을 위해서 나는 출장 이동 비행기안에서는 되도록이면 잠을 자지 않는다. 출장국가로 가는 비행 시간 동안 비록 좁은 좌석이지만 준비한 출장자료를 조용히 집중해서 검토를 하는 중요한 시간으로 사용하고 있다. 한국과 출장지에서 바쁜 일상과 달리 비행기의 이동 시간은 내게는 여러가지 생각의 정리를 할 수 있는 귀중한 시간이 될 수 있다.

그리고 수많은 출장을 다니면서 체득한 노하우 중 하나는 도착한 국가의 현지 시간에 맞추어 생체리듬을 맞추는 노력을 한다는 것이다. 아침에 도착하는 경우에는 당연히 거래선과의 미팅 등 새로운 하루를 시작하는 것이고 오후에 도착한 국가는 비행에 피곤하고 노곤하더라도 저녁 식사 후 현지시

출장 가는 비행기안은 생각을 정리하는 귀중한 시간이 된다.

간으로 정상 취침시간을 지킨다. 물론 몸에 이미 맞춰진 한국 시간 때문에 예를 들어 유럽으로 출장을 가게 되면 몇일 간은 어쩔 수 없이 새벽 3~4시경 잠을 깨게 되기 쉬운데 유럽의 새벽 4시가 우리의 출근 시간이므로 출장지에서 새벽부터 한국과 교신 등 업무를 일찍 시작하는 경우가 다반사이긴 하지만 가급적 빠른 출장 시차적응을 위해서 무조건 현지시간에 따라서 생활을 하는 것이 좋다.

그리고 해외출장 중에 본인이 좋아하던 안 좋아하던 간에 빠질 수 없는 것이 술자리인데 현지 거래선의 입장에서는 매너 차원에서 라도 외국서 온 손님을 대접하고자 할 것이다. 또한 현지 지사가 있는 경우에는 본사 출장자와의 식사자리에서 회포를 풀면서 빠질 수 없는 것이 술 한 잔이기 때문에 출장에서의 술자리는 필연적인 순서라고 할 수 있다. 국가마다 차이가 있지만 중국을 포함한 아시아권에서는 손님에 대한 접대와 환대의 의미가 중요하기 때문에 출장 시 이러한 술자리를 피하기는 쉽지가 않다.

러시아 등 일부 국가에서는 한국의 소주보다 훨씬 독한 보드카와 같은 술을 즐겨 마시므로 외국에 온 기분에 특히 시차가 있는 피곤한 몸 상태에서 과음은 자칫 큰 문제를 일으킬 수 있다. 따라서 출장 중에 술자리는 평소의 주량보다 적게 마셔서 과음이 되지 않도록 본인 스스로의 자제와 절제가 반드시 필요하다. 대부분의 경우 출장자인 나 혼자와 상대측 여러 명과 술자리를 갖게 되는 경우가 많기 때문에 본인이 미리 적당한 선에서 제어를 하지 않으면 낭패를 보기 십상이다. 따라서 자신만의 과음을 하지 않고 요령껏 술을 마시는 노하우도 가지고 있어야 한다.

브라질 출장을 자주 예로 들게 되는데 옆 부서 J대리도 상파울로에서 이미 출장을 와있었다. 남미 담당으로 출장을 자주 다니던 나와 달리 J대리는 브라질이 처음이었다. J대리는 한국서 가기 힘든 브라질 출장에 들떠 있는 모습이 역력했다. 보통 출장자가 여러 명일 경우 주재원 혼자서 출장자를 모두 챙기며 모든 미팅을 함께 할 수는 없다. 보통 미팅의 중요도에 따라서 주재원은 해당 출장자와 미팅을 참석하게 된다. 하지만 거래선과 석식이 없는 경우에는 주재원은 비록 다른 부서의(혹은 다른 회사) 출장자들이라도 담당 현지직원들과 다같이 식사를 하는 것이 관례이다. 이때도 주재원, J대리와 나 그리고 담당 브라질 현지 직원들과 함께 저녁식사를 하게 되었다. 한식당에서 식사와 함께 간단히 반주 한잔으로 식사를 마쳤다.

다음날 아침에 J대리와 주재원은 거래선 미팅이 있었기 때문에 호텔에서 바로 미팅을 하러 가기로 되어 있었다. 그런데 주재원이 호텔로 왔지만 J대리는 약속시간에도 로비에 나타나지 않았다. 묵고 있는 방으로 전화를 해도 응답이 없었기 때문에 주재원과 나는 혹시나 해서 직접 방으로 가서 문을 두드리며 J대리를 찾았다. 그런데 호텔 방문을 한참 두드린 후에야 J대리가 아직 잠이 깨지 않은 부시시한 모습으로 방문을 열었다. J대리도 어쩔 줄 모르고 당황을 하고 있었다. 주재원은 사고가 난 것이 아닌 것에 가슴을 쓸어내렸다.

알고 보니 J대리가 아침에 일어나지 못했던 것은 전날 식당에서 석식 후에 담당 현지직원과 의기투합해서 2차로 한잔을 더 했던 때문이었다. 12시간의 시차와 긴 비행에 따른 피곤함이 아직 가시기전에 한국에서는 충분히 마실 만한 주량이라고 생각을 했던 것이다. 결국 J대리는 세상 모르고 잠에 골아 떨어졌던 것이다. 다행히 서둘러서 미팅을 위해 출발을 했지만 J대리는 나와 주재원에게 연신 머리를 숙이었다. 장거리 출장으로 도착한 첫날에는 절대로 평소 주량에 못 미치는 정도만 마시는 게 좋다.

J대리의 해프닝처럼 출장 중에 술로 생기는 무용담과 에피소드는 훗날 재밌는 이야기 거리가 될 수도 있다. 하지만 자칫하면 무용담이 아닌 개인적인 망신은 물론 회사와 국가 이미지에도 문제가 될 수도 있음을 명심해야 한다.

자칫 방심하게 되면 잦은 해외출장은 건강을 해치는 지름길이 되기도 한다.
출장 스트레스와 여독을 풀 수 있는
꾸준한 운동과 건강관리는 글로벌 프로의 기본이다.

3

세계인이 되자. 현지 음식과 문화(文化)를 체험해라

'비빔밥 주세요'

'저도 비빔밥이요'

'저도요'

불과 두어 시간 전, 인천공항을 떠난 출국 비행기이지만 첫 기내식 메뉴를 고를 땐 벌써 이런 말을 자주 듣게 된다. 이륙 후 식사 시간이 되면 보통 비빔밥을 포함해서 2~3가지정도의 기내식들이 제공되는 데 언제나 한국인 승객들에게는 비빔밥이 최고의 인기 메뉴인 것이다. 불과 몇시간 전에 한국을 떠난 승객들임에도 대부분은 비빔밥을 먹기 원해서 결국 싣고 간 비빔밥 숫자가 모자라는 일이 항상 발생한다. 게다가 비빔밥을 못 먹게 되면 승무원에게 불만을 이야기한다는 것이다. 우리들의 한식(韓食)에 대한 유별난 사랑인 셈이다.

그렇게 많은 출장을 다녀본 나도 마찬가지이지만 출국편의 항공기가 아니고 귀국편이라면 출장과 여행에 지친 승객들이 빨리 한식이 먹고 싶어서 일 것이라고 이해가 될 것이다. 하지만 출국 비행기에서부터 한국인들의 한국음식 선호는 결국 출장간 현지에서도 주로 한국음식점을 찾게 되는 것이다. 아직도 많은 한국인들은 로컬 음식보다는 친숙한 한국음식을 선호한다. 어쩌면 평생 먹어온 익숙한 음식을 선호하는 것은 당연하고, 입맛에 맞지도 않은 외국 음식을 참아가면서까지 먹을 필요는 없겠지만 이왕 새로운 문화를 접하는 기회라면 현지 사람들과 문화를 가장 잘 느낄 수 있는 로컬 음식점을 찾아 현지인들이 즐기는 현지음식을 시도해 보는 것을 나는 강력히 추천한다.

내게는 출장을 가면 꼭 지키는 규칙이 하나 있다. 그것은 현지음식을 먹고 가능하면 한식을 먹지 않는 것이다. 한식을 싫어하거나 유별난 식습관을 가지고 있어서가 아니라 익숙한 한식 보다는 로컬 음식점을 방문하여 새로운 현지 음식을 시도한다.

어린 시절 아버지의 해외 출장을 가실 때 마다 어머니가 소고기를 넣고 볶은 고추장을 담아서 주시던 것이 기억난다. 차마 김치를 담아서 가지 못하니 볶은 고추장이 그 역할을 톡톡히 했다고 한다. 아버지가 챙겨가신 볶은 고추장은 아침식사 때 마다 같이 간 일행들에게 최고의 반찬이었다고 한다. 토스트에 볶은 고추장을 발라서 드신 것이 외국에서 하루를 힘내서 일할 수 있는 비결이었다는 말씀도 하셨었다.

지금은 아니지만 나도 어렸을 때는 소위 '입이 짧은 아이'여서 가리는 음식도 많았고 못 먹는 음식도 많았다. 다행히 군대를 다녀오고 성인이 되고 나서야 점점 가리는 음식이 없어졌다. 덕분에 여러 나라에 출장을 다니게 되면서부터 음식은 나에게 힘들고 피곤한 출장과 업무를 극복하게 하는 힘이 될 수 있었다. 생전 처음 보고 처음 먹는 음식들이 즐비했는데 맛이 있고 없고를 떠나서 경험해 보는 것만으로도 충분히 의미가 있다고 생각했기 때문이다.

게다가 출장을 가면 식사시간도 불규칙 한 경우가 많다. 거래선과 멋진 식당에서 식사를 하는 경우도 있지만 혼자 식사를 때워야 하는 경우가 오히려 더 많다. 기분상으론 집 떠난 출장때는 괜히 더 배가 고픈 것 같기도 하다. 더구나 아직까지도 한식당이 없는 외국 현지가 훨씬 많은데 이럴 땐 어떻 할 것인가? 맥도날드나 KFC에 가는 것도 방법이기는 하겠지만 그 먼 곳까지 가서 햄버거를 먹는 게 그리 좋은 선택 같지는 않다. 만일 출장 가방에 사발면을 몇 개 챙겨갔다면 아쉽지만 급한대로 한끼의 식사가 될 수 있다.

한 가지 추가 팁, 사발면을 비닐 뚜껑과 내용물을 분리해서 내용물은 밀폐가 되는 비닐봉지에 넣고 사발면 용기를 겹쳐서 넣으면 사발면 여러 개를 챙겨갈 때 부피를 줄일 수 있다. 그리고 1회용 조미김도 사서 캐리어의 가장 자리 빈 곳에 채워 넣으면 내용물이 파손되는 것을 방지하는 범퍼의 역할도 하면서 입맛이 없거나 식사를 할 때 먹으면 좋다.

그렇지만 내가 추천하는 것은 과감히 현지 음식을 시도하고 즐기라는 것이다. 혼자 현지 식당에 들어가는 것도 용기가 필요하고 주문하기도 불편하고 입맛에 안 맞을 수도 있다. 하지만 여러분의 이러한 시도가 현지 거래선들과의 친교를 쌓는데 훌륭하고 재밌는 대화거리가 될 수도 있다. 요즈음은 인터넷에 세계각국의 수많은 정보가 넘쳐난다. 따라서 어느 국가의 출장이든지 마음만 먹으면 손쉽게 호텔 근처의 유명한 현지 식당을 찾을 수 있다. 또한 묵고 있는 호텔에 원하는 메뉴와 가격대이 현지 식당을 추천해달라고 하는 것도 좋은 방법이다.

나 역시 여러 국가에서 평생 듣지도 보지도 못했던 음식들을 접하는 기회가 많았다. 중남미 출장의 피로를 한방에 날려주던 페루의 세비체(Ceviche)는 내가 가장 좋아하는 음식이 되었다. 세비체는 해산물이 풍부한 페루에서 발전된 요리로 바다생선 뿐만 아니라 문어, 새우, 관자 등 다양한 해산물을 회처럼 얇게 잘라 레몬즙이나 라임즙에 재운 후 양파 토마토 샐러리 등 각종 야채를 버무려 차갑게 먹는 식전 애피타이저이다. 한마디로 회무침 정도로 이해하면 될 듯하다. 중남미의 대표음식으로 이야기되기도 해서 칠레 등에서도 세비체를 즐길 수 있지만 내 경험상 세비체의 원조국가인 페루의 세비체가 최고이다. 페루의 길거리에서 세피체리아(chevicheria)라도 쓰여진 식당은 세비체 전문식당이므로 현지를 방문할 기회가 있다면 반드시 가볼 것을 추천한다. 현지의 세비체맛을 따라갈 수는 없겠지만 나는 한국에서도 회와 해산물을 사서 직접 세비체를 만들어 먹기도 한다.

요즘에는 한국에도 있는 브라질의 숯불바베큐인 츄라스코(Churrasco)는 육식을 즐기지 않는 나에게도 새로운 세상이었다. 츄라스코는 브라질의 카우보이들이 소의 각종 부위를 토막내어 부위별로 꼬챙이에 끼워서 굵은 소금을 뿌려가며 천천히 숯불에 구워 먹던 요리에서 유래했다. 소고기 외에도 돼지고기 닭고기 소시지 등도 츄라스코에서 즐길 수 있다. 육식을 주식으로 하는 브라질에서 생일이나 결혼식 등 잔치에 빠지지 않는 음식이 바로 츄라스코이다.

츄라스카리아(Churrascaria)는 츄라스코를 전문적으로 하는 식당이다. 현지 츄라스카리아를 방문하게 되면 식당 안을 진동하는 향긋한 고기 굽는 냄새와 테이블 사이를 여유롭게 돌아다니는 많은 종업원들을 볼 수 있다. 흥미롭게도 그들의 양손에는 고기가 가득 채워져 있는 꺼다란 꼬챙이가 들려져 있다. 종업원들 마다 각각 다른 부위의 고기꼬챙이를 들고 테이블마다 돌아다니면서 고기부위를 설명하고 썰어주는 것이다. 또한 테이블 위에는 좌석마다 카드가 한장씩 놓여 있다. 이 카드의 앞면은 녹색 뒷면은 붉은색이다. 이는 테이블의 손님이 카드를 녹색으로 펴 놓으면 각종 부위의 고기를 가지고 돌아다니는 종업원이 그 손님에게 와서 고기를 설명하고 손님이 오케이를 하면 몇 조각 썰어주는 게 된다. 즉, 츄라스카리아의 녹색 카드는 '나는 고기를 계속 먹고 싶다' 라는 표시이다. 반면에 카드를 붉은색면으로 펴 놓으면 '나는 지금 고기를 안먹으니 나한테 와서 고기를 권하지 않아도 된다'는 표시이다.

브라질 상파울로의 유명한 츄라스카리아를 방문했을 때이다. 육식을 즐기지 않는 나는 몇 조각의 고기를 먹으니 벌써 배가 불러왔다. 그래서 카드를 붉은색으로 펴 놓고 숨을 좀 돌리려고 했다. 하지만 외국인 그것도 아시아인이 드물었던 식당에선 종업원들이 내 붉은 카드를 보면서도 계속 친절하게 고기를 먹어보라고 권했다. 결국 그날은 과식을 하게 되어 호텔에 돌아와 잠을 설쳤던 추억이 있다.

중남미의 경험 외에도 우리가 잘 안다고 생각하는 중국도 현지에서 직접 시도한 다양한 음식은 새로운 경험이었다. 책상다리와 비행기만 제외하고 모든 것을 먹는다는 우스개 소리가 괜히 나온 것이 아니라는 것을 느낄 수 있었다. 우리가 동네에서 보는 중국집 음식들이 아니었다. 특히 상대 거래선들의 짓궂은 장난기가 심심찮게 발동되기도 하였다. 냉닭발, 어린 통돼지구이, 자라찜, 벌 튀김, 물방개 튀김, 애벌래찜 등 쉽게 접하지 못했고 입맛에도 그리 맞지 않는 음식들도 많았다. 하지만 언제나 즐겁게 새로운 음식들을 적극적으로 시도했다. 오히려 딱딱한 회의나 미팅 보다는 이런 식사자리에서 상대방과 더 큰 교감을 하고 관계가 돈독해지는 경우도 적지 않았다.

우리들도 외국인들이 땀을 뻘뻘 흘리면서 김치찌개를 먹는 모습을 보면 왠지 더 정감이 가지 않는가? 만일 한국을 방문한 외국 출장자가 햄버거집만 가겠다고 이야기하면 나 역시도 왠지 더 밉상으로 느껴지기도 했다. 입맛과 음식을 가지고 사람을 판단하는 것은 아니다. 하지만 현지 문화에 대해서 열린 마음을 갖는 것은 글로벌 비즈니스맨에겐 선택이 아닌 필수 조건이다.

현지 문화(文化)에 열린 마음은
글로벌 비즈니스 프로의 가장 기본적인 덕목이다.
세계는 넓고 미지의 기회는 많다.
현지 음식과 문화를 열린 마음으로 즐겨보자.

4

식탁위의 기(氣)싸움,
물바퀴튀김, 애벌래찜도 맛있게!

비즈니스 미팅과 협상 후에 거래선과 식사 및 술자리는 친교를 다지는 자리이기도 하지만 서로 간의 눈에 보이지 않는 기(氣)싸움이 미묘하게 벌어지는 시간이기도 한데 특히 새로이 비즈니스 관계를 셋업 하는 과정에 있거나 막 거래를 시작한 상대방과의 식사 및 술자리는 이 기싸움이 더욱 두드러지게 나타난다. 유치한 것 같지만 이는 거래 초기에 상대방에 대해서 조금이라도 우월한 포지션을 미리 선점하여 취하고자 하는 잠재의식에서 비롯된다.

이러한 신경전은 서구 국가의 거래선들 보다는 아시아 국가들의 협상에서 이러한 일들이 좀더 많이 발생을 한다. 전형적인 기싸움 방법은 술자리에서 해외 출장으로 피곤한 상대방 게스트에게 과한 술을 권해서 몸을 못 가눌 정도의 실수를 하게 하거나 상대 국가에서는 접하기 힘든 특이한 음식을 권하여 상대방이 곤란해하는 모습을 보이게 하는 것이다.

다른 나라에서 온 상대방에게 하기에는 짓궂고 매너에 어긋나는 행동 같지만 이기는 하나 실제로 해외 영업현장에서 심심치 않게 벌어지는 일들이다. 어찌 보면 교묘하게 상대방에게 비(非) 매너인 행동을 하는 것이지만 결과적으로는 이를 당한 사람이 오히려 비즈니스 매너를 지키지 못한 것처럼 미안함을 느끼게 되는 일이 되는 것이다. 실수를 너그러이 품어주는 행동을 함으로써 상대방에게 미안하고 신세진 듯한 감정을 은연중에 남기게 하여 실제 비즈니스 관계가 진행될 때에 깐깐하게 업무를 진행하는 것을 막기 위한 일종의 '협상의 방법' 이기도 하다

그날의 저녁 식사도 마찬가지였다. 홍콩 공급선 첫 인사 미팅에서 기존 삼성 담당자들과 삼성에 대한 불만을 쏟아 부었던 여사장과의 첫 저녁 식사였다. 인사 첫 미팅에서 뜻밖의 불만을 들었기에 나 역시 내심 심기가 편하지는 않았다. 그렇지만 앞으로 내가 담당할 중요한 공급선이었기에 첫 저녁식사자리는 나의 인상을 심어주는 중요한 자리였던 것이다.

그녀에게도 첫 대면인 나를 위해 전통 중국 레스토랑으로 나를 초대했다. 여사장은 오후 미팅때의 무례하고 격정적인 모습과는 전혀 다른 상냥한 모습이었다. 공급선에선 여사장을 포함 미팅때는 참석을 하지 않았던 회장 그리고 담당 메니져와 직원 등 4명이 우리측인 나와 홍콩 현지 직원 2명을 상대했다. 중국계 업체들은 회장이나 사장이 술을 정말 좋아하지 않는다면 대부분의 경우에는 술상무 혹은 담당 메니져들이 거래선들과 술을 마시는 경우가 많다. 홍콩 업체들은 중국 업체들과 달리 술상무를 별도로 두지는 않고 담당자들이 이러한 역할도 하게된

다. 이는 해외영업을 담당하는 나 역시 당연히 해야 하는 일이었다.

오후의 미팅과는 달리 서로에 대한 자세한 소개와 여러가지 가십거리 등에 대해서 이야기를 화기애애하게 진행을 하였다. 그러나 나는 식사를 하는 동안에도 그들이 나를 유심히 관찰하고 있다는 것을 직감적 (直感的)으로 느낄 수 있었다. 예를 들어 공급선의 매니져와 직원은 끊임없이 나에게 술을 권하였고 거기에 내가 어떻게 대응을 하는 지 등을 유심히 지켜보았다. 이러한 자리를 슬기롭고 현명하게 대처하기 위해서는 다양한 대화 주제와 위트, 유머가 필수이다.

흥겹게 식사가 이어지고 있을 때 이번엔 여사장의 공격이 들어왔다. 중국 음식의 다양성을 이야기하며 만일 내가 못 먹겠으면 이야기를 하라고 하는 자상함까지 보이며 특별한 음식을 소개하겠다고 하는 것이었다. 나는 어렸을 적에는 정말 가리는 음식, 못 먹는 음식도 많은 입이 짧은 아이였다. 하지만 상사맨으로 전세계를 다니는 글로벌전사가 된 후에는 어떠한 것도 마다하거나 회피를 하지 않았다. 나는 호쾌하게 어떤 것이든지 문제없다 라고 대답을 했다.

그녀는 몇 가지 특별식을 주문했다. 그것은 바로 물바퀴벌레 튀김, 벌 튀김, 그리고 이름도 모를 아주 '통통한' 애벌래찜 이였다. 애벌래찜은 당시에 TV에서 유행하던 극지탐험 프로그램에서나 보던 아주 통통한 애벌레가 잔뜩 들어간 계란찜 같은 요리였다. 여사장은 이 음식이 아주 건강에 좋은 것이라면서 자기가 먼저 숟가락으로 크게 애벌래찜을 떠가서 맛나게 먹으며 나를 쳐다보며 어서 먹어보라는 표정을 지었다.

내 머리속에선 TV 프로그램에서 본 애벌래 먹는 모습이 계속 떠올랐지만 오기가 발동한 나는 이런 걸로 질 수는 없었다. 호기 좋게 보란듯이 더 크게 숟가락 한가득 음식을 퍼서 입속에 털어 넣었다. 아직도 당시에 숟가락 끝에 전해지던 찐 애벌래가 터지면서 느껴지던 '우드득'하던 감촉과 입속에서 '톡톡' 터지던 애벌래 기억이 난다. 이렇게 그날의 신고식 겸 기싸움은 무사히 잘 진행을 하였다.

즐거운 한때. 물바퀴튀김을 짓궂게 강권하던 중국 거래처. 당신, 한국오면 홍어 좀 먹어야겠어!

그후에도 그 공급선과는 팽팽하지만 서로 간에 신뢰와 믿음을 가지고 비즈니스를 진행할 수 있었다. 나 역시 그들이 한국에 방문할 때는 나만의 방법으로 재미와 추억을 선사하곤 했다. 예를 들어 미팅 후에 저녁 식사는 전통적인 삼합집에 데리고 가서 푹 삭힌 홍어회와 막걸리를 우리의 매너에 따라서 융숭히 대접을 해주곤 하였다.

협상(協商),
팔기 힘든 걸 팔고,
사기 힘든 걸
사오는 방법

협상의 전략(戰略) 하나 :
거래선 셋업 준비

종합상사맨의 활약을 묘사하는 이야기 중에 전세계 오지(奧地)를 누비며 '에스키모에게도 에어컨을 판다', '사막에 히터를 판다' 등의 재미난 이야기들이 있다. 이는 상사맨들의 강인한 체력, 불굴의 의지와 영업력을 묘사하는 것일 것이다. 그럼 불굴의 의지와 정신력만 있으면 이러한 해외영업이 가능할까? 치열한 경쟁을 뚫고 해외 시장 개척과 영업 거래의 성사를 위해선 앞서 언급한 강인한 체력 불굴의 의지와 도전정신은 기본이다. 하지만 그보다 더 중요한 것은 시장, 거래선, 경쟁, 제품, 시황 등을 정확히 이해하여 그 거래가 성사될 수밖에 없도록 만드는 담당자의 협상능력이다. 약간의 허세를 포함해서 말해보자면 팔지못할 것을 팔고, 사지 못할 것을 사오는 게 상사맨이다.

종합상사가 어떤 회사인가를 두고 '바늘에서 우주왕복선까지'라는 표현하기도 하는데, 그만큼 종합상사가 취급하고 있는 아이템과 사업은 광범위하다. 하지만 종합상사는 구조적인 약점을 갖고 있다는 것 잘 모르는 경우가 적지 않다.

바늘에서 우주왕복선까지 '돈이 되면 무엇이든' 취급하는 이런 종합상사와 같은 형태의 회사는 일본과 우리 나라에만 존재하는데 특히 우리 나라의 종합상사는 '제3차경제개발 5개년계획'이 진행되던 1975년, 당시의 우리 나라 경제의 특수한 상황 아래에서 시작됐다. 가진 자원이 없고, 변변한 내수 시장도 없었던 그야말로 '아무 것도 없는' 상태였기 때문에 당시 정부는 '수출만이 살길이다'라는 극도의 수출 위주의 경제를 꾸려야 했기 때문에 수출을 전담하는 회사를 만들었고 그렇게 해서 지금 우리가 볼 수 있는 '종합상사'라는 형태의 기업들이 속속 등장했다.

이렇게 정부의 수출입국이라는 계획 하에 시작된 종합상사들은 수출과 관련된 외국 바이어에 대한 접대 등의 목적인 경우 당시 물자절약과 치안 유지 등의 이유로 실시되던 통행금지에서도 예외가 될 정도로 정부의 전폭적인 지원을 받으며 세계 곳곳으로 맹활약했고 우리 종합상사맨 선배 세대 덕분에 우리 경제는 눈부신 발전을 거듭해 현재에 이를 수 있었다. '수출의 날' 행사가 국가적 관심을 갖는 이벤트였을 만큼 수출과 수출을 전담하는 종합상사에 대한 관심과 인기는 대단했다. 내가 입사하던 90년대까지도 당시 대학 졸업생 중 가장 우수한 인력들이 지원하는 회사들이 바로 종합상사였다.

하지만 우수한 인력과 정부의 전폭적인 지원에도 불구하고 앞서 말한 것처럼 종합상사는 '제조업체가 아니' 라는 점에서 구조적인 약점을 갖고 있다. 물건을 직접 생산하고 판매하는 것이 아니라 오로지 해외

시장에 수출하기 위한 목적으로 만들어지다 보니 자체적인 생산시설을 갖고 있지 않았고 그렇기 때문에 일반적인 제조업체들보다는 불리한 가격으로 수출을 할 수밖에 없다는 한계를 안고 있으며, 수입하는 경우도 마찬가지여서 해외 시장으로부터 필요한 원료나 반제품등을 수입하는 회사들이 직접 수입하는 것보다 종합상사를 통해서 수입할 경우에는 더 비싸질 수도 있는 기본 구조를 갖게된다. 그럼에도 불구하고 종합상사가 존재하는 이유는 일반 제조업체나 수입상들이 하기 어렵거나 힘든 거래를 종합상사가 대신하는 역할을 해주기 때문이다.

막연히 상사맨은 해외출장이 많고 세계 곳곳을 누빈다는 멋진 모습만을 생각하고 어렵고 힘든 관문을 뚫고 입사한 후배들이 종합상사 업무가 너무 힘들고 어렵다며 볼멘소리와 이직에 대해서도 진지하게 고민을 하는 경우도 대게는 이런 종합상사의 구조적인 측면 때문이기도 하다.

따라서 사업구조상 직접 생산 및 판매를 하는 제조사나 이미 시장에 점유율이 높은 강한 브랜드를 가지고 있는 경쟁사들에 비해서 일반적으로 경쟁력이 강하지 않고 사업 기회가 많지 않은 경우가 많다. 예를 들어 위에 언급한 '에스키모에게 에어컨을 팔았다'는 어떻게 보면 비상식적으로 여겨지는 이야기는 왜 나올까? 정상적인 비즈니스라면 더운 날씨가 있는 지역에서 정상적으로 에어컨을 팔아야 하는 것 아닌가? 아쉽게도 정상적인 에어컨 판매 지역에는 이미 수많은 제조사나 에어컨 브랜드와 강자들이 시장을 점유하고 있을 것이다. 따라서 종합상사맨들은 기존 에어컨 강자들이 상대적으로 관심이 없는 틈새시장을 찾아야 할 수밖에 없는 것은 아니었을까?

나의 종합상사맨 경험을 되돌아봐도 영업을 할 때는 우리의 여건은 해외영업의 기본 조건인 가격(price), 제품(product), 납기(delivery terms), 대금 지불조건(payment terms) 등이 제조기반을 갖춘 경쟁사들이나 그 분야의 주요 브랜드들에 비해서 열악한 경우가 더 많았다. 예를 들어 자체 공장에서 생산을 하는 것이 아닌 공급선에서 발주를 해야 했으므로 납기나 구매가격이 제조사나 주요 경쟁사에 비해 좋지 않은 경우가 다반사였다.

반면에 거래선에게는 대금 지불(payment terms)을 엄격하게 요구해서 거래선이 주문한 제품을 인도하기 전에 대금 지불을 먼저 하도록 요구했다(T/T in advance 또는 L/C open). 그럼에도 불구하고 매년 새로운 시장과 유통채널 그리고 거래선을 개척해야 했고 기존 시장과 거래선에게서는 성장을 해야 했다. 이렇게 어렵고 불합리한 영업조건을 가지고 있었지만 대부분의 경우에는 목표를 달성해냈는데 시장, 제품, 거래선, 경쟁사, 브랜드, 유통채널, 수급조건 등에 대한 철저한 분석을 통해 기존의 주요 브랜드들과 제조사가 놓치고 있는 틈새를 찾아내고 공략을 했던 덕분이다. 지난 20여년간의 세계 곳곳을 돌아다니면서 시장을 개척하고 비즈니스를 했던 경험을 통해 분명히 말할 수 있는 것은 어느 시장, 제품이던 반드시 목적에 맞는 수요가 있기 마련이라는 것이다.

2000년대 초, '우리의 LG 정도쯤 된다'던 이집트의 '모옴'이라는 업체는 우리 나라의 80년대 초등학교에서나 봤던 학교 가구를 만들어 팔고 있었다. 카이로 시내에서 자동차로 한 시간 정도를 더 가야하는 사막에 이 회사의 공장이 있었는데 그때 까지만 해도 마스크를 쓴 직원이 페인트 스프레이를 손에 들고 의자 자리에 도색작업을 하는 수준의 생산공정에 머물러 있었지만 이 회사의 제품은 이집트와 인근 지역에서 아주 잘 팔려 나갔다. 더 많은 기능과 훌륭한 디자인보다는 의자로써의 단순한 기능만을 필요로 하는 시장이 근처에 많았기 때문이었다.

이렇게 어떤 제품과 서비스를 취급하고 있더라도 해외 시장을 개척하고 비즈니스를 일구어 나가는 것에 있어서 가장 중요한 것은 우리가 제공하는 제품과 브랜드의 강점과 약점을 완전히 이해한 후에 이에 적합한 현지 거래선을 개발하는 작업이라고 할 수 있다.

협상의 전략 둘 :
'아무나' 와 거래하지 않는다

우리가 현지에 어떤 파트너를 어떻게 셋업 하는가에 따라 사업의 성패가 달린 경우가 많다. 파트너가 얼마나 열심히 사업을 전개하고, 어느 정도의 역량을 갖고 있느냐에 따라서 우리의 사업은 결정된다.

이를 위해 우리가 진출하고자 하는 타겟 시장의 주요 거래선 후보들에 대한 파악이 가장 먼저 선행(先行)되어야 한다. 전시회 등에서 명함을 주고받으며 일차적인 탐색을 할 때에 흔히 '우리는 이 업계에서 몇 년의 업력을 자랑하는 업체입니다'라는 말을 듣게 되는 데 몇 년의 사업 경력을 갖고 있는 안정적인 업체인가도 물론 중요하겠지만 우선 그 회사가 주력으로 하는 일이 전체 비즈니스의 과정에서 어떤 부분에 위치하고 있는 지를 주목하고 살펴봐야 한다.

이를 테면 거래선 후보가

1. 단순한 수입업자(importer)인지

2. 수입 및 유통(import and distribution)기능까지 하는지

3. 주요 유통채널 및 자체 판매 매장이 있는지

4. 내가 제안한 제품군에 어떤 브랜드들을 취급하고 있는지

5. 자신들의 자체 브랜드를 보유하고 있는지

6. 시장내 취급 물동량은 어느 정도인지

7. 시장내 평판은 어떤지(판매 능력, 물대 지급 문제는 없는지 등)

8. 이들의 주요 경쟁사는 누구인지

9. 결정권자의 성향은 어떤지

10. 담당자는 자주 바뀌는지

11. 내가 제안한 우리 제품에 대한 관심도는 어떤지

12. 왜(why) 내가 제안한 제품에 대해서 관심을 갖는지

13. 내가 제안한 제품에 대한 판매(즉 나에게 구매)는 어느정도 할 것으로 예상하는
   지, 이것이 내가 세운 목표와 어느정도 차이가 있는지

등에 대해서 파악을 해야 한다. 이러한 조사를 통해서 몇 개의 회사를 리스트업 한 후에 출장 미팅을 통해 가장 적합한 최소 2개 이상의 후보 파트너들을 선정하고 거래 협상을 해야 한다. 우리가 목표로 하는 타겟 시장의 주요 거래선 후보들을 골고루 만나서 각 업체별의 개별적인 강/약점 등의 특성과 차이점을 이해해야 한다. 그리고 내가 파트너로 협업해야 할 상위 1~3위의 업체들과 협상을 통해 선정된 업체와 중장기 파트너쉽을 체결하는 것이 필요하다.

이런 경우는 우리가 '판매'를 하기 위해 시장을 개척하는 경우를 설명한 것이지만 그 반대의 경우도 매우 중요하고 공을 들여 사업을 진행

해야 한다. '구매'라는 프로세스 즉, 제품의 구매 및 공급을 위한 공급선 조사, 선정 그리고 운영이 더욱 중요하고 핵심이 되는 경우도 아주 많기 때문이다. 즉 좋은 품질 제품을 소싱 해서 경쟁력 있는 가격에 공급할 수 있다면 앞서 말한 판매관련 영업활동은 예상외로 생각보다 쉽게 풀리기 때문이다.

좋은 공급선을 어떻게 찾아내고 리스트업 하며 그 회사와의 협상은 어떻게 해야하는가?의 문제가 생기게 된다. 우선 공급선을 선정하기 위해선 해외지사는 물론 무역협회나 코트라 등의 기관과 우리가 공급받고자 하는 아이템을 취급하고 있는 전문 전시회나 트레이드쇼 등을 통해서 소싱 하려는 제품을 생산하는 주요 공급선들을 찾아 조사를 하고 그 목록을 리스트업 한 뒤,

1. 공급가능 여부

2. 공급가격 경쟁력

3. 제품의 품질 및 품질 관리 프로세스

4. 현재 공급하고 있는 브랜드(경쟁사들의 제품일 수도 있다)

5. 공장도 자체 브랜드를 가지고 있는지?

6. 공장의 생산 capacity와 현재 가동율

7. 주요 수출국가(지역)

8. 발주 후 납기

등을 면밀히 검토해서 공급선을 선정해야 한다.

상기와 같은 조건으로 희망 영업 파트너와 공급선 후보를 골랐는데 만일 상대방이 나의 제안 조건을 받아들이지 않는다면 어떻게 해야 하

는가? 혹은 상대방의 요구 조건이 내가 생각하는 조건과 차이가 난다면? 그럼 바로 차순위의 업체들로 타겟 파트너를 바꿔야 할까? 나의 대답은 '노(No)'이다. 일단은 시장 분석을 통해 선정한 최우선의 후보와 파트너쉽을 맺기 위해 최선의 노력을 지속하는 것이 중요하다.

우선은 가장 강력한 후보자가 나의 파트너가 될 수 있도록 상대방의 요구 조건과 내가 바라는 조건을 협상을 통해 합의에 이르고 견실한 파트너와 협력을 하는 것이 성공적인 비즈니스의 기반이 된다. 하지만 협상을 위한 시장, 경쟁, 현황 정보분석을 정확히 하고 협상을 진행함에도 희망 후보자가 나와 협업을 정상적으로 할 수 있는 상황이 아니라면 그 차선의 후보자와 협업 협상을 하여 시장에 진입해야 한다. 그동안 숱하게 겪어봤던 글로벌 비즈니스의 경험에 비추어 예단을 해보자면 우리가 향후 그 시장에서 성공적으로 두각을 나타내면 그때는 첫번째 가장 강력한 후보자와는 다시 비즈니스를 할 수 있는 기회는 반드시 오게 되어 있다. 비즈니스에서 영원불변한 관계는 존재하지 않는 법이고 상황은 언제든지 변하게 되어 있다.

3

협상의 전략 셋 :
협상(協商)에 대한 올바른 이해

저자가 지난 20년간 해외영업 현장에서 경험한 것 중에 가장 심각하게 느끼는 분야가 몇 가지 있다. 그 중에서 가장 시급하게 업그레이드가 필요하다고 느끼는 것이 해외협상(海外協商, global negotiation) 분야이다.

한국인의 급한 성격, 뒤끝 없다고 이야기하며 필요치 않은 곳에도 적용되는 솔직함에 대한 무모한 자랑, 외국인에 대한 필요 이상의 관대함, 외국어에 대한 두려움, 실리보다는 체면 중시 등의 성향과 한국 기업의 고질적인 초단기적인 성과 위주의 정책과 잦은 담당자의 교체, 기록의 부실한 관리 등의 조직 문제점의 특성이 합해지면 해외협상에 있어서는 아주 초보적인 실수와 충분히 더 얻을 수도 있는 성과들을 놓치게 되는 일들이 반복적으로 일어나게 된다는 점이다.

다시 비즈니스 협상에 대해서 이야기를 해보자면 협상을 하기 위해 가장 기본적으로 해야 하는 것은 무엇일까? 대부분의 경우 극대화된 협상 결과를 얻지 못하거나 협상의 실패를 겪게 되는 가장 큰 이유는 무엇보다도 협상을 할 때 가장 먼저 생각하는 것은 철저한 준비없이 상대방의 입장과 상황을 숙고하지 않고 내가 얻고자 하는 것에만 중점을 두고 생각을 한다는 것이다. 성공적인 협상을 하기 위해서는 무엇보다도 협상의 의미를 먼저 정확하게 이해하는 것이 중요하다.

'협상(協商)'이라는 단어의 뜻만 보아도 "어떤 목적에 부합되는 결정을 하기 위하여 여럿이 서로 의논함"으로 설명되며 협상(協商)이라는 한자 구성 또한 '화합할 협(協)과 헤아릴 상(商)'의 구성으로 '협상자들 서로가 힘을 합하여 서로의 문제나 목적을 헤아린다'라는 것을 뜻한다. 영어로 협상이라는 'Negotiation'이라는 단어는 라틴어 negotium에서 유래되었고 여기서 neg-는 not(no)라는 부정의 접두어와 어근인 otium은 '여가(leisure)'를 뜻한다. 그러므로 negotiation의 뜻은 즉 '휴식이 아닌 일이나 사업'을 의미한다.

이러한 사전적인 단어의 의미와 그간 나의 다양한 글로벌 협상 경험을 통해 내가 정의하는 협상의 의미는 '열심히 치열하게 준비하여 (협상) 양측이 원하는 서로의 목적(목표)를 이루는 과정과 행위'이다. 즉 성공적인 협상을 위해서는 치열한 준비가 필요하다. 동시에 협상이라는 것은 어느 한쪽의 일방적인 승리나 패배가 아닌 서로의 경제적 이익을 극대화하는 의사소통의 과정임을 인지해야 한다. 물론 협상의 결과는 나에게 좀더 유리하게 이끄는 것이 노련하고 숙련된 협상가이다.

협상을 위한 치열한 준비의 첫 단계는 바로 내 자신(내가 속한 회사)을 정확히 이해하는 것부터이다. 따라서

1. 회사(브랜드, 제품, 기술력 등)의 강점은 무엇인가? 즉 협상 상대방이 매력을 느낄

포인트는 무엇인가?

2. 회사의 약점은 무엇인가? 즉 협상 상대방이 나와 파트너쉽을 하는데 메리트 (merit)를 느끼지 못하는 포인트는 무엇인가?

3. 가장 핵심이 되는 이번 협상에서 얻고자 하는 것은 무엇인가?

4. 내가 이번 협상에서 얻고자 하는 목표를 달성하기 위해 상대방에게 (양보)해줄 수 있는 것은 무엇인가? 등이다.

상기 내용들은 자신의 회사의 강/약점 등을 분석하는 것이지만 이는 철저하게 해당 협상 건에 대한 상대적인 분석임을 명심하자. 즉 강점이라고 생각되는 포인트가 특정 협상 케이스에선 약점으로 작용을 할 수도 있다. 따라서 해당 협상건의 목표 및 상황과 여기에 작용이 되는 나의 강점과 약점을 명확히 파악하고 이해를 해야 올바른 협상전략을 세울 수 있다. 즉 내 자신을 명확하게 이해하는 것이 협상의 첫 걸음이자 기본이다.

통상적으로 협상 준비하면서 범하는 가장 흔한 실수는 상대방에게서 내가 얻고자 하는 것에만 집중을 한다는 것이다. 하지만 이런 경우에 자신이 원하는 결과를 얻으며 협상을 성공적으로 마무리 지을 가능성은 높지 않다. 협상의 성공을 위해선 내가 가지고 있는 강점(즉, 상대가 나를 필요로 하는 포인트)이 최적으로 적용이 되는 상대방을 찾아 공략해야 극대화된 성과를 거둘 가능성이 크다. 이것은 내 자신의 강점과 약점을 이해한 후에 상대방의 니즈와 현황에 대한 철저한 조사가 진행이 되어 야만 공략이 가능함을 인지해야 한다.

4

협상의 전술(戰術) 하나 : 정보의 수집과 활용

아마 대부분의 해외사업을 진행하는 회사들은 모든 해외 거래선 후보들이 취급하기 원하고 탐을 내는 독보적인 제품을 가지고 있거나 공급선 후보들이 나의 제품 생산을 간절히 원하는 물량이나 브랜드 파워가 있지 않은 경우가 많을 것이다. 하지만 내가 독점적이고 우월한 판매 혹은 공급의 지위를 가지고 있지 않다고 기가 죽거나 실망할 필요는 없다.

그렇다면 이런 상황을 어떻게 극복해야 할까? 그것은 바로 나의 부족함을 메꿔줄 최적의 파트너(영업의 경우 현지 거래선, 구매의 경우 실력 있는 공급선)를 찾아서 협업을 하는 것이다. 물론 독자의 해외영업 케이스가 자체 공장에서 생산하는 독보적인 제품을 가지고 있다면 현지 판매를 확대할 영업 파트너를 찾는 것에 집중하면 될 것이다. 혹은 독자의 제조 능력이 우수해서 수많은 업체들이 생산을 요청하는 상황이라면 골라서 거래선을 선정하는 행복을 누릴 수도 있을 것이다. 하지만 많은 경우에는 종합상사 사업구조와 비슷하게 제품의 소싱 및 제조를 다른 공급선에게서 위탁해야 하는 경우도 많이 존재할 것이다.

다시 최적의 파트너를 찾는 주제로 돌아가 보자. 거의 모든 현실 상황이 그렇듯 내가 가지고 있는 조건이 완벽한 것이 아닌 것처럼 내가 파트너쉽을 맺고 싶은 유망한 현지 거래선이나 유명 공급선도 백프로 완벽한 조건을 가지고 있지 않다. 단지 그렇게 보일 뿐인 경우가 많다. 하지만 해외영업을 하는 담당자들은 여러가지 이유로 나의 부족한 것은 크게 느끼지만 상대방의 약점이나 가렵고 필요한 부분을 파악하고 공략하는 것에는 미숙한 경우가 많다. 이러한 중요한 핵심을 놓치게 되는 이유에는 외국어 협상, 짧은 업무경력, 잦은 담당자 교체, 무조건 단기적인 실적을 강요하는 조직분위기, 상대방에 대한 정보부족, 이문화에 대한 이해부족, 비즈니스 협상에 대한 무지 등 다양하다.

손자병법(孫子兵法)에서 수도 없이 인용되는 구절인 '적을 알고 나를 알면 백전백승(知彼知己 百戰百勝)'을 실질적으로 해외영업에 진지하게 적용을 하는 케이스는 얼마나 될까? 적지 않은 경우에 적(敵)은커녕 나 자신도 잘 모르면서 해외영업을 하는 케이스도 목격을 하게 된다. 자신이 속한 회사나 팔고자 하는 제품의 강점과 약점에 대해서도 속속들이 알지 못하고 해외거래선을 만나서 제품을 오퍼(offer)하는 것이다. 이런 경우 상대방이 자신의 오퍼에 별 관심을 보이지 않고 반응을 하지 않으면 조급한 마음에 가격을 낮추어 재오퍼를 하는 가장 초보적인 영업형태를 보이게 된다.

해외영업을 하는 사람들이 명심해야 할 사항이 있다. 여러분이 상대하는 상대방은 대부분 해당분야에 '전문가'라는 사실이다. 타겟 국가에서 파트너가 되고자 선정한 유망한 업체들이라면 그들은 유통이면 유통 생산이면 생산에서 수십년간 사업을 영위한 '프로페셔널' 들인 것이다. 그들과의 협상이 시작도 되기전에 첫 만남에서 한, 두마디만 나누게 되면 그들은 상대방의 실력을 파악하게 된다. 이는 흡사 무술의 고수가 상대와 실제 대련과 싸움을 벌이기전에 상대방의 움직임 하나로 실력을 감지하는 것과 다를 바 없다. 검도의 고단자들은 대련시에 상대방의 칼끝을 자신의 칼끝으로 건드리면 상대의 실력을 가늠할 수가 있다.

이러한 해외영업의 전쟁터에서 상대방과 협상을 해서 내가 원하는 바를 얻기 위해선 절대 요행을 바래서는 안된다. 기본적으로 무엇보다 자기 자신(회사, 제품 등)에 대해서 완벽하게 내 것으로 이해를 하고 있어야 한다. 예를 들어 내가 속한 회사와 제품에 대해서는 언제 어디서든지 10분간 영어로 간략하지만 강력하고 명확한 프리젠테이션을 할 수 있는 능력을 갖추고 있어야 한다. 나의 회사, 제품에 대해서 완벽히 이해와 자신감을 가지고 있다는 것을 전제로 이제 상대방과 어떻게 협상을 준비하고 실행하는 가에 대해서 이야기하고자 한다.

그 첫번째는 상대방에 대한 철저한 조사와 이해이다. 앞서 언급했듯이 강해 보이는 상대방에게도 분명히 약점이 있다. 좀더 정확히 이야기를 한다면 약점이라고 하기 보다는 그들이 좀더 보강하고 싶은 부분이라고 표현하는 것이 맞을 것이다. 그 부분을 찾아서 내가(예를 들어 우리회사의 제품과 브랜드가) 어떻게 상대방의 부족한 부분 혹은 더 보강하고 싶은 부분에 도움이 되는지를 공감이 되도록 해야 한다. 이것이 바로 스토리텔링의 핵심이다.

상대방이라고 함은 단지 내가 타겟 하는 업체만을 이야기하는 것이 아니다. 그 업체는 물론 그 업체의 경쟁사들 이자 나의 협력 후보군들을 두루 두루 만나서 시장, 경쟁, 회사 등에 대해서 크로스체킹(cross checking)을 해야 한다. 크로스체킹이라 함은 파트너를 선정하고 시장을 이해하기에 필수적이지만 민감한 주요한 시장정보(경쟁, 시장현황, MS, 매출, 특이사항 등)에 대해서 각각의 다른 업체들에게 동일하게 질문을 하여 상황을 시장 및 경쟁 현황 등을 정확하게 이해해 나가는 내가 주로 사용한 기법이었다.

주요 업체의 매출, 시장 점유율, 경쟁사, 관계 등의 민감한 영업정보에 대해서는 한곳의 업체에게서만 듣는 것이 아니라 다수의 업체에 동일한 주제에 대해서 확인을 하는 것이다. 미팅시에 민감한 주제나 자신의 매출 등에 대해서는 대답을 꺼리거나 부풀려서 이야기를 하는 경우가 적지 않다. 이러한 왜곡될 수도 있는 내용을 포함 각 업체에 대한 평판 등에 대해서는 최대한 객관적으로 판단할 수 있는 정보를 수집하는 것이 파트너 선정 및 시장을 이해하는데 필수적인 절차이다. 이러한 정보 습득과 활용을 통해 각 업체들과 미팅을 진행하면 상대방은 나의 시장 이해력과 지식에 대해서 인정을 하게 되고 좀더 진지한 협상이 가능하게 된다.

협상은 기(氣)싸움이다. 하지만 무턱대고 기싸움을 하는 것이 아니다. 유용한 정보를 가진 후에 자신감을 가지고 협상을 해야 하는 것이다. 내가 파트너쉽을 맺고 싶은 업체가 무리한 조건을 내걸고 있는 상황이라고 가정을 해보자. 만일 그 업체 와만 계속해서 조건을 가지고 협상을 하는 것은 어리석은 협상 방법이 될 수도 있다. 여러 업체들과 미팅을 통해 그 선도업체의 강점은 물론 약점도 파악을 해서 그 약점과 부족한 점에 대해서 공략을 해야한다. 만일 그 선도 업체 와만 협상에 매달리게 된다면 그 업체의 약점을 알 수 있는 방법이 없다.

정보의 수집은 다양한 단계와 방법으로 할 수 있다. 국가, 시장 및 거래선 등에 대한 거시적인 정보는 인터넷 등을 통해 살펴볼 수 있다. 만일 해외법인이나 지사가 있다면 타겟 업체에 대한 1차 조사를 요청하면 효과적이다. 이때는 일정한 조사 양식(Information sheet)을 만들어 여러 업체들에 대한 동일한 항목들에 대해서 객관적인 측정 및 비교가 될 수 있도록 한다.

하지만 가장 중요한 핵심 정보는 담당자의 현지 출장을 통해 직접 미팅을 통해 파악을 해야 한다. 인터넷 등에서 살펴본 일반적인 거시정보 및 법인/지사에서 조사한 기초자료에는 알 수 없는 상황에 대해서 살아 있는 정보를 파악해야 한다. 업체와 직접미팅을 하면서 얻어야 하는 정보는 정량(定量)적인 사업적인 수치들(매출, 유통 등 현황)외에 해당업체 의사 결정권자(decision maker)의 성향, 그 업체가 평가하는 해당 인더스트리와 경쟁사에 대한 평가 및 평판, 업계의 주요 이슈, 업계 주요 인물들의 근무/이직 경력 등 정성(定性)적인 내용들을 반드시 파악을 하도록 해야 한다. 업체들과의 미팅 및 크로스체킹을 통해 그들이 언급하는 내용에서 표면적인 내용은 무엇이며 실질적인 내용은 무엇인지 등 비즈니스 기회에 대한 행간의 의미를 정확하게 파악하는 것이 노련한 해외영업 담당자이다.

거시적인 정보, 법인/지사를 활용해서 입수한 정보 그리고 직접 미팅을 통해서 얻은 정보들은 비록 조각, 조각 단편적인 정보일 수도 있다. 하지만 이러한 퍼즐을 연결시켜서 자신이 타겟 한 상대 업체는 물론 그 시장, 경쟁사 등의 역학 관계를 이해할 수 있는 살아있는 정보로 가공해야 한다. 특히 타겟 업체의 강/약점 그리고 업계 상황을 좀더 정확히 이해하기 위해서 내가 주로 사용한 방법은 바로 타겟 업체 및 경쟁사들에 대한 한 장의 '맵핑(Mapping)'을 그려 보는 것이었다. '맵핑'에는 타겟사와 경쟁사들의 주요 계수수치, 강점 등을 포함 이들 간에 주요한 역학 관계 등을 다이어그램으로 그려서 한눈에 이해할 수 있도록 하였다.

협상의 전술 둘 :
핵심은 스토리텔링(storytelling)

앞장들에 설명한 대로 내자신을 명확하게 이해하고 상대방들에 대한 조사가 심도 있게 되었다면 이제는 협상을 진행할 준비가 어느정도 된 것이다. 하지만 이제 가장 중요한 준비가 하나 더 남아있다. 그것은 바로 상대방과 협상을 진행할 스토리텔링(storytelling)을 짜는 것이다.

스토리텔링은 상대방이 내가 요청하는 협상 목표를 받아들이게 하는 가장 중요한 요소이다. 따라서 스토리텔링의 주요 핵심 요소중의 하나는 Why?(왜) 이다. 내가 주장하고 얻고자 하는 것에 대해서 상대방이 Why(왜) 나의 주장을 받아들여야 하는 가를 논리적으로 설명, 설득하여 상대방이 결국 동의를 하게 만드는 것이다.

만일 내가 상대방보다 우위에 있는 조건을 갖추고 있다면 협상 시에 좀더 편안한 위치에 있게 될 것이다. 하지만 협상의 우위에 있는 포지션이라 하더라도 최대의 성과를 위해서는 상대방에 맞는 스토리텔링을 준비해야 한다. 더욱이 내가 상대방보다 열세에 있는 협상 상황이라면 강한 상대방이 수긍할 수밖에 없는 설득력 있는 스토리텔링의 준비가 필수이며 그 중요성이 더욱 강조된다.

　한국인의 일반적인 성향 중에 한가지는 논리적(論理的)이기 보다는 감정적(感情的)인 면이 강하다는 것이다. 이슈에 대해서 냉정함을 잃지 않고 논리적으로 대응하기 보다는 감정적인 대응과 반응을 하는 경우가 적지 않다. 하지만 글로벌협상에서는 침착하고 냉정하고 객관적으로 문제에 접근을 하는 것이 무엇보다 중요하다. 때로는 친분과 감정에 호소를 할 필요도 있을 수 있다. 그렇지만 이러한 경우에도 그 밑바탕에는 내가 주장하는 포인트가 논리적이고 객관적으로 상대방이 수긍을 할 수 있는 스토리가 전제가 되어 있어야 한다.

　때에 따라서는 상대방과 협상 시에 나의 주장(예를 들어 회사에서 주어진 협상 목표)이 내가 스스로 생각해도 너무나 황당한 경우라 해도 이를 달성하기 위해서는 상대방과 시장현황에 대한 조사를 통해서 나의 스토리텔링을 만들어 내야 한다.

　나의 종합상사 시절의 경험과 같이 우리나라에서 해외영업을 수행하는 독자들의 많은 케이스도 협상 상대방보다 우월한 위치보다는 새롭게 시장을 개척하거나 상대보다 어려운 여건에 처한 경우가 많을 것으로 생각이 된다. 설령 우월한 포지션에 있다 하더라도 논리적으로 설득력 있는 스토리텔링을 준비한다면 더욱 효과적인 협상과 결과를 갖게 될 것이다.

협상이 성공하지 못한 케이스

아쉽게도 한국인은 협상에 강하지 못하다는 이야기를 자주 듣는다. '국제 협상'에 대한 책을 더 쓰겠다는 결심을 갖고 있는 나는 이것을 특히 한국인은 외국인과 협상에 강하지 못하다고 이야기 하고싶다. 이는 전통적인 한국의 조직문화와 가정의 생활에서 협상의 기회가 얼마나 있을까를 먼저 자문해보면 알 수 있다.

토론과 반론이 공존하는 열린 협의의 분위기 보다는 상명하복의 체계와 반론은 지시에 반기를 드는 것으로 인식하는 조직문화와 연장자의 결정에 따르는 것이 미덕으로 여겨지는 전통적인 가치관에서 '협상'의 연습과 경험을 제대로 쌓기는 어려운 환경이다.

하지만 글로벌 시대에 이러한 문화기반이 아직도 몸에 밴 우리와는 전혀 다른 생각과 가치관을 가진 외국인들과 경제, 무역, 정치, 사회적인 협상을 하게 되는 경우가 더욱더 많아지고 있다. 그리고 그 결과는 아쉽고 매우 창피한 경우가 대부분이다. 예를 들어 트럼프 미국 대통령이 2019년 한미 방위조약 협상에서 한국에게 10억불을 받아내는 것이 자신이 어린시절 뉴욕 브루클린 아파트 임대료 114불을 받는 것 보다 쉬웠다고 했다. 2018년 평창 올림픽때에는 한국은 독도를 한반도기에서 제외했는데 2020년 도쿄 올림픽때는 일본이 독도를 자국영토로 넣었다. 생각만해도 얼굴이 화끈 거리는 이런 수많은 협상 실패 케이스들은 결국 한국, 한국인을 국제 협상 테이블에서 언제나 손쉬운 '먹이감'이자 '호구' 취급을 받게 만들고 있다.

백오십만 마일의 마일리지를 쌓는 동안 나는 대략 300번 이상의 해외출장을 진행했다. 대부분의 출장은 나 혼자 단독 출장이었지만 업무 인수인계 등의 출장은 동료 혹은 선후배들과 동행을 하기도 했다. 대리 때였다. 사업부간 합병이 되어 기존 타부서 제품에 대한 구매업무까지 맡게 되었다. 기존 부서 L팀장과 함께 공급선 출장을 중국으로 진행하였다. 신규 담당인 내 소개와 구매가 인하 협상의 목적이었다. 특히 기존 부서의 팀장은 새로이 합병된 본부의 본부장에게 업무성과를 보여주어야 하는 출장이기도 한 나름 중요한 출장이었다.

그러나 출장의 결과는 기대와는 달리 우리측의 가격인하 요청을 공급선에서는 거절을 하였다. 이는 구매과정에서 흔히 있을 수도 있는 일이지만 당시에 가격 관련 미팅은 아직도 그 장면이 내 기억속에 뚜렷이 남아있다. 왜냐하면 사실 그것은 협상이라고 할 수 없는 미팅이었다. 내가 당시에 적잖이 충격을 받은 것은 바로 가격 인하를 요청하는 협상과정을 지켜 목격하였기 때문이다. L팀장은 가격인하 요청에 대한 논리적이거나 공급선이 수긍할 만한 포인트를 제시하지 않은 채 무조건 큰 폭의 가격인하를 강하게 요청하였다.

공급선의 협상 책임자는 불과 몇개 월전에도 구매가를 인하 하였으므로 구매 물량의 증대 없이 또 다시 구매가 인하는 어렵다고 거절을 하였다. 거절의 명분이 충분했었던 것이다. 그러자 L팀장은 그에 대한 타당한 반박논리나 정황이 아니라 감정에 호소를 하는 것이었다. 금번 회사 조직변경의 설명과 함께 새로이 부서가 합병이 되어 새 본부장이 사업을 관장하고 있고 본인이 회사에서 어려움에 직면하고 있으니 이번 한번만 가격을 인하해달라고 부탁을 하는 것이었다. 이것은 나에게는 큰 충격적인 모습이었다. 물론 감정에 호소하는 협상의 방편이라고 생각을 할 수도 있겠지만 친분이나 감정에 어필하는 협상일지라도 이슈에 대해서 기본적으로는 논리적인 근거나 설명이 반드시 갖추어 지는 것이 기본이라고 생각을 하고 있었기 때문이다.

미팅 내내 구매가 인하는 불가하다고 사업적이고 형식적인 굳은 표정으로 대응을 하던 상대방은 이러한 L팀장의 감정적인 호소가 더해지자 그의 얼굴에는 순간 미묘한 웃음이 떠오르던 모습이 아직도 잊히지 않는다. 그리곤 그는 자애로운 듯하지만 야릇한 승자의 미소를 띄우며 L팀장 당신 상황은 안됐으나 가격 인하는 불가하니 더 이상 이야기하지 말라고 말을 끊었던 것이다. 나는 내 얼굴이 오히려 화끈 거리는 것을 느꼈다.

귀국 후에 구매가격 인하가 실패한 것에 대해서 본부에서 질책이 있었다. 하지만 더욱 황당했던 것은 그 팀장이 내게 이제 정대리가 구매 담당자이니 즉시 그 중국공급선에 다시 출장을 가서 구매가를 깎아오라고 출장을 지시했던 것이다.

해외영업이 약한 이들을 위한
패트릭의 Man to Man lesson

1. 해외영업 및 구매 담당자로서 경계해야 할 사항들

해외사업은 조직내 업무 특성상 출장은 담당자 중심으로 진행되는 경우가 대부분이다. 따라서 담당자의 준비와 역량에 따라 출장결과도 판이하게 차이가 날수 있다. 하지만 자신의 부실한 출장준비와 아직 미흡한 역량으로 기대했던 출장결과가 나오지 않는 경우에도 이것을 상대방에게만 전가하여 출장보고와 업무를 진행하는 경우가 발생을 할 수가 있다.

혹은 회사의 단기적인 목표달성 압박에 의해서 양보를 하지 않아도 되는 것을 무리하게 진행하여 결과적으로는 회사에 손해를 입히는 결과가 발생하기도 한다. 게다가 자신의 준비부족, 아직 미흡한 역량과 경험, 회사의 무리한 실적 압박등의 여러가지 사유가 있지만 상대방과의 협상의 실패를 자신의 조직내 다른 유관 파트의 탓으로 돌리는 경우도 생긴다.

예를 들어 영업담당자가 거래선과 수주협상에서 실패를 한 후 이 실패의 원인은 "본사 제품의 구매가격이 높거나 제품이 경쟁력이 없어서였다"라고 한다거나 구매담당자의 경우 공급선에게서 경쟁력 있는 구매가격을 받지 못하는 것은 "영업담당자들의 판매 물량이 적기 때문이다"라고 본사의 다른 업무 파트에 책임을 전가할 수도 있다. 물론 이러한 주장이 완전히 틀린 것은 아니다. 하지만 만일 이러한 상황이 일부 사실이라 해도 이를 극복하고 목표를 달성하기 위해 전략을 짜고 협상을 하여 성과를 창출하는 것이 진정한 글로벌 프로라고 할 수 있다. 또한 해외 영업 담당자로써 분명히 인지해야 할 것은 세상 어느 영업 거래선이나 공급선들도 비즈니스 협상에서 처음부터 상대방의 제안을 덜컥 받아들이지 않는다. 조금이라도 좋은 조건을 선점하기 위해 트집을 잡고 상대를 압박한다.

한국 기업들의 고질적인 문제점 중에 하나인 담당자의 잦은 교체 역시 해외영업 및 구매를 하는 담당자들이 거래선과의 중장기적인 협력을 통한 성장보다는 자신들이 업무를 맡고 있는 동안의 초단기(超短期)적인 성과를 목표로 이를 좀더 쉽게 구현할 수 있는 거래선들과 업무를 진행하게 되는 것이다. 예를 들어 회사의 건전하고 중장기(中長期)적인 발전과 성장을 위해서는 분명히 업계의 리더인 X사라는 업체와 전략적인 관계를 셋업 해야 하는데 X사와의 협상이 녹녹치 않고 여기에 단기적인 성과를 푸쉬하는 회사의 압박이 더해진다면 결국 X사에 비해 결점이 많지만 협상하기 손쉬운 Y사와 거래를 하게 되는 것이다.

특히 해외 영업 및 구매 담당자들에게 당부하고자 하는 내용이 있다. 비록 자신의 업무가 언제 바뀔 가능성이 있다 하더라도 해외거래선과 거래를 할 때는 자신의 업무를 이어받은 후배들이 추후 업무를 진행할 때 전임자에 대해 고마움을 느낄 수 있도록 마음 가짐을 가지고 업무에 임하라는 것이다. 거래선과 후임자의 뒷일은 어떻게 되든지 자신이 있는 동안만 성과를 내려고 무리하고 정상적이지 않은 업무를 진행하면 결코 안될 것이다. 하지만 단기간내 성과창출의 압박을 받는 한국 기업조직의 특성 상 자신이 의도적으로 하지 않더라도 무리한 업무진행을 하게 될 가능성이 적지 않다. 그러한 환경이라 하더라도 최소한 선배가 싼 '똥'을 치운다는 이야기를 듣지 말도록 업무 진행 시 최대한 정도(正道)를 걷고 기본원칙을 준수해야 할 것이다.

이는 해외 파트너나 거래선들에게도 마찬가지이다. 보통 어떤 업계이든지 리딩 업체들을 포함해서 주요 업체들은 해당 인더스트리에서 사업을 지속적으로 영위를 하고 있다. 게다가 업체들은 서로 경쟁관계이기도 하지만 필요한 정보 교환도 하며 직원들 간의 이직도 업계내에서 이루어지는 경우가 많다. 따라서 그러한 업계안에서 여러 업체들과 미팅 및 실제 거래를 함에 있어서 신뢰 있는 파트너로 인식되는 것이 무엇보다 중요하다. 이것은 아무리 상대방이 작은 업체이더라도 상대방을 존중하고 내가 한 약속은 지키려고 노력하는 모습을 보여주는 것이 기본임을 항상 잊지 말아야 한다.

영업 담당자라면 담당 시장 및 상대거래선에 대한 조사와 연구를 철저히 해서 상대방이 통상 요청하는 가격 중심의 수주를 지양하고 실질적으로 현지시장에 대한 전문가가 될 수 있도록 노력을 해야 한다. 현지 거래선의 이야기만 듣고 판단하기 보다는 출장 시에 직접 시장조사를 통해 거래선향 판매가격(수출가)과 현지 시장판매가격 비교를 통한 유통마진 등에 대한 이해와 경쟁 제품 및 가격 등에 대해서도 심도 있는 이해를 해야만 나의 협상 스토리텔링을 구성하는데 도움이 되고 거래선과 협상 시에 끌려 다니지 않게 된다. 시장에 대해서 더 많이 알수록 더 큰 성과가 있는 협상이 가능하다.

구매 담당자라면 혹시 갖게 될 수도 있는 '갑(甲)의 마인드'가 아닌 현지 공급선과 공생(共生)의 파트너쉽을 통해 서로 성장을 할 수 있는 협력이 필요하다. 구매의 경우 통상 공급선들 에서는 거래선을 유치하기 위해 노력을 한다. 이를 구매담당자는 오해하거나 악의적으로 이용해서는 안된다. 자신이 다루기 쉽거나 거의 뭐든지 된다고 말하는 공급선일 수록 제품의 품질 및 납기 등 여러가지 문제가 있을 수 있다. 다루기 쉬운 공급선들만 찾아서 이곳 저곳으로 공급선을 전환하는 것은 실력이 없는 구매 담당자의 전형적인 업무방식이다. 여러 공급선으로의 잦은 전환은 기존 공급선들에게 자신회사의 제품 부자재 잔여재고 이슈 및 업계내의 평판 하락 등 회사의 이미지 하락으로 이어진다.

2. 생각보다 더 중요한 브랜드의 중요성

해외영업 담당자들에게 제품 못지않게 중요한 것은 바로 '브랜드' 이다. 본인이 수출/수입하는 제품의 브랜드파워에 따라 해외사업을 진행하는 데에 큰 차이가 있기 때문이다. 저자가 종합상사에서 진행한 사업 역시 기존 종합상사에서는 흔치 않았던 '브랜드 사업(Brand Business)'이었다. 즉 삼성전자에서 직접 제조하지 않는 IT 관련 소모품(IT consumable products)에 '삼성' 브랜드를 부착해서 전세계에 판매를 하는 비즈니스 모델이었다.

종합상사 특성상 제조기반을 보유하지 않으므로 판매에 필요한 아이템들은 한국은 물론 유럽, 일본, 홍콩, 대만, 중국 등 세계각국 공급선들에서 개발 및 구매를 하였다. 또한 러시아, CIS, 중남미, 미국, 유럽, 중동, 아프리카 및 아시아의 주요 국가들이 판매 국가였다. 세계시장에서 삼성 브랜드 가치가 계속 오르고 있었고 삼성전자에서 직접 생산하지 않는 제품들을 소싱 및 판매를 하는 것은 종합상사인 삼성물산의 새로운 비즈니스 모델(business model)이었다. 아쉽게도 당시에 삼성물산은 브랜드사업 판매시장은 여러가지 이유가 있겠지만 결론적으로 한국시장내에서 내수판매는 극히 일부제품을 제외하고는 진행을 하지 않았었다.

해외시장을 개척하고 신규 거래선과 사업을 시작하기 위한 협상과 사업부에 필요한 제품들을 소싱하고 개발하기 위한 공급선 개발을 위한 협상에서 삼성브랜드는 상대방을 유혹하는 매우 중요한 핵심포인트 중에 하나였다. 예를 들어 영업 거래선의 경우 삼성전자의 핸드폰, TV 등 세계 최고 수준의 전자 제품들이 자신의 국가에서 막대한 광고와 함께 판매와 인기가 높은 것을 이미 알고 있기에 비록 자신이 핸드폰이나 가전제품을 취급하는 업체가 아니더라도 자신이 취급하는 IT 제품들 중에 삼성브랜드의 제품이 있다면 당연히 관심이 있을 수밖에 없었다. 또한 공급선의 경우 자신들의 공장에서 삼성브랜드 제품을 생산해서 납품을 한다는 것은 업계에서 자신의 OEM생산 공장으로써 그만큼 가치를 높이고 다른 거래선들까지 유치할 수 있는 좋은 레퍼런스와 기회가 되는 것 이기 때문이었다.

이러한 사업기회를 찾아서 전세계에 브랜드사업을 진행했던 것이 종합상사인 삼성물산이었다. 하지만 브랜드를 활용한 장점이 있는 동시에 그만큼의 어려움도 적지 않았다. 예를 들어 영업거래선들의 경우 삼성전자의 막대한 광고처럼 우리들에게도 막대한 광고 및 마케팅을 시행해 줄 것을 언제나 요구했다. 또한 공급선들의 경우엔 언제나 삼성브랜드로 자신들에게서 구매를 하는 물량에 대해서 기대치가 높았기 때문에 만일 구매물량이 적을 경우에는 많은 이슈를 제기하였던 것이다. 이러한 사업모델의 중간에서 어찌 보면 샌드위치처럼 중간에 끼어서 새로운 시장과 비즈니스를 창출하며 전세계를 누볐던 것이 브랜드사업을 진행한 종합상사맨들이었다.

독자들 중에는 아직 삼성브랜드와 같이 잘 알려지고 힘있는 브랜드가 아닌 브랜드로 사업을 하는 경우가 더 많을 것으로 생각된다. 이것은 2019년 상반기 기준 삼성의 수출이 한국 전체 수출의 20%를 차지하고 있는 상황에 비추어 보면 당연한 것일 수도 있다. 하지만 각자가 가지고 있는 제품과 브랜드가 아직은 미약(微弱)할지라도 자신만의 강점과 스토리를 찾아서 해외 거래선들을 공략하고 혹은 해외 시장내 동종업계의 리딩 브랜드와 협력하는 방안 등을 찾는다면 해외

시장에서 자신의 브랜드를 강력하게 만들어 나아갈 수 있을 것이다.

삼성브랜드를 이용해서 자신의 독자 브랜드를 만들어 시장에서 큰 성공을 한 러시아 거래선의 예를 들어보겠다. 삼성브랜드로 건전지를 수출하던 때이다. 우리들이 밧데리라고 흔히 말하는 소형가전제품에 사용되는 건전지이다. 당시에 막 삼성브랜드로 건전지 수출을 하던 삼성물산 본사에 러시아의 젊은 청년 몇 명이 찾아왔다. 그들은 러시아 시장에 삼성건전지 사업에 대한 총판을 자신들이 할 수 있게 해달라고 요청을 하였다. 자신들의 회사는 러시아내의 다른 건전지 총판들보다 규모는 작지만 삼성브랜드 건전지 판매에 총력을 기울이겠다는 의지를 강력히 표명하였던 것이다.

건전지 사업의 초기였던 바 본사에서는 그들에게 러시아 시장의 총판을 주고 지원을 해주었다. 결과적으로 몇 년만에 러시아 시장에서 삼성건전지가 일부 제품은 시장점유율 2위까지 오르는 놀랄 만한 성과를 창출했다. 삼성브랜드 사업을 요청했던 그 러시아의 젊은이들은 업계에 떠오르는 신흥 부자가 되었다. 하지만 그들은 삼성브랜드를 발판으로 자신들의 독자 브랜드로 건전지를 중국에서 소싱하여 삼성브랜드 사업으로 다져놓은 유통망에 자신의 브랜드 건전지를 더 많이 판매하였다.

이 일례를 들어 이야기를 하는 이유는 독자들 중에 자신의 브랜드나 제품이 저자가 종합상사에서 진행한 삼성브랜드 보다 약하고 다르다고 생각하시는 분들이 분명히 있을 것으로 생각되기 때문이다. 만일 지금 해외시장을 개척해야 하는 고민이 있다면 만일 러시아 건전지 총판의 케이스를 반대로 생각해보면 시장진입과 사업의 기회가 있을 수 있지 않을까? 자신감을 가지고 도전을 해보는 것이 성공의 첫 단추라고 조언 드리는 바이다.

'목적'을 생각하는
상사맨의 외국어

해외영업 담당자들이 글로벌 협상을 생각하면 가장 먼저 떠올리는 것은 아마 외국어(外國語)로 협상을 진행해야 하는 부담감과 두려움 일 것이다. 따라서 외국어 공부에 많은 시간을 투자한다. 그리고 만일 협상에서 좋은 결과를 얻지 못하게 되었다면 그 이유가 부족한 외국어 탓이라고 생각을 하기도 한다.

해외영업 담당자로써 외국어 구사능력은 기본 조건이다. 하지만 유창한 외국어 능력이 협상의 성공을 보장하지 않는다는 것을 명심해야한다. 논점이 명확하지 않은 유창한 외국어 구사능력 보다는 다소 어눌하더라도 명확한 논리와 나름의 이유가 있는 내용을 외국어로 설명하고 협상하는 것이 더 효과적이며 성공적인 결과를 도출한다.

부족한 외국어 구사능력을 천사와 같이 도와주는 천군만마의 힘을 바로 상대방이 수긍을 할 수밖에 없는 탄탄한 스토리텔링이다. 만일 여러분이 유창한 외국어 실력과 더불어 상대가 여러분을 인정할 수밖에 없는 스토리텔링으로 협상에 임한다면 상대는 깨끗이 수긍을 할 것이다. 최소한 여러분이 만나 협상을 진행하는 상대방이 제대로 비즈니스를 하는 정상적인 비즈니스맨이라면 그렇다.

'상사맨의 외국어'란 언제나 흥미진진하면서도 무언가 남다른 비밀이 있지는 않을까 하면서 궁금해하는 주제이지만 나는 독자들께 이렇게 질문을 하고 싶다. 내가 정말로 갖고 싶은 능력이 유창한 외국어 능력인지 아니면 탄탄한 스토리텔링을 만들어 내는 능력인지 아니면 그 둘 다 인지?

그리고 반드시 이 질문에도 스스로 해답을 내려 보길 바란다. 외국어 능력과 스토리텔링을 당장 가질 수 없다면 가장 먼저 가져야 할 것이 무엇인가? 하고 말이다.

'내가 과연 유창하게 외국어를 구사할 수 있는 지 그리고 내가 스토리텔링 능력이 있는지?' 아니면 '외국어 구사는 자신이 있지만 여태까지 스토리텔링을 통한 협상을 진행하지 않았는지?' 반대로 '나는 목표 달성을 위한 스토리텔링 능력은 탁월한데 아직 외국어 구사가 원할 하지 않은 레벨인지?' 그럴 리야 없겠지만 '나는 현재 외국어 구사도 아주 어렵고 스토리텔링이라는 것은 생각도 못해봤다' 인지를 생각을 해본다면 외국어로 협상을 하기 위해 여러분들이 우선 노력을 기울여야할 목표에 대한 답은 어느 정도 나왔을 것이라고 생각한다.

스토리   "다(Да), 다(Да), 유어 보스 플리즈"

바늘 하나 비집고 들어갈 수 없을 것만 같았던 그녀의 도도한 얼굴에 파르르 경련이 이는 것을 목격한 우리 부서의 분위기는 일순간 정적에 빠졌다. 갑자기 할 일이라도 있었던 것처럼 키보드를 내려다보는 사람도 있었고, 나도 괜히 캘린더를 들여다보며 볼펜을 돌렸다.

스피커폰으로 들렸던 "다 다. 유어 보스 플리즈"라는 러시아 거래처 사람의 말 때문이었다. '다(Да)'는 러시아어로 'Yes'라는 뜻이다. 그는 S대리에게 짧은 러시아어에 싸늘한 영어를 섞어, 업무를 이야기할 수 있는 상사와의 통화를 원하고 있었던 것이다. 그가 S대리를 업무적으로 무시하고 있다는 느낌이 노골적으로 풍겨져 나왔다.

S대리는 종합상사의 특성상 2개 국어가 기본이고 3, 4개국어를 하는 다국어자가 즐비한 우리 회사 내에서도 손꼽히는 외국어 특기자였다. 세상에서 제일 어렵다는 러시아어 그것도 동시통역사 자격증이 있던 재원 중의 재원이라서 우리도 재미삼아 그녀에게서 러시아어 특강을 짬짬이 듣고는 했던 터라 '다(Да)'라는 말이 yes라는 것쯤은 잘 알고 있었다.

당연히 S대리는 러시아 지역 담당으로 배속됐고 동시통역사인 만큼 부서내 팀장이나 임원 등이 동반한 현지 출장에서도 영어가 아니라 러시아로 통역을 해내면서 현지 거래처나 우리 측 모두로부터 감탄을 자아내게 했었다. S대리를 바라보는 상사들의 표정에는 뿌듯함까지 비치곤 했다.

그런데 그렇게 탁월한 어학능력을 인정받은 S대리에게도 문제가 조금씩 나타나고 있었는데 급기야 그것이 이번 통화를 계기로 현지 측에서 터져 나왔던 것이다.

문제는 러시아 지역의 영업을 둘러싸고 우리측과 현지 거래선 그리고 지점의 현지 직원 사이에 불만이 높아지고 있었기 때문이었다. 현지에서는 본사 영업담당이 러시아어는 잘 하지만 정작 비즈니스에 필요한 영업적인 사항에 대해서는 '본사에 물어봐야 한다'는 말만 한다고 생각하고 있었다. 비록 어학 특기자로 뽑힌 것이기는 하지만 지역 담당자라면 영업적인 내용에 대해서도 자신의 권한을 십분 사용, 상대 파트너에게 업무적인 능력으로 신뢰를 받아야 하는데 S대리의 경우에는 안타깝게도 그런 부분에서 신뢰를 얻지 못하고 있었던 것이다.

결국 부서의 모두가 딴청을 하며 전화 통화에 대해서 모르는 척을 했슴에도 S대리는 발갛게 상기된 얼굴로 사무실을 나가버렸다. 인성도 훌륭하고 따라올 수 없는 탁월한 어학 능력을 갖고 있었지만 어쩌겠는가. 우리는 비즈니스맨이고, 여기가 회사이지 어학원은 아니었으니 업무능력으로 승부를 보는 수밖에.

카투사 고참이 알려주는
전화 영어 꿀팁

"확실하지 않으면 승부를 걸지 마라. 이런 거 안 배웠어?" 영어(英語)가 어직 익숙하지 않을 때 제일 당황스러운 경우는 전화로 외국인(外國人)과 대화를 하는 경우다. 얼굴을 보면서 하는 대화는 어떻게 '비벼 볼 수라도' 있지만 수화기 너머로 들려오는 영어는 긴장감과 공포의 대상이기 십상이다.

흔히 종합상사맨들이라면 모두 영어에 능수능란하다고 많이들 생각하지만 이제 막 회사에 들어온 신입 사원들에게는 외국인들과의 영어 대화 특히 전화 영어는 부담스러운 순간이기는 마찬가지다.

카투사(KATUSA)로 군복무를 했던 덕분에 입사 후에도 외국인들과 대화를 하거나 전화 통화를 하는 데에 큰 부담이 없었지만 갓 전입한 카투사 병사들도 가장 힘들어 하던 건 역시 전화 영어였다. 업무적으로도 전화 영어를 쓸 일이 많다 보니 신병 카투사는 영어로 전화를 받는 법을 훈련을 받게 되는데 역설적으로 이런 영어 훈련 때문에 가장 곤란한 상황을 겪게 된다.

이를테면 훈련으로 암기한 영어로 능숙하게 전화를 받는 것을 듣는 상대편은 자기가 통화를 하는 카투사가 영어를 정말로 능숙하게 구사하는 것으로 착각하기 십상이라 평소 자기의 말하는 속도대로 영어를 하는 상황이다. 이렇게 되면 정작 카투사는 100% 멘붕에 빠지게 된다.

그런데 이런 상황을 이미 겪었던 고참 카투사들이 나름의 꿀팁을 알려주곤 하는데 그 전화영어 대응법은 대충 3가지이다. 첫번째는 전화를 받은 후 마치 전화가 고장나서 상대방의 목소리가 안 들리는 것처럼 연기를 하라는 것이다. "Hello? Hello? (여보세요? 여보세요?)"하다가 "I can't hear you(안 들리는데요)" "Hello?" 하고 혼잣말을 하고 마지막에는 군대라는 특수상황상 비속어인 "Shit(젠장)"이라고 하면서 전화를 끊어버리라는 것이었다.

두번째 방법은 더 익살스러운데 수화기 너머로 영어가 들리면 자기 입으로 "치지직~~" 하고 마치 전화가 고장 난 기계음을 계속 내서 상대가 전화를 끊게 만들라는 것이다. 그리고 마지막 세번째 대처법은 마치 영어를 잘

하는 것처럼 "으흥~ 예스~" 이렇게 상대가 말하는 것에 맞장구를 쳐주다가, "Hold on, I'll transfer your call to XXX(기다리세요. XXX에게 전화 돌릴 께요)" 이렇게 동료 미군에게 전화를 돌리라는 것이었다. 이 얘기를 들으며 배를 움켜쥐고 웃기도 했지만 한편으로는 '그럴 법도 하다'는 생각이 들기도 했었다. 물론 업무 현장에서 실제로 이런 카투사식 전화 대처법을 써먹을 수는 없겠지만 그만큼 전화 영어는 큰 스트레스인 것만큼은 분명한 사실이다.

특히나 주의해야 할 팁을 하나 말해보자면 한국인의 영어구사 시 특징 중인 '알아들은 척'하기가 상대방으로 하여금 오해를 하게 만들고 심지어는 나중에 큰 문제가 되기도 한다. 필자는 농반 진반으로 이런 것을 'Yes 남발 증후군'이라고 하는데 상대방의 영어를 이해하지 못했음에도 'Yes' Yes'를 하다가 낭패를 보는 일이 실제로 종종 일어나는 해프닝이기 때문이다.

해외영업현장에 처음 배치된 주니어들에게 이런 전화영어가 무척이나 힘든 고역이기는 하겠지만 그렇다고 걸려오는 전화를 피해 도망 다닐 수도 없지 않은가? 대부분의 경우 경험이 쌓이고 시간이 지나면 자연스럽게 해소될 문제이기는 하지만 전화영어 실력을 빨리 늘게 하는 필자만의 팁(tip)을 한가지를 준다면 '이메일'을 적극적으로 업무 교신에 활용하라는 것이다.

우선 이메일을 주고받은 후에 주요 포인트 중심으로 통화를 한다면 훨씬 효과적이며 영어를 구사하는데 부담스러움을 덜게 된다. 통화내용이 언제나 이메일 내용만을 이야기하는 것은 아니지만 이러한 과정을 통해서 훈련을 한다면 좀더 자연스럽고 효과적인 업무 커뮤니케이션을 영어로 하는데 자신감을 갖게 해줄 것이다. 더욱이 이러한 이메일 중심의 업무는 중요한 이슈들에 대해서 기록과 증빙이 되는 장점이 있다는 점이다. 이메일을 주고받으며 체크했던 사안들은 영어로 들어도 잘 들리게 마련이다.

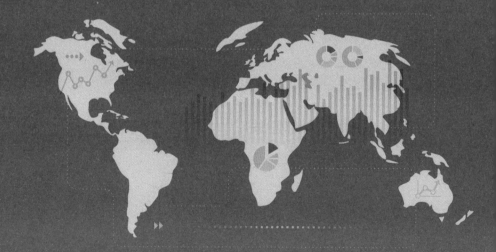

누구나 꿈꾸는
주재원(駐在員)의 모든 것

PART

01

러시아에서 유럽으로
나의 주재원 생활

빠 루스끼!(러시아어로 말해!)
러시아 지역전문가 파견

삼성의 해외파견 제도 중에 많은 관심을 끌었던 것이 바로 '지역전문가'라는 제도였다. 파견국에 1년간 체류하면서 현지 언어습득 및 지역 탐구 및 인맥을 쌓는 제도이다. 하지만 삼성물산에서는 지역전문가의 제도를 변형하여 GBP(Global Business Program)라는 명칭으로 해당국을 담당하던 인력을 6개월간 해당국가에 파견을 하며 현지에서 영업업무를 지속 수행하는 전진 배치 및 주재원 양성의 개념으로 운영했다. 따라서 삼성물산의 지역전문가는 삼성그룹의 지역전문가와 달리 자유로운 지역연구보다 현지 주재원처럼 실제 업무를 수행했다. GBP 파견 우선 국가 역시 러시아, 중국, 인도 등 전략적으로 주요한 국가 중심이었다.

러시아는 당시 부서의 중요한 전략 시장이었다. 이미 사업부에서 주재원이 파견되어 있었으나 시장의 추가 확대를 위해 지사에서는 GBP 파견을 요청 중에 있었다. 당시 나는 러시아를 포함한 CIS지역 영업과 전체 본부의 구매 및 제품개발을 동시에 담당하고 있었기에 본사에서는 구매, 제품개발 업무 공백을 이유로 파견을 꺼려했다. 하지만 결국 지사의 강력한 요청으로 해당년도의 사내 GBP 선발이 모두 종료된 후에 별도로 나의 모스크바 파견이 결정이 되었다.

영어 외 특수언어 국가의 파견자들은 파견전에 해당국가의 언어 기초교육을 받고 파견이 된다. 하지만 뒤늦게 파견 결정이 된 나는 결국 러시아어의 사전 교육은커녕 러시아어 키릴문자 알파벳

러시아 지역전문가 파견 중. 전시회를 준비하던 한때. '삼성'이라는 브랜드를 쓰지 못하는 착잡한 심정이 드러나 있다. '브랜드'는 당신이 생각하는 것 이상으로 중요하다.

도 익히지 못한 채 모스크바로 떠나게 되었다. 더욱이 파견 프로그램에는 파견 중, 그리고 복귀 후에 현지언어 스피킹 테스트가 있다는 사실도 모르고 있었다. 러시아 시장을 담당을 하고 있었지만 지사에 현지 직원이 있었기에 러시아어를 별도로 익히고 있지는 않았었다.

러시아 시장을 담당하고 있었기에 주기적으로 출장을 왔었지만 이제 출장이 아니고 현지에서 최소한 6개월을 살아야 했다. 아파트를 구하고 혼자 장을 보고 음식을 해먹으며 지사로 출퇴근을 시작했다. 다행히 모스크바 지사에는 지사장을 포함 4명의 주재원들이 근무를 하고 있어 정착에 도움이 되었다. 짧게 출장을 올 때는 주재원이나 현지직원이 거래선 미팅을 포함해서 출장기간 중에 차량 등의 편의를 제공해주었다. 하지만 이제 모든 것을 나 혼자 해야만 했다.

그래서 아파트와 함께 가장 먼저 현지 생활을 위해서 장만해야 할 것

이 자동차였다. 파견기간동안 주재원이 계속 챙겨줄 수도 없는 것이고 나 스스로 시장개척 및 기존 거래선들 과의 미팅을 위해선 차량이 필수였다. 파견이 결정된 후 미리 지사에 차량 수배를 요청했다. 하지만 외국인에게 6개월의 장기 렌트를 하는 곳을 찾기가 힘들었다. 다행히 어렵사리 파견 후 일주일만에 차량을 렌트 하게 되었다. Ford의 에스코트라는 소형 차량이었다.

당시에는 차량에 네비게이션 시스템이라는 것도 없었다. 하지만 상사맨이 무엇을 두려우랴? 라고 생각했다. 차량을 인도 받은 날부터 바로 모스크바 시내를 운전하고 누비고 다녔다. 길을 잃어서 출퇴근을 못하면 안되니 우선 아파트에서 지사까지 운전 도상연습을 했다. 출장 중에 눈에 익힌 거리와 랜드마크가 될 만한 건물을 나름의 표시 삼아 감(感)으로 운전을 했다. 지금 돌이켜보면 러시아어 간판도 읽을 줄 모르고 간단한 인사말도 못하는 내가 운전이 험하기로 소문난 모스크바에서 운전을 무모하게 시작한 것이다.

러시아는 아직 공산주의, 사회주의의 흔적이 곳곳에 남아 있었다. 자동차 등록증은 기본이고 차량 검사증 등 항상 차량에 구비해야 할 각종 서류가 한뭉치는 되었다. 현지인들도 모든 구비서류를 완벽히 챙겨서 다니는 것이 힘들 정도라고 불만을 했다. 그리고 모스크바 시내에는 주요 도로와 골목 마다 교통경찰들이 참 많이도 서 있었다. 내 눈을 의심케 했던 것은 교통경찰들이 근무중에 도로에서 담배를 피우면서 교통정리와 단속을 하는 것이었다. 그들은 조금만 의심이 되는 차는 세워서 각종 구비서류 검사를 하곤 했다. 만일 서류 중에 한가지만 미비가 되어도 벌금 부과 및 사안에 따라서는 운전자의 면허증을 뺏고 몇일 뒤 경찰서로 찾으러 오라고 하는 등 현지인들에게도 교통경찰에 단속이 되는 것은 매우 성가신 일이었다.

그런데 이러한 차량 구비서류 단속이 사실은 교통경찰의 뇌물을 받는 주요한 수단이었던 것이다. 단속되어 부과되는 벌금 보다 그 자리에서 교통경찰에게 벌금보다 적은 현금을 뇌물로 주는 것이 서로에게 편한 시스템이었던 것이다. 만일 운전면허증까지 압수되어 몇일 후에 복잡한 절차를 거치며 다시 찾아야 하는 것은 더욱 불편하고 비용이 많이 드는 절차인 것이다. 그래서 단속이 될 만한 포인트 자리에는 단속에 잡힌 차량들이 길게 줄서 있는 웃지못할 모습을 흔히 보게 된다. 교통경찰의 차안으로 단속된 운전자들이 마치 대기표를 받고 들어가는 식으로 한 명씩 들어가서 경찰과 '딜'을 하는 것이다.

외국인인 내가 운전하는 차는 그들에겐 그야말로 먹잇감 '봉'이었다. 교차로나 골목길에서 교통경찰과 눈만 마주치면 신호위반을 한 것도 없는데 내가 운전하는 차를 세웠다. 그리곤 신호 위반을 했다고 우기었다. 나 역시 서바이벌 러시아어 실력으로 '파란불' '파란불' '빨간불 아니다'를 외치곤 했다. 정말로 신호위반을 한 것이 아니기에 난 항상 큰소리로 '파란불'이란 단어를 외쳐 댔다. 그러면 그들은 메뉴얼 대로 구비서류를 보여 달라고 했다.

하지만 나를 포함한 주재원들의 차량은 당연히 모든 구비서류가 완벽했다. 먹이감을 놓친 교통경찰들은 아쉬워하는 기색이 항상 역력했고 어떻게 든 트집을 잡으려고 했다. 이럴 때를 대비해서 나는 항상 트렁크에 간단한 우리 제품 샘플들을 가지고 다녔다. 트집을 잡으려고 노력하는 경찰관에게 트렁크에서 샘플을 꺼내 쥐어 주고 등을 토닥이며 윙크를 하면 결국 이러한 헤프닝은 '스빠시바(감사합니다)'라는 경찰의 멘트로 끝이 나곤 했다.

쓸쓸하기도 하고 이해가 되지 않는 일들이었지만 이 역시 러시아의 교통경찰들에게 샘플을 나누어 주면서 우리 제품을 홍보하는 좋은 기회라고 생각했다. 사실 모든 것은 생각하기 나름 아닌가? 이 새로운 환경에서 나 혼자 열 받지 않고 슬기롭게 살아갈 수 있는 방법이었다.

국제 면허증을 준비하고 현지의 교통신호 차이점을 인지하고
철저하게 준수한다면 외국에서도 충분히 운전을 할 수 있다.
요즈음에는 네비게이션이 잘 발달되어 있으므로 크게 겁먹을 필요가 없다.
빠른 현지화를 위해서 과감히 현지 운전도 도전해보자.
단, 반드시 사전에 한국과 다른 현지 교통법규 등에 대해선 사전 숙지가 필수이다.

2

'쯔드라스브이째!(Здравствуйте!)' 러시아어 테스트

GBP파견 한달 후에 본사 인사팀에서 '러시아어 스피킹(speaking) 테스트 보셔야 합니다' 라는 전화가 왔다. 만일 테스트에서 떨어지면 바로 귀환해야 한다고도 했다. 러시아어 알파벳도 헷갈리는데 스피킹 테스트라니 말이 안 나왔다. 파견전에 러시아어 사전(事前) 교육도 못 받았고 아직 러시아어 테스트를 할 수 있는 준비가 안되었으니 6개월 파견을 마치고 귀임해서 테스트를 보겠다고 했다. 하지만 인사팀은 그러한 사정은 모르겠고 무조건 테스트를 봐야한다고 했다. 결국 1달후에 테스트를 하기로 했다.

파견후에 러시아어 학원을 등록을 했으나 출근전에 아침 한시간 수업이었다. 근무시간에는 지사에서 기존 업무를 수행하고 있었기에 사실 러시아어 공부는 집중을 하지 못하고 있었다. 발등에 불이 떨어졌다. 어렵기로 소문난 러시아어를 어떻게 한달만에 스피킹 테스트를 할 수가 있을까? 인사팀이 원망스럽기도 했으나 방법을 찾아야 했다.

묘안이 떠올랐다. 우선 러시아어 스피킹 테스트 시에 질문으로 나올 만한 예상 질문들을 머리를 짜내서 리스트업 했다. 그리고 그 질문과 대답을 영어로 작문을 했다. 약 20페이지 정도의 분량이었다. 학원 선생님에게 자초지종을 설명했다. 남아있는 테스트 날짜까지 정상적인 수업 속도로는 문법을 포함해서 테스트 준비를 할 수가 없으니 20장의 영작(英作) 내용을 러시아어로 바꾸어 달라고 요청을 했다. 그리고 그날부터 무작정 러시아어로 바뀌어 진 내용들을 외우기 시작했다. 러시아어 밑에 한글로 토를 달아서 발음도 적어 놓고 문법도 배울 틈이 없으니 그냥 무조건 외웠다. 외우는 과정에서 단어들과 문법을 이해하려고 했다. 한마디로 발음부터 모두 모르는 이상한 나라의 말들 같았다. 만일 내가 리스 트업한 예상 질문 외에 다른 질문이 나온다면? 그것은 운에 맡길 수밖에 없었다. 그때는 내가 외운 다른 문장이라도 읊을 심사였다. 그리고 비상의 필살기로 한문장을 준비해서 특히 잘 외웠다. 그것은 '잘 안 들립니다' 였다.

한달 후 스피킹 테스트는 웹캠(web cam)을 연결해서 진행되었다. 러시아어 교수가 삼성인력개발원으로 와서 모스크바 지사 회의실에 있는 나와 웹캠으로 연결되었다. 인력개발원의 관계자가 내 인사카드를 꺼내서 모스크바에 연결된 나와 비교를 하며 본인이 맞는지 확인을 하였다. 인력개발원의 담당자도 이해 못하겠다는 듯이 한마디 했다. '복귀해서 테스트하면 되지 물산은 해도해도 너무하네요. 이렇게 웹캠으로 외국어 테스트하는 것은 최초입니다' 당시에 내 맘도 '이건 너무한거야'라고 똑같은 말을 하고 있었다.

사실 이제서 고백 하건데 나는 테스트를 위해 별도의 비상준비도 했었다. 지사 회의실에서 화상테스트가 진행되니 웹캠은 내 얼굴만 비출 수밖에 없었다. 나는 회의실 벽과 테이블위에 커다란 전지(全紙)에 내가 준비했던 예상 질문내용들 중에 잘 안외워지고 어려운 문장들은 큼지막하게 매직펜으로 써서 잔뜩 붙여 놓았던 것이다. 한결 심리적으로 조금 위안이 되고 안정이 되었다.

'쯔드라스브이쩨! (안녕하세요)' '미냐 자붓 정해평 (내이름은 정해평입니다)' 테스트가 드디어 시작되었다. 다행히 내가 준비했던 예상 질문들도 꽤 나왔다. 하지만 준비 못한 질문들도 당연히 나왔고 이럴 땐 뻔뻔스럽게 동문서답(東問西答)이더라도 내가 외운 문장들을 그냥 읊어 대기도 했다. 회의실 벽면과 테이블위에 가득히 붙여 놓았던 컨닝 페이퍼들은 테스트가 시작되자 마자 '흰색은 종이요, 검정색은 글씨'라는 것만 구분될 뿐 전혀 눈에 들어오지 않았다. 아무튼 그날의 테스트 기억이라곤 머릿속이 온통 하얗게 느껴졌다는 기분뿐만이다. 이렇게 40여분의 테스트가 진행되었다.

지사장방은 회의실 바로 옆방이었다. 마침내 기나긴 테스트를 마치고 나오자 옆방에서 내가 40여분 동안 버벅거리며 떠든 러시아어를 들은 지사장이 묘한 웃음을 지으며 내게 칭찬인지 모를 한마디를 던졌다. "정해평이 러시아말 잘하네~"

다행스럽게 그날의 테스트로 나는 러시아어 회화등급을 획득하고 계속해서 GBP 파견 근무를 할 수가 있었다. 생각컨데 러시아어 교수님이 그날 내가 필살기를 써가며 40여분간을 버틴 용기를 높이 샀던 것

같다.

"쓰빠시바~ (감사합니다~)"

러시아어(語)는 키릴알파벳을 사용하며 슬라브어족에 속한다.
러시아어를 모국어 사용자는 약 1억 5천만 명으로 세계 8위의 사용자 수이다.
벨라루스, 카자흐스탄, 키르키스탄에서 공동 공용어 지위를 갖고 있으며
제2언어로 사용자를 포함하면 약 2억 6천만 명에 달한다.

시베리아처럼 차가웠던
모스크바 지역전문가 생활

출장으로 방문할 때와 현지에서 사는 것은 큰 차이가 있었다. 더욱이 가족과 함께 파견되는 주재원과 다르게 지역전문가는 단신(單身) 파견되므로 혼자 식사를 비롯해서 모든 걸 스스로 해결해야 했다. 그룹의 다른 관계사 지역전문가들은 현지 지역탐구를 위해 여행도 하고 학교에 랭귀지스쿨을 등록하는 등 자유롭게만 보였다. 그러나 나는 장기출장 온 것과 마찬가지로 지사에 정시 출퇴근을 하면서 기존 업무를 수행해야 했다.

GBP 파견생활은 기존에 몇일간 출장 왔을 때보다 더욱더 힘들었다. 추운 날씨 그리고 특히 러시아 사람들의 무뚝뚝하고 수동적이고 부정적(否定的)인 사고방식은 생활하고 업무를 수행하는데 적지 않은 스트레스가 되었다. 러시아어 회화 첫수업에서 배운 첫 문장이 'янезнаю(야 니에 즈나유)' 즉 '나는 모릅니다'라는 문장이었다. 이것도 나에게는 큰 충격이었다. 어떻게 러시아어를 가르치는 첫 수업에서 '나는 모릅니다'라는 부정적인 문장을 가르칠 수가 있을까? 하지만 생각해보니 이문장이 매우 귀에 익었던 문장이기도 했다. 현지 직원들의 전화통화 시나 거래선들의 대화 시에 그들이 이 문장을 수도 없이 사용하고 있는 것이 생각났다.

왜 그럴까? 현지 직원들에게 물어봐도 자신들이 습관적으로 사용하는 이러한 언어와 태도에 대해선 인지를 잘 못하고 있었다. 나이가 지긋했던 학원 선생님에게 왜 이런 대화부터 가르치는지 물어보았을 때 그녀는 흥미로운 해석을 했다. 러시아는 과거에 공산주의 국가였기에 다른 사람들과 경쟁할 필요도 없고 개개인의 노력에 따른 성과 차이보다는 정해진 물품을 배급 받고 규율안에서 생활하는 것이 습관이 되었다. 그리고 공산주의에 어긋나는 행동등에 대해서는 신고하고 비판하는 것이 일상화되었다. 그러기에 남들보다 나서서 행동하는 것을 극도로 자제했다 라는 것이 그녀의 해석이었다.

만일 개인이 나서서 어떤 행동을 했는데 그것이 잘못되면 모든 책임을 져야 했던 것이다. 그러기에 '나는 모른다' '안된다' '안 될 것이다'라는 그들의 태도와 생각 그리고 대화에 고스란히 나타나고 있었던 것이다. 정말 그랬다. 예를 들어 새로운 거래선을 개발할 때나 기존 거래선과도 새로운 이슈를 협의하려고 하면 현지직원들의 첫 반응은 대부분 '난 모른다' '해도 안될 것이다' '그것은 안된다' 였다. 상대 거래선에서도 '안된다'라는 대답부터 하는 것이 일반적이었다.

내가 직접 나서서 행동으로 하고 가능하게 만들고 나면 그제서야 '안될 줄 알았는데 되는구나'라고 인정을 했다. 대화 방식만이 아니고 어디를 가나 마주치는 사람들의 표정은 너무나 무뚝뚝했다. 이것은 동네의 슈퍼마켓을 가도 마찬가지였다. 러시아어를 할 줄 모르는 외국인에 대한 배려 같은 것은 기대할 수도 없었다.

또한 공산주의가 무너진 후 자본주의 개념의 경제가 시작되면 그전에는 상상할 수 없는 신흥 부자들이 생기면서 심각한 빈부격차가 발생되었다. 모스크바에서 운행되는 벤츠의 숫자가 뉴욕보다 많다는 이야기들을 했다. 그리고 당시에 한국에서도 보기 힘들었던 포르쉐의 SUV차량인 카이엔은 모스크바에서는 마치 한국에서 현대 싼타페 차량을 보는 것만큼 흔하게 보였다. 동시에 족히 20년은 넘었을 법한 러시아산 '라다(LADA)' 차량들도 짙은 매연을 뿜기며 거리를 같이 메우고 있었다.

배급을 받고 기존의 방식에 의존해서 살던 세대는 오히려 공산주의(共産主義) 시절을 그리워했다. 변화하는 경제체제에서 일자리를 잡지 못하는 실업자들의 분노는 이 모든 것이 외국세력과 외국인들 때문이라고 트집을 잡았다. 특히 4월말에서 5월초의 러시아 전승기념일이 있는 즈음에는 이러한 극우세력들의 외국인에 대한 테러나 폭력이 끊이질 않았다.

이렇게 암울한 것만 같은 생활에 숨을 트게 해준 것은 풍부한 문화 예술 볼거리였다. 비록 공산주의 잔재로 인해 내가 생활하던 것과 다르고 힘들게 느끼는 부분이 있었지만 러시아는 문화 예술 관련해서는 세계 그 어느 국가보다도 다양하고 풍부한 저변을 가진 강국이었다. 힘들고 지칠 때면 가끔씩 볼쇼이극장에 발레공연을 관람했다. 삼성에서 볼쇼이 극장에 후원을 하고 있었기에 다행히 티켓은 할인된 가격에 구입

책 제목으로 '비즈니스는 시베리아보다 넓고 성 바실리보다 아름답다'를 생각할 정도로 아름다운 성당과 붉은광장. 혼자있는 주말이면 붉은광장에서 사람구경을 하며 외로움을 달래곤 했다.

이 가능했다. 볼쇼이 외에도 모스크바에는 수많은 소극장들이 있고 항상 크고 작은 공연들이 열렸다. 이러한 공연들은 내가 다시 마음을 다잡고 근무를 할 수 있는 에너지를 주었다.

주말에는 모스크바 중심의 붉은광장으로 자주 산책을 갔다. 이곳은 크레물린궁과 국영 백화점인 굼백화점 그리고 우리가 테트리스라는 오락에서 친근하게 보았던 양파모양의 돔을 가진 성바실리 성당이 모여 있다. 성바실리 성당은 너무나 아름답게 지어서 성이 완성된 후에 러시아 황제 이반은 바실리 성당을 설계한 두 건축가의 눈을 멀게 했다는 전설이 있기도 하다. 붉은광장에서 이어진 뜨베르스까야 거리를 통해 한국의 대학로와 같고 러시아의 문호인 푸쉬킨의 기념관이 있는 아르바트 거리를 거닐었다. 전세계 관광객들이 모이기에 나름 사람구경을 하면서 외로움을 달랠 수 있었다.

러시아에서 생활하는 시간이 흐르자 그토록 무뚝뚝 하게만 보았던 러시아인들의 예술(藝術)에 대한 사랑과 열정에 놀라게 되었다. 부자이거나 아니거나 그들은 발레나 음악회 등의 문화생활을 품위 있게 즐기고 있었다. 내가 부정적인 생각을 떨쳐낼수록 내가 느꼈던 겉모습과는 다른 러시아인들의 따뜻한 인간미 넘치는 경험도 하게 되었다. 나와 다른 사람들 특히 다른 나라 사람들에 대해서는 겉모습으로만 보이는 것으로 섣부른 판단을 하면 안된다는 것을 현지 파견근무를 하면서 다시 한번 더 절실히 깨닫게 되었다.

1776년에 건립된 볼쇼이 극장의 정식명칭은
'러시아 국립 아카데미 대극장'이다.
볼쇼이는 러시아어로 '크다'라는 뜻이다.
볼쇼이극장에 소속된 볼쇼이 발레단은 러시아를 대표하며
차이콥스키의 '백조의 호수' 등 다양한 공연을 하며 전세계적으로 명성이 높다.

4

주재원, 나의 역할은
'유럽 판매법인장(法人長)'

　나 역시 삼성물산 해외영업의 꽃인 주재원(駐在員)을 했다. 그것도 많은 주재원 후보들이 주재지역 파견를 꿈꾸는 유럽이 나의 주재 근무지였다. 러시아 지역전문가를 했기에 러시아도 주재국가의 후보지만 당시 유럽 네델란드에는 사업부에서 별도의 유럽판매법인을 운영하고 있었고 나는 이곳의 법인장으로 주재발령이 났다. 유럽에는 이미 영국, 독일, 프랑스, 스페인, 이태리 등에 기존 삼성물산의 법인과 지사가 있었지만 사업부에서 브랜드사업만을 집중하기위해 유럽의 물류의 중심지인 네델란드에 사업부 별도의 판매법인을 설립했던 것이다.

　주재원이 파견되는 해외 조직은 크게 지사(支社)와 법인(法人)으로 나누어 졌다. 법인에는 임원급의 법인장, 관리 담당, 인사 담당 등의 스탭조직 주재원들을 비롯하여 해당 국가에 사업이 활발한 영업본부에서 주재원들을 파견한다. 즉 법인은 본사와 같은 구성과 조직인 셈이다. 이에 반해 지사는 통상 주재원 1인이 지사장으로 파견되어 영업은 물론 인사, 관리를 포함한 지사의 전체 업무를 관장하는 역할을 하게 된다. 물론 법인과 지사에는 현지 직원들이 각 업무에 맞추어서 구성이 되게 된다.

내가 주재 파견이 되었던 유럽 조직은 전형적인 법인과 지사의 모델이 아닌 영업본부 산하의 별도 판매법인이었다. 형태는 법인이나 주재원은 1인 즉 나 혼자인 지사의 형태였다. 따라서 법인장인 내가 유럽영업, 인사, 관리 등의 모든 업무를 책임져야 했다. 현지 직원들로 경리, 총무 등의 업무를 맡은 담당자가 있었다. 또한 유럽전체를 책임지는 판매법인의 특수성에 따라 유럽법인의 영업 담당자들은 모두 유럽 현지인들이었다. 네델란드, 영국, 독일, 프랑스, 보스니아 그리고 브라질 국적까지 구성원들의 국적은 다양했다. 물류 중심지인 네델란드에 사무실을 두었지만 다양한 국적의 유럽 담당자들과 전체 유럽 시장을 개척하는 업무를 진행하였다.

회사원의 꿈 이자 해외영업 담당자의 꽃인 주재원이 되었지만 나는 기존의 다른 주재원들과 다른 점이 하나 있었다. 그것은 바로 가족과 함께가 아닌 나 혼자 독신(獨身)주재원으로 파견이 된 것이다. 이는 매우 드문 케이스였다. 아니 삼성물산내에서도 첫 케이스였다. 하지만 내 경우에는 그럴 수밖에 없는 사정이 있었다. 이때까지 나는 결혼을 하지 않은 미혼(未婚)이었던 것이었다. 입사 2달째 첫 출장을 시작으로 상사맨으로써 업무에 흠뻑 빠져 매년 15~20번의 해외출장을 진행하고 있던 나는 결혼은 아예 뒷전에 두고 있었던 것이었다. 한국에 머무르는 시간이 한달에 2주가 채 안되는 생활을 지속하고 있었다. 해외지사의 직원들은 이렇게 많은 출장을 진행하면 어떻게 가정생활이 유지되냐고 걱정을 하다가 내가 미혼인 것을 알게 된 후에는 오히려 '만일 패트릭이 결혼했었으면 벌써 이혼을 당했을 거야'라는 농담을 하기까지 할 정도였다.

사실 나는 유럽 주재원 파견전에도 다른 국가로 주재원 파견에 대해서 여러 번 거론이 되고 기회가 있었다. 중남미 담당시절에는 멕시코 주재원 후보 그리고 구매와 제품개발 업무를 지속하고 있었기에 중국 주재원 후보 그리고 러시아 지역전문가를 한 러시아 주재원 후보까지 업무를 수행한 것과 관련된 국가들에 주재원 후보 리스트에 항상 올랐었다. 그렇지만 그때마다 파견이 무산되었던 것은 표면적으로 내가 미혼(未婚)이라는 이유 때문이었다. 하지만 나의 직급도 올라가고 수행한 여러 업무의 연관성 및 유럽 판매법인의 중요성 등에 따라 결국 미혼이지만 나의 주재파견이 결정되었다.

러시아에 파견되었던 지역전문가는 주재원과 달리 규정상 단신(單身) 파견이 규정이다. 반면 주재원은 기본적으로 가족과 함께 동반파견이다. 가족은 힘들고 스트레스가 많은 주재생활을 견디는데 크나큰 안식처이기 때문이다. 하지만 나는 지역전문가때와는 다르게 이제는 주재원마저도 혼자 파견이 되었던 것이다. 회사의 규정에도 독신자 파견 시에 처우 관련 조항이 있었다. 가족동반 파견 보다 주거비도 70%만 지원되는 등 일반적으로 비용절감이 주된 내용이다. 그렇지만 이러한 독신 파견 조항이 실제 적용된 것은 내가 처음이었다.

직장생활 더욱이 해외영업의 꽃인 주재원으로 확정이 되었지만 개인적으로는 걱정이 앞섰다. 이것은 가족없이 혼자 파견이 되어서 그런 것이 아니었다. 주재원으로 파견된 2009년은 이미 2008년에 시작된 글로벌 금융위기에 따라 유럽 경기 역시 급속히 하락하고 있던 시기였다. 더 이상 2000년 초반부터 글로벌 금융위기 전까지의 호경기가 아니었다. 유럽의 매출은 목표를 달성하고 있지 못하고 있었다. 그럼에도 호경기 시에 설립된 유럽 판매법인은 아직 인력운영이나 재고보유 등 운영비용이 과다하게 지출되는 공격적인 영업의 구조를 유지하고 있었다. 예상하고 직감했던 것 보다 훨씬 험난한 주재 생활이 나를 기다리고 있었다.

부임하자 마자 내가 운영해야 할 판매법인에 대해서 하나씩 자세히 챙겨 보기 시작했다. 가장 심각하고 큰 문제는 본사에 보고되었던 재고보다도 창고에는 훨씬 많은 물량의 재고가 남아있었다. 더욱이 재고 중에는 3년 가까이나 묵혀져 있는 장기 체류 악성재고들의 양이 상당했다. 창고비로만 매달 큰 금액이 지출되고 있었다. 게다가 채용한 현지인 영업인력들의 연봉은 당시 법인장인 나보다도 몇배나 높았다. 현지의 인건비 구조나 수준이 한국과 다르기에 단순히 금액으로 비교하는 것은 의미가 없다. 하지만 현지기준으로도 높은 고임금을 받고 있던 현지 영업담당자들의 생각이 너무나도 안이한 것이 문제였다. 아직도 호경기 시절만을 생각하는 있는 듯했다.

현지 영업담당들에게 과다 및 장기 체류 재고의 심각성을 이야기했다. 놀랍게도 그들은 한결같이 재고는 자기들 잘못이 아니고 모든 것은 전임 주재원이 결정한 것이라도 책임을 회피했다. 전임 주재원은 주재원을 마치고 회사를 이미 퇴사한 상황이었다. 고연봉을 받으며 영업을 책임지는 사람들이 모두 남 탓을 하고 있던 것이었다. 속이 타는 내 맘과 달리 반면에 그들은 자신들의 권리만을 주장했다. 그들은 당시의 매출부진은 유럽의 경기 탓과 삼성브랜드 이슈의 문제이고 장기 부실재고는 전임 주재원의 탓이라 했다. 악성 장기재고는 그들의 주요 관심사가 아니었다.

현지 부임 후 현지 직원들이 업무 관련 본사 유럽 담당자와 커뮤니케이션이 없는 것에 의아해 이유를 물었다. 현지 직원들의 대답에 나는 놀라지 않을 수 없었다. 현지 직원들은 기존 주재원이 현지 직원들은 본사와 교신을 하지 말라고 했다고 했다. 판매법인의 본사와의 모든 교신과 커뮤니케이션은 주재원이 전담했다는 것이다. 이런 상황이라면 현지 영업담당자들이 장기 과다재고에 대해서 자기네 탓이 아니라고 항변하는 이유가 이해가 되기도 하였다. 이곳은 마치 관리의 삼성이 아닌 별도의 공화국 같았다.

장기 악성재고 처리를 위해서 법인장인 내가 직접 뛰어야 했다. 각 유럽지역 담당자와 유럽 각국의 출장을 진행했다. 에피소드 한가지를 소개한다. 2010년 4월에 에스토니아를 담당자와 함께 1박예정으로 출장을 갔다. 에

하루 예정이던 에스토니아 출장은 아이슬란드 화산폭발로 늘어났다. 혹시 몰라 챙겨갔던 바람막이로는 북유럽의 추위를 막기란 역부족임을 절감한 일주일. 백설공주를 연상케하는 아름다운 발트 3국의 미인들도 눈에 들어오지 않았다. 추워서

스토니아에 도착한 날 아이슬란드에서 지난 2천년만에 가장 큰 화산폭발이 일어났다. 유럽의 항공기 운항이 전면 금지가 되었다. 하루 예정으로 갔던 에스토니아에서 꼼짝달싹 도 못하고 발이 묶이게 된 것이었다. 하루 출장이라 가벼운 옷차림으로 왔는데 나흘째 에스토니아에서 머무르고 있었다. 4월의 에스토니아 날씨는 나를 둘러싼 환경처럼 너무나 춥고도 차가웠다.

하루, 이틀, 사흘이 지나도 항공기 운항은 재개가 되지 않았다. 언제 다시 항공기 운항이 재개될 지 누구도 알 수 없었다. 같은 호텔에 독일 루프트한자의 조종사와 승무원들이 묵고 있었다. 혹시나 조종사는 운항재개 정보가 있을까 해서 물어봐도 자신들도 전혀 알 수 없다고 했다. 그들은 오히려 이런 예상치 못한 방학을 너무 즐겁게 즐기고 있었다.

하지만 나는 더 이상 시간을 지체할 수 없었다. 역시 예상치 못했던 방학을 즐기게 된 현지직원을 '어떻게든지 네델란드로 돌아가자'고 설득했다. 결국 에스토니아에서 배를 타고 스웨덴으로 이동하여 다시 기차를 타고 덴마크로 갔다. 덴마크에는 우리를 픽업하기 위해 네델란드 법인직원이 차를 가지고 대기하고 있었다. 배와 기차 그리고 차를 타고 네델란드로 복귀하는 데만 길위에서 이틀이 넘게 걸렸다. 1박 예정 출장이 일주일 넘게 시간을 보내게 되었던 것이다. 그나마 무사히 복귀한 것을 다행으로 여겨야 했다.

주재기간 내내 법인장인 내가 항상 첫 출근을 해서 사무실을 열었고 마지막에 퇴근을 하면서 문을 잠갔다. 한국과의 시차로 유럽의 아침시간은 한국의 낮시간이다. 새벽과 아침부터 한국의 본사에서 쉴 새 없이 연락이 왔다. 현지 직원들은 내가 문을 열고 한참 업무를 하고 있으면 9시에 맞추어 유유히 출근을 하고 5시가 되면 정확히 퇴근을 했다. 파 김치가 되어 퇴근을 하면 나를 따뜻하게 맞아줄 가족도 없었다. 이제 밥을 지어먹고 다시 내일 출근을 준비해야 했다. 집에 돌아와서도 본사에 리포트와 산적한 업무를 위해 다시 노트북을 켜야만 했다.

주말에는 빨래와 함께 일주일간 입을 드레스셔츠와 양복을 다림질하는 것이 토요일 오전의 일과였다. 영국, 프랑스, 독일에 비해 네델란드에는 한국 상점과 한국식당이 드물었다. 필요한 식제품은 현지 슈퍼마켓과 중국인 시장을 이용할 수밖에 없었다. 외국에서 한식당을 가지 않는 나였지만 이럴 땐 한국식당이 간절히 그리워질 수밖에 없었다. 직장의 꽃이라고 불리는 주재원의 생활이 나에겐 하루하루 고통의 나날이되고 있었다.

아쉽게도 신임 주재원의 첫 1년은
전임 주재원의 흔적을 지우고 씻어내는 시간이 될 수도 있다.
내 다음 후임 주재원에게 씻어낼 흔적 보다는 더욱 키워 나갈 수 있는 선물을
만들어 주고 귀임하는 주재원이 될 수 있도록 하자.
현지에 한국식당이 없을 때는 전세계 어디서나 찾을 수 있는
중국식당에서 'Hot and Sour Soup(산라탕)'과 Fried rice(볶음밥)'을 먹으면
그나마 중국식이긴 하지만 얼큰한 국물과 밥을 먹을 수 있다.

Must Know! 네델란드 Café와 Coffee shop 차이

네델란드에선 커피를 마시러 Coffee Shop으로 가면 안된다!

네델란드에서 커피(Coffee)를 마시려고 Coffee Shop(Koffie shop) 사인이 있는 가게를 들어간다면 정작 커피(Coffee)를 마실 수가 없다. 네델란드에서 Coffee shop이란 대마초, 환각버섯 등 '연성마약(Soft drug)'을 팔고 마약을 하는 장소이기 때문이다. 세계 최초 마약 합법국가인 네델란드의 마약정책은 연성마약은 실질적으로 처벌을 하지 않고 Coffee shop을 합법적으로 인정한다.

하지만 Coffee shop도 중독성 마약(Hard drug), 18세 미만 판매가 금지되며 가게에서 최대 5g까지만 판매가 가능하며 네델란드 국경 밖으로 수출도 금지가 된다. 2012년부터는 네델란드 국적자 및 거주자만 입장이 가능하다. 즉 외국인은 입장금지이다. 만일 네델란드에 거주하는 한국인의 경우 입장이 가능하지만 연성 마약이라도 한국 법률에는 불법이므로 이는 처벌 대상이 된다. 네델란드에서 커피(coffee)를 마시려면 Coffee Shop이 아니고 Café로 가야한다.

네델란드인의 커피와 민트티 사랑

네델란드 부임 후 현지인들과 식사를 하러 가서 놀란 점이다. 점심이던 저녁이던 레스토랑에 가면 음식주문에 앞서 반드시 커피나 차를 먼저 주문한다. 이때 네델란드인들이 식전에 많이 주문하는 것은 '라떼 마키아또'와 '민트티'이다. 음료에는 간단한 과자한두조각이 곁들여지며 식전차를 마시면서 가벼운 이야기를 하거나 음식메뉴를 고른다.

식사 후에는 다시 커피를 마시는데 이때는 에스프레소를 주로 마신다. 음식이 늦게 나오거나 식사 시간이 길어지거나 때는 커피나 차를 더 주문하는 경우도 많다. 유럽에선 물 또한 주문을 해야 하는 경우가 많으므로 보통 인당 한끼의 식사비용 만큼 커피와 차를 포함한 음료 비용이 나오는 경우가 많다.

5

'새로운 미션, 클린 아웃!' 현지법인(現地法人)을 청산하라

　본사에서는 하루가 멀다 하고 실적 압박을 했다. 현지 상황은 전혀 아랑곳하지 않았다. 주재국가는 네덜란드였지만 판매법인은 전체 유럽 시장을 담당해야 했다. 독일, 프랑스, 이태리, 포루투갈, 스페인, 영국, 헝거리, 스웨덴 등 서유럽, 동유럽 그리고 북유럽 등 거의 매주 유럽내 다른 국가들로 출장을 가야했다. 이제 대한항공 대신 KLM(네델란드 항공)이 나의 주(主)항공사가 되었다. 대한항공의 비빔밥을 질리게 먹었던 나는 이제 KLM에서 제공하는 간단한 식빵 치즈 샌드위치 기내식을 질리도록 먹게 되었다. 지금도 치즈 샌드위치를 보면 헛구역질이 날 지경이다.

　전세계 글로벌 경제위기의 충격은 유럽에서 더욱 심각 해졌다. 거래선들의 오더가 점차 줄어 들었다. 유럽 현지소비자들이 소비를 줄이기 시작했던 것이다. 유럽판매법인 현지인력들의 높은 인건비와 과다한 재고 보유에 따른 높은 창고비용 등 고비용 구조의 상황에서 경기침체에 따른 매출하락은 치명타였다. 반면 내가 달성해야 할 목표는 경제위기와는 상관없이 더 높게만 잡혀 있었다. 기존 장기 악성재고의 처리가 무엇보다도 시급했다. 또한 고비용의 인력구조에 대한 개선이 반드시 필요했다.

따라서 부임하여 현지 상황과 구조적인 문제점을 파악한 후 이를 개선하는 대책과 법인 정상화 방안에 대해서 본사에 보고서를 즉시 보냈다. 본사와 함께 현지 인력조정을 포함하여 네델란드 판매법인을 영국이나 독일의 삼성물산 법인내로 이전하는 안 등도 함께 검토를 하게 되었다. 하지만 다른 국가의 법인으로 이전을 하기 위해선 네델란드 법인의 고임금의 현지직원들을 정리해고 해야만 하는 문제가 있었다. 이는 근로자의 권리를 보호하는 성향과 노동법이 강한 유럽에서 현지인력의 구조조정은 매우 어렵고 힘든 일이었다.

엎친데 덮친 격으로 삼성그룹에서 삼성브랜드 사업은 이제 삼성전자 중심으로 진행하겠다고 했다. 삼성물산의 삼성브랜드 사업에 대한 위기가 된 것이다. 본사에서는 삼성브랜드 사용이 불가하게 될 것을 우려해 새로운 브랜드를 만들었다. 사실 이것은 내가 주재 발령이 나올 즈음부터 불거진 이슈였다. 이것이 이제 현실이 되었던 것이다.

삼성물산에서는 'Pleomax(플레오맥스)'라는 브랜드를 만들어서 기존 삼성브랜드로 판매한 제품들의 브랜드를 전환하기 시작했다. 유럽의 불경기로 고생을 하던 각국의 거래선들의 반발은 예상을 했던 대로 극심했다. 거래선들은 매출 확대를 못하는 이유를 브랜드전환 때문이다 라고 했다. 사실 어느정도 틀린 이야기는 아니다. 결국 울고 싶은데 뺨을 때려준 격이 된 것이다.

주재 첫해에 겪기에는 너무 큰 시련이었다. 꿈에 그리던 주재원 생활과는 너무나도 큰 차이였다. 을씨년스러운 유럽의 날씨는 기분조차 우울하게 만들었다. 큰 꿈을 꾸고 시작한 주재생활이 시작부터 본사에는 알려지지 않았던 몇 년치 물량의 악성재고, 경기침체 그리고 고비용의 직원들과 브랜드 이슈로 포위가 된 것이다. 현지 직원들을 설득하고 내가 직접 재고처리를 위해 출장을 주도하면서 정신없이 일을 했다. 내가 살던 아파트 바로 옆에 슈퍼마켓이 있었다. 집에 우유도 떨어 진지 오래지만 몇주째 그 슈퍼마켓조차 갈 수조차 없는 적이 많았다. 내가 출근할 때는 슈퍼마켓은 오픈 전이었고 퇴근하고 나면 이미 문을 닫은 시간이었다. 옆집 사람의 얼굴은 입주한지 1년이 한참 지난 뒤 에서야 우연히 처음으로 마주 칠 정도였다.

판매법인의 상황에 대해서 내부직원들도 조금씩 눈치를 채고 불안해하기 시작했다. 현지직원들의 동요와 더 나빠질 수 있는 상황을 우려해서 나는 본사의 빠른 결단을 계속 촉구했다. 하지만 본사의 결정은 계속 지연이 되었다. 그 즈음에 본사 사업부 역시 사업조정이 진행되고 있던 것이었다.

그리고 마침내 충격적인 연락이 왔다. 결국 본사에서 유럽판매법인을 폐쇄하기로 결정을 했다는 소식이었다. 날벼락 같은 소식이었다. 영국이나 독일로 이전하여 다시 회생을 하려던 계획도 현지직원들의 정리해고 이슈와 법적인 이슈 가능성 등의 우려로 채택이 안되었다. 부임하기 전의 문제들을 내가 뒤집어쓰는 것이기에 나는 화가 나고 억울하고 답답했다. 부임을 했으면 최소한 1~2년의 시간은 내게 주어야 한다고 생각을 했다. 하지만 내겐 내 실력을 발휘할 기회와 시간조차 주어지지 않았던 것이다.

억울하고 속이 뒤집어 졌지만 회사의 결정을 따라야 했다. 현지 법무법인과 변호사를 선임하여 회사는 물론 현지직원들이 향후 이직 등에 피해가 생기지 않고 그동안의 기여에 대하 보상 등의 법적인 처리를 진행했다. 주요거래선들은 물론 현지 직원들 개개인에게 회사의 결정에 대해서 직접 방문 및 미팅을 통해 설명을 했다. 그 뒤 법인 폐쇄진행에만 6개월 이상이 소요가 되었다.

흔히 해외에 새로운 지사를 오픈하는 것과 폐쇄하는 것을 비교하기도 한다. 사업의 시작이나 확대를 위해 현지 지사를 개설하는 것도 힘들고 어려운 과정이다. 하지만 개설의 경우 지속적으로 업무가 진행되므로 만일 미비한 사항들이 있다면 보완할 시간이 있다. 반면 지사나 법인의 폐쇄는 현지 법률 관계 등 세밀하게 마무리를 하지 않으면 향후에 법적인 문제가 발생시 해결에 난항을 겪게 된다. 마무리를 깨끗하고 완벽하게 하는 것이 더욱 중요한 것이다.

일부 현지직원 정리 과정에서는 법원에까지 가서 재판을 해야 하는 경우도 있었다. 많은 이들의 부러움을 안고 주재원이 되어 파견되었으나 거점폐쇄를 하는 과정에서 본사의 무관심에 마음의 상처를 받기도 하였다.

나는 억울하고 힘들었지만 더욱 이를 악물고 철저하게 거점폐쇄를 진행했다. 향후 법인 폐쇄에 법적인 문제가 발생하지 않도록 모든 절차를 진행했고 장기 악성재고 처리, 현지 직원들과 원만한 합의를 포함하여 마지막에는 사무실 집기까지 모두 중고판매까지 하며 깨끗하게 법인을 정리를 완수하였다. 주재원 경험을 가진 사람은 많아도 현지 인력들에 대한 정리해고를 포함 법인을 깨끗이 정리하고 폐쇄한 경험을 가진 사람은 많지 않을 것이다. 이를 통해서 다른 사람들이 해보지 못한 경험은 물론 나 자신 스스로도 한층 더 성장할 수 있는 기회였다. 이것도 나의 경쟁력이자 중요한 자산이 된 것이다.

돌이켜보면 주재원 생활은 하루하루가 너무나 힘들고 괴로워서 마치 지옥(地獄)에 와 있는 듯했다. 그렇게 꿈에 그리던 해외 주재원의 현실은 암담하기 짝이 없었던 것이다. 그동안 숱한 난관 속에서도 결국엔 계약을 따내고, 성공을 거두던 내 커리어에 흠집이 생기는 것도 유쾌한 경험은 아니었지만 나의 능력을 제대로 발휘, 유럽 전체를 상대로 날개를 활짝 펴보지도 못하고 법인 폐쇄를 하게 됐던 현실은 정말로 가슴이 아팠다. 10년이라는 시간이 흘렀지만 아직도 이때의 일은 가슴이 시리다. 그럼에도 비록 나는 나쁜 유산(legacy)를 물려 받았어도 좋은 유산(heritage)을 남겨놓고 귀국하고 싶었다. 유종의 미를 거두고 떠나자는 생각이었다. 비록 dirty 한 상황에 들어 왔어도 clean 한 모습만 남기고 싶었다. 다행히 홀로 마음 고생을 해가면서 몸부림 쳤던 마지막 보람은 있어서 유럽 판매법인 폐쇄는 법적으로도 도의적으로도 찜찜한 것을 남기지 않고 깔끔하게 마무리 지을 수 있었다.

그렇게 상처뿐인 주재원 생활을 매듭 짓는 와중, 본사 사업부도 브랜드 사업에 대한 업무 조정 등이 진행되고 있었기에 아쉽게도 귀임 후에는 나는 다른 사업부에 안착을 하게 된다. 법인폐쇄의 이유가 여러 외부환경 등에 있었고 그간 내가 일한 경험과 평판 등으로 새로운 업무를 안정적으로 맡아 진행할 수 있었다. 그럼에도 불구하고 이번 챕터에서 이야기하겠지만 조직에선 주재원 파견 전후에 예상치 않게 커리어의 진로가 바뀌게 되는 케이스가 적지 않게 발생을 하고 있고 나 역시 주재원의 파견 전후로 변경이 생기게 되었던 것이다.

회사의 이미지와 법적 이슈 방지를 위해 현지 거점폐쇄는
거점 개설보다도 더욱 세세하고 신중하게 진행을 해야 했다.
신규 개설은 사업이 on going하므로 미흡한 점들은 수정 보완할 기회가 있으나,
거점 폐쇄의 경우 현지법규를 준수해서 완벽하게 clean out을 하지 않으면
나중에 법적인 이슈 발생 가능성 등 회사의 이미지에 타격을 줄 수 있다.

직장인의 로망
'해외 주재원'은 "Shit" 이다?

러시아어를 처음 배울 때 재미있었던 점은 '나(I)'를 뜻하는 단어 'Я'였다. 영어 알파벳 R을 좌우반전 시켜 놓은 모양새가 흥미로웠는데, 발음은 '야(ya)'로 읽힌다. 이 글자가 지금의 모양인 것에 대한 몇 가지 추측이 있는데, 그 중 한가지에 흥미가 느껴졌다. 러시아라는 나라를 실질적으로 만들었던 계몽군주 표트르 대제가 러시아의 발전을 위해서 문자의 필요성을 느껴 학자들을 유럽 대륙으로 파견, 공부를 하게 했는데 임무 복귀 하는 과정에서 가져오던 알파벳 활자를 강물에 떨어뜨렸다고 한다. 그런데 급하게 활자를 주워담는 과정에서 R자를 거꾸로 담아서 보고를 하는 통에 그만 현재의 모습이 됐다는 설이 있다.

언어학자가 아니니 그 이야기의 진위 여부는 모르겠지만 '나'를 뜻하는 이 'Я'의 발음 'ya'가 불어 등에서 '나'를 뜻하는 단어들의 발음 'j'와 유사한 것 같다는 느낌을 받곤 했다. 멀리 떨어진 외국어의 단어와 말에도 어디선가 익숙한 발음이나 느낌을 받는 경우들이 종종 있는 까닭이

구약성서에 나오는 바벨탑의 고사가 정말로 사실이어서 아주 오랜 옛날에는 세상 사람들이 모두 같은 말을 했기 때문이 아닐까 하는 생각도 해보았다.

언어의 유래가 정말로 바벨탑의 고사로 거슬러 올라가는 것이 사실인지 아닌지는 모르겠지만 적어도 '사람 사는 게 다 비슷비슷하다'라는 말은 정말로 공감을 하게 된다. 비즈니스도 마찬가지어서 숱하게 다니던 해외 출장 중에서 '나도 실력을 더 인정받으면 주재원으로 나가겠지?'라고 생각했던 그 시기가 왔는 데에도 막상 몸으로 겪게 된 해외 주재원 생활은 겉으로 보이는 근사한 모습과는 아주 거리가 먼 팍팍한 하루하루의 연속이었다.

러시아에도 현지 직원의 근태 문제나 커뮤니케이션 문제 등으로 골치를 썩었는데, 유럽 판매법인장 시절 겪었던 네덜란드 현지 직원과의 갈등은 '사람 사는 게 다 거기서 거기로 구나' 하는 생각을 하게 만들었다. 그리고 비록 clean out하고 돌아왔지만 법인 청산 및 폐쇄와 같은 경험은 해외 주재원 생활에 대한 로망을 산산히 부숴버리게 한 것도 사실이다. '좋은 경험이다. 아무나 할 수 없는 미션이었어'라고 마음을 추스르며 꾹꾹 눌러 담아도 몇 번씩이나 "shit"이라는 말이 속에서 치민 것이 한두번이 아니었다.

GLOBAL

PART
02

남들은 모르는 주재원(駐在員) 성공, '1/3 법칙'

직장생활의 꽃? 위기(危機)?, 주재원은 'shift'

해외파견 주재원. 듣기만 해도 마음 설레는 단어이다. 만일 해외영업을 하고 있거나 꿈꾸는 사람이라면 주재원은 그들의 직장 커리어의 중간 목표 중에 하나 임에 틀림이 없을 것이다. 나 역시 삼성물산에 입사했을 때 주재원은 당연히 내가 거쳐 가야할 필수 코스이고 수순이라고 믿었었다. 그리고 주재원을 경험했다.

많은 사람들은 해외주재원이 직장생활의 꽃이라고 한다. 이는 틀린 말이 아니다. 통상 직장에서 주재원으로 파견이 되는 시기는 약 10여년의 직장생활 경험을 한 과장급이다. 회사에선 자기가 맡은 업무에 어느 정도 전문적인 역량을 갖추게 되고 일반적으로 가정적으로는 초등학생 정도의 자녀를 둔 가장의 모습 일 것이다. 자기가 속한 회사가 해외 파견 주재원을 운영하는 회사라면 이 직급의 인력이라면 주재원에 선발되기를 간절히 바랄 것이다. 조직내에서 업무적으로는 매너리즘에 빠질 시기이기도 하고 무엇보다도 자녀들의 해외교육의 기회가 더 큰 매력으로 작용함에 틀림이 없을 것이다.

하지만 명심해야 할 것이 있다. 주재원의 기회는 대외적으로는 직장생활의 꽃임에는 틀림없지만 본인 자신에게는 조직생활의 '위기(危機)'이기도 하다는 점이다. 위기(危機)라고 하면 '위험과 기회가 공존함'을 말한다. 즉, 주재원 생활을 어떻게 하는가에 따라 조직내에서 본인의 커리어에 날개를 달 수 있는 기회가 될 수 있는 반면 주재원 생활이 오히려 그간 잘 쌓아온 커리어가 망가지거나 새로운 길로 가야 할 수 있는 터닝 포인트가 될 수도 있기 때문이다.

안타깝게도 주재원으로 파견이 된다면 개인적으로는 사실 조직에서 기회보다는 오히려 위기를 겪게 될 가능성이 더 높다. 주위와 경험적으로 봤을 때 약 70% 정도의 주재원들은 귀임 후에 조직내에서 커리어의 길이 바뀐다. 앞장에 이미 기술하였지만 이는 나 역시 마찬가지였다. 즉 본인이 주재원으로 파견 나가기 전의 부서로 복귀하는 비율은 30% 수준으로 보면 될 것이다. 이러한 주재원 파견 전후의 진로변경은 당사자에겐 황당할 수도 있겠지만 자신의 능력과 의지와는 상관없이 발생되기도 한다는 것이다.

그럼 주재 후에 커리어 길이 바뀌게 되는 이유는 무엇일까? 업무적으로는 이제 본사라는 큰 울타리를 벗어나 자기 개인의 성과가 극명하게 드러나게 된다. 더 이상 본사가 주재원의 보호막이 되지 않는다. 오히려 많은 경우는 본사에서 주재원에게 성과에 대한 책임을 묻는 강력한 카운터 파트너가 된다. 주재기간 동안의 성과는 주재원 개인의 능력과 역량에 따라 차이가 난다. 하지만 개인역량 외 파견 국가 경제상황을 포함 여러 외부 환경적인 요인들이 주재기간의 성과에 더 큰 영향을 끼치는 경우도 많다. 억울하지만 전임자가 오픈하지 않고 묵혀 놓았던 심각한 문제점들이나 혹은 주재기간 동안 외부 환경 때문에 목표 달성에 실패하거나 저(低)성과가 나게 되더라도 결국 그 책임은 올 곧이 신임 주재원에게 돌아가게 된다.

따라서 주재원을 목표로 하는 사람이라면 반드시 명심해야 할 점이 있다. 회사에서 주재원을 파견의 목적이 무엇일까? 그것은 그 사람이 주재국에서 맡게 되는 시장과 업무를 더 확대시키고 키우라는 것이다. 주재기간동안 현지 시장을 더 키워서 후배들이 주재원으로 나갈 자리를 만들어 주어야 한다. 그리고 본인이 속했던 본사 조직도 더불어 커지게 만들어야 귀임했을 때 파견 전 보다 더 높은 직급과 직책을 맡으며 본사에 안착을 할 수가 있다.

조직의 입장에서는 아무리 능력 있는 직원이더라도 주재원 전후(前後)의 조직내 배치와 활용가치 고민을 하게 된다. 주재원 동안 맡은 사업과 조직을 성공적으로 키우지 못한 채 직급과 연차만 높아져서 귀임을 하게 되면 돌아갈 자리가 없는 경우가 생기는 것이다. 자신이 떠났던 본사의 자리에는 이미 다른 후임이 일을 하고 있고 비슷한 직급의 동료가 부서내에 일을 하고 있다면 귀임을 하여도 비정하지만 그 부서에선 잉여인력이 되는 셈이다. 이렇게 된다면 자신을 받아줄 새로운 부서나 최악의 경우에는 다른 회사를 찾아야 하는 일이 발생을 한다. 직장생활의 꽃인 주재원으로 선발되었을 때와는 정반대로 소위 조직에서 '낙동강 오리알' 신세가 되는 결과가 생기는 것이다.

직장생활의 '꽃'으로 불리는 해외주재원 기회는
조직생활의 최대 '위기(危機)'이기도 하다.
주재원은 조직내 성장 Jump-up이 되는 기회가 될 수 있지만
조직에서 '낙동강 오리알'이 될 리스크도 동시에 가지고 있다.

해외 주재원 성공의 법칙 1/3,
현지 정착

그럼 앞장에서 이야기 한 대로 주재원은 조직생활에서 비극의 시작인가? 이것은 절대로 아니다. 많은 사람들이 선망하는 대로 주재원은 해외영업을 하는 사람들에게는 직장생활의 분명한 꽃 이자 조직에서 자신의 능력을 인정받았다는 것을 증명해주는 증거이다. 그렇다면 어떻게 일을 해야 험한 주재생활에서 생존을 할 수 있을까? 아니 생존을 넘어서 어떻게 하면 조직에서 기대한 성과를 낼 수 있을까?

회사마다 차이가 있지만 보통 주재원으로 파견이 되면 4~5년간 현지 근무를 하게 된다. 통상 주재기간은 첫 1년은 현지 적응, 2~4년차에는 주재파견의 주목적인 시장확대, 그리고 5년차에는 귀임을 준비하는 구간으로 나눌 수 있을 것이다. 무슨 현지 적응이 1년이나 걸릴까? 라고 의구심을 가질 수도 있다. 하지만 부임 후 첫 1년을 어떻게 관리하느냐가 남은 주재기간의 성과에 큰 영향을 준다는 것을 반드시 인지해야 한다.

개인에 따라서는 주재를 2번째 혹은 3번째 하는 경우도 있다. 하지만 인생에서 최초로 주재를 발령 받은 경우를 기준으로 해보자. 주재원이 업무를 안정적으로 진행하기 위해선 주재원의 주거지 결정, 자녀의 학교 입학 등 가족이 주재국가에 안심하고 살 수 있도록 정착하는 것이 먼저 해결되어야 한다. 나라에 따라 다르지만 치안이 불안정한 국가에 파견되는 경우도 있으므로 주재원 자신과 가족의 안전에 관한 사항들은 철저하게 신경을 써서 진행해야 한다.

한국에서는 빠르게 처리되는 일처리들이 대부분의 국가들 에서는 상상도 못할 정도로 오래 걸린다. 이는 관공서 업무를 비롯해서 신용카드 발급, 가전제품 설치 및 수리, 인터넷 설치 등 현지의 서비스인력이 수행해야 거의 모든 일들이 포함된다. 나 역시 유럽 주재발령 후에 아파트에 인터넷을 설치하는데 4개월 이상 걸렸다. 한국에서는 아침에 신청하면 그날 당일도 가능한 인터넷 설치에 4개월이 소요된 것이다. 신용카드 발급에는 6개월까지도 소요가 된 적도 있다. 이 또한 한국에서 상상을 못하는 일일 것이다.

사실 주재원의 생활은 본사에서 근무할 때 보다도 더욱 피곤하고 업무에 대한 스트레스가 크다. 주재원 자신의 영업목표를 달성해야 함은 물론 본사에서 오는 수많은 출장자들을 지원해야 하는 일들과 권역내 출장 등 주말을 포기해야 할 정도로 바쁜 일상을 보내야 하는 경우가 많다. 하지만 힘든 주재원 생활을 견디게 해주는 것은 주재원 자신이 좀 더 힘들어도 가족에게 해외 생활의 경험을 줄 수 있다는 것이다. 따라서 가족의 조기 안착과 현지 적응은 주재원에게는 큰 힘이 된다. 파견이 된 후에는 주재원 자신만이 아니고 가족들도 한국과 다른 환경, 문화 그리고 시스템에 대해서 열린 마음으로 받아들이고 최대한 빠르게 적응을 하는 노력이 필요하다.

주재생활 관련 우스개 소리가 있다. 주재원으로 파견이 되면 첫 1~2년은 한국과 너무나 다르고 느린 시스템에 대해서 짜증과 분노를 느끼며 항상 열 받아 있게 된다. 주재 3~4년차에는 더 이상 짜증과 분노를 하기 보다는 한국과 다른 시스템에 대해서 그냥 체념과 포기하고 받아들인다. 그런데 주재생활 막바지인 5년차가 되면 놀랍게도 이러한 생활이 편해진다는 것이다. 그리고 한국에서 그렇게 바쁘고 정신없이 어떻게 살았었나 라는 생각이 든다는 것이다. 문제는 이제 한국으로 귀임해서 복귀하면 뭐든지 '빨리빨리'를 외치며 정신없이 바쁘게 전개되는 한국의 생활에 다시 적응하기가 힘들어 진다는 것이다.

가화만사성(家和萬事成) 가족이 화목해야 모든 일이 잘 이루어진다.
주재원에게는 가안만사성(家安萬事成)이다.
즉 현지 부임 후 가족이 안전하게 안착해야
주재원이 안정되게 업무에 집중할 수 있다.

해외 주재원 성공의 법칙 2/3, 현지(現地) 직원들과 일하기

가족들의 정착 외에 주재원에게 첫 1년의 중요성은 바로 자신과 같이 업무를 하게 되는 현지 직원들 과의 관계설정 및 구성이다. 파견되는 곳이 지사 인지 혹은 법인 인지에 따라서 차이가 있을 수 있으나 주재원으로 파견되는 대부분의 경우는 현지의 관리자급인 간부의 포지션이다. 즉 현지인력을 지휘해서 업무를 처리하는 역할을 해야 한다.

한국 본사에서 자신이 주도적으로 직접 일을 했었다 하더라도 이제는 관리자의 역할을 해야 한다. 한국에서 간부로서 조직원들을 관리한 경험이 있을 수도 있다. 하지만 이러한 경험은 오히려 독(毒)이 될 수도 있다. 우리와 관습, 문화와 일하는 방식이 다른 외국인을 한국 기준의 잣대와 방법으로 생각하고 대할 경우 오히려 역(逆)효과가 나는 경우가 많다. 특히 생애 처음으로 주재원이 되어 막 부임한 경우 주재원 당사자는 의욕과 파이팅 정신이 충만하다. 따라서 아직 현지 문화와 관습을 이해하지도 못한 상태에서 한국식으로 지시하고 추진하는 경우가 많다.

또한 현지 직원들의 일하는 모습을 보며 자신이 생각하는 속도와 결과가 나오지 않을 때 더욱 큰 실망과 답답함을 느끼게 된다. 한마디로 속이 부글부글 끓게 되는 경우가 다반사이다.

내가 남미 영업담당을 할 때에 남미 지사에 새로 지점장으로 P과장이 부임을 했다. P과장 부임 후 첫 본사 출장자가 바로 나였다. 지점장 스스로 나와 함께 거래선들 미팅에도 적극적으로 참석했다. P과장은 첫 주재원 파견이었고 지점장으로써 부임을 한 바 조기에 맡은 시장을 키우려는 의지와 의욕이 충만했다. 하지만 내가 남미 출장을 갈 때 마다 그는 나에게 직원들의 업무 태도와 성과 등에 대한 불만을 쏟아 부었다.

그중 가장 큰 불만은 직원들의 '근태' 문제였다. 출퇴근 시간 및 근무 시간의 준수 등 기본적인 근무태도이지만 우리의 상식과 남미의 현실은 너무나 많이 달랐다. 본사에서 근태를 지키는 것은 직장생활의 기본 중에 기본이라고 믿었던 그에게 남미 직원들의 근태 태도는 너무나도 큰 스트레스였다. '목표달성을 못해도 좋다. 하지만 근태는 반드시 지켜라'라고 이야기를 하고 지시를 해도 현지 직원들의 잦은 지각, 조퇴, 무단 결근 등은 나아지지 않았다. 한국에서는 새벽까지 술을 마셔도 출근 시간에 늦는 사람이 없다 라고 이야기를 해도 그들에겐 그것은 전혀 딴 나라의 이야기 일뿐이었다.

출장자인 내가 느끼기에 지점장인 P과장은 업무목표 달성 보다 현지 직원들의 근태를 바로잡고자 하는 것에 더 집중을 하고 있는 듯이 보였다. 물론 근무태도가 올바르게 되면 자연스럽게 업무성과도 나아질 것이라는 믿음이 기본적으로 나를 포함한 한국사람들에게는 있다.

하지만 문화 자체가 다른 국가에서 우리의 기준과 잣대로 생각하고 거기에 맞지 않을 경우 스트레스를 받는다면 주재원 본인의 건강과 생활에 문제가 발생할 수도 있다. 물론 회사의 규정과 규율을 무시하고 모든 것을 현지의 문화와 관습에 맞출 필요는 없다. 그렇지만 우리 것과 그들의 것을 조화롭게 운영하는 것이야 말로 성공할 수 있는 주재원의 중요한 덕목이다.

브라질에서 몇주간 출장을 진행할 때였다. 현지 직원이 매일 아침 8시반에 호텔에서 나를 픽업해서 사무실로 가야했다. 8시반이 픽업 시간이지만 나는 보통 8시 15분경에 내려가서 미리 대기하며 기다렸다. 혹시 현지직원이 일찍 도착을 할 수도 있다고 생각을 해서 항상 미리 내려갔다. 한국인의 부지런함이 발휘되었다. 하지만 정말 놀랍게도 몇주간의 출장기간동안 단 하루도 그 직원은 아침 픽업시간 8시반을 맞추어 온 적이 없었다. 정말 단 하루도! 생각해보면 그것도 참 대단한 일이 아니었나 싶다.

매일 10~30분씩 지각해서 나를 픽업했다. 매일 매일 그 직원은 미안하다는 말을 반복하며 그날 자신이 지각한 이유를 둘러댔다. 오늘은 호텔 오는 길에 시장이 섰다. 오늘은 오는 도로에 차사고가 났다. 오늘은 알람 시계가 안 울렸다. 정말 다양한 이유들이었다. 어떤 날은 너무 늦게까지 안 와서 전화를 하면 그때서 샤워를 막 끝냈다고 하기도 했다. 그럼에도 나는 매일 약속시간전에 미리 내려가서 기다렸다. 몇주간 숙박을 하던 호텔의 직원이 나에게 'Mr. 정, 오늘도 당신 친구가 지각입니까?'라고 물을 정도였다. 말도 안되는 것이겠지만 변명을 한다는 것은 역설적으로 그것이 옳지 않은 행동이라는 사실은 잘 알고 있다는 것이지만 사람이 어떻게 그렇게까지 할 수 있을 까는 풀리지 않는 의문이기도 했다. 주재원이 겪는 현지 직원들과의 문화적인 괴리 등에 대한 단적인 사례이긴 하나 이렇게 다른 문화와 사고방식을 가진 현지인들과 일을 하면서 성과를 내야 하는 것이 해외영업이고 더욱이 현지 파견되는 주재원의 역활이다.

주재원이 부임해서 현지 직원들 과의 궁합을 맞추는 일을 하는 것처럼 현지 직원들도 새로 부임한 주재원을 테스트하고 지켜본다는 것을 이해해야 한다. 특히 그들은 전임 주재원과 비교를 한다. 전임 주재원과 업무를 같이 한 시간이 길고 친교 관계도 형성이 되어 있기에 새로 부임한 주재원이 비록 상관일 지라도 자신들의 기준과 잣대로 신임 주재원을 평가하게 된다.

새로 부임해서 자신들과 일을 하게 될 주재원의 어학능력, 현지 문화 이해도, 기존 업무 경력, 나이, 리더쉽 등 모든 점들이 관찰 대상이다. 신임 주재원이 어떤 업무를 지시하거나 추진하면 '전임 주재원을 그렇게 안했다'라고 브레이크를 걸기도 한다. 또한 이제 막 부임한 신임 주재원에 비해서 현지 직원 자신들이 현지 거래선들 과도 더 잘 알고 있다고 생각하는 것이 일반적이다. 즉 현지직원 자신들의 중요성을 새로 부임한 주재원에게 일깨워 주려는 행동들을 하게 된다. 소위 기존 현지 직원들과 새로 부임한 주재원간에 '기(氣) 싸움'이 벌어지는 것이다.

내가 유럽법인장으로 부임 직후 겪은 사례이다. 현지 직원들의 업무에 대해서 새로 부임한 법인장으로서 업무설명을 듣는 자리였다. 따라서 회의실에서 나와 각 담당직원과 둘이서 진행이 되었다. 네델란드와 북유럽을 담당하던 R의 업무소개 차례였다. R은 신임 주재원이던 나에게 계속 도발적인 언행과 매우 불손한 태도를 보이고 있었다. 예를 들어 거래선에 대한 내용을 법인장인 나에게 설명을 제대로 하지 않고 자기가 알아서 다 한다는 식의 태도였다. 또한 그는 수주 받기 위해 과도하게 집행하고 있는 프로모션 비용 등에 대해서 내가 언급을 하자 고성을 지르면서 자리를 박차고 일어나며 나에게 위협적인 제스처와 행동을 취하기도 했다.

참고로 네델란드 남자의 평균신장은 약 185센티(여성은 약173센티)가 되며 세계에서 제일 크다. 회의실 밖의 현지직원들은 무슨 일이 생긴 줄 알고 회의실까지 들어올 정도였다. 나는 감정적으로 맞대응을 하지 않고 R에게 수차례 진정할 것을 요청하였다.

R은 신임 주재원인 나에게 기(氣)싸움을 하려 한 것 이였다. 결론적으로 R은 회사의 규정과 네델란드 법원의 정식절차를 통해 해고가 되었다. 유럽의 경우 해고를 할 경우에 해고 당사자가 거의 예외없이 회사를 제소하기 때문에 R을 현지법에 맞게 해고하기 위해 나를 포함해 R은 물론 당시 증인인 법인 직원들도 네델란드 법정에 출두해서 증언을 해야 했다. 이 케이스에 대해서 법원의 심판장은 선고 시에 이례적으로 R의 무례함을 꾸짖으며 자신이 만일 내 입장이었다면 R을 회의실에서 참지 못하고 두들겨 팼을 것이라고 이야기를 할 정도였다.

다소 하드한 경험이었지만 주재원 경험에서 희박한 케이스라고 볼 수는 없다. 문화나 인종, 나라와 개개인의 차이까지 모두 감안해야 하는 것이니 누가 어떤 일을 겪게 될 지를 무슨 수로 미리 짐작하겠는가? 이전 주재원이 친절하게 어느 정도 귀뜸을 해주지 않는다면 말이다. 그냥 '이런 일도 있나보다' 정도로 받아 넘기는 마음의 여유가 '먼저'라고 말하고 싶다.

　나의 경험 사례를 예로 들기도 했지만 현지직원들이 신임 주재원을 길들이려고 하는 경우에는 어떻게 해야 할까? 주재원의 지위와 관리자인 간부로서 본인의 방식을 강하게 밀어 부치면서 현지 직원들의 이러한 시도를 무력화해야 할까? 아니면 전임자가 잘 운영했다고 믿고 전임자의 방식을 따라가는 것이 좋을까? 또는 현지 고참 직원에게 의견을 구하고 현지 직원들이 선호하는 방식으로 운영을 하는 것이 좋을까? 아니면 기존 현지 직원들은 모두 해고를 하고 부임후에 자신과 같이 일하게 될 현지직원들을 전부 새로 뽑아야 할까?

　현지 직원들과의 협업과 성과를 극대화하기 위한 한가지 정해진 답은 없다. 하지만 주재원 생활의 성공을 가름하는 데에는 리더로서 현지 직원들과 신뢰를 쌓는 것이 우선이고 핵심 포인트임을 잊지 말자. 주재원 스스로 모든 영업과 일을 할 수는 없다. 또 그렇게 해서도 안된다. 현지 직원들이 주인의식을 가지고 일을 할 수 있는 일관성 있는 업무방침과 환경을 만들어주는 것이 주재원의 역할이다. 명심해야 할 것은 이러한 일들이 부임 후 초기 6개월에서 1년사이에 무리없이 진행되어야 한다는 점이다.

새로 부임하는 주재원의 경우 현지 직원들 역시
신임 주재원을 향후 그들의 보스(Boss)로 인정할지 테스트를 한다.
따라서 현지 직원들과는 업무 주도권을 잡기위한 안보이는
기(氣)싸움도 발생하게 된다. 부임 후 첫 1년을 어떻게 보내는가에 따라
주재원 생활의 승패가 달려있다.

해외 주재원 성공의 법칙 3/3,
본사와 일하기

　주재원으로 파견이 되면 초기에는 어쩔 수 없이 현지에 가족들의 정착, 현지 직원들과 호흡을 맞추는 등 현지 생활에 집중을 할 수밖에 없다. 그리고 앞 장에서 이야기한대로 초기 6개월에서 1년간에는 현지 직원들과의 호흡을 맞추는 대에 많은 시간이 소요되게 된다. 그러나 주재원으로서 이 초기 시간에도 간과해서는 안되는 중요한 것이 있다. 그것은 바로 본사와 원활한 관계 및 업무 협업이다.

　주재원으로 선발이 되었다는 것은 그간 맡은 업무능력에 대해서 회사에서 인정을 받았다는 것을 의미할 것이다. 하지만 주재원으로 일을 시작하게 되면 본사에서 일할 때 느끼지 못했던 여러 차이점과 어려움을 느끼게 된다. 예를 들어 본사에는 관리팀, 인사팀, 법무팀 등 영업부서 외에도 업무를 지원해주는 조직과 인력들이 있다. 반면에 해외파견 후에는 이러한 관리지원 업무까지 주재원 혼자서 처리해야 하는 경우가 많다. 즉 하나의 조직에 최고경영자 역할을 해야 하는 것이 주재원의 업무이다. 본사에서는 담당업무에만 신경을 썼는데 이제 그간 해보지 않았던 익숙하지 않은 업무와 이슈들에 직면하게 되는 것이다.

주재원이 파견 후 초기에 잘 모르는 업무에 자신의 시간을 더 투입하는 것은 당연한 것이다. 하지만 이럴 때 흔히 벌어지는 일은 본사 해당 영업팀에서의 불만이 시작된다는 것이다. 본사에서는 주재원을 파견한 만큼 즉각적인 실적의 확대만을 주로 기대하게 되는 것이다. 기대가 큰 만큼 실망이나 불만도 크게 나타나게 된다. 즉 본사에서는 주재원으로 나가더니 사람이 변했다, 영업에 신경을 쓰지 않는다 라는 불만이 쌓이는 것이다. 반면 파견된 주재원은 현지사정을 이해해주지 않는 본사에 대해서 서운한 감정을 가지게 되는 것이다.

이러한 초기의 갈등에 대해서 주재원은 본사와 커뮤니케이션을 더 적극적으로 진행함으로써 불필요한 오해가 깊어지지 않도록 각별한 주의를 기울여야 한다. 멀리 외국에서 주재원의 힘든 마음과 상황을 몰라준다고 혼자 실망하거나 분노하는 것은 바람직한 태도가 아니다. 회사에서 주재원으로 선발이 되었다는 것은 이미 조직 내에서 인정을 받았다는 것이기도 하지만 동시에 시기와 질투의 대상이 된 것이기 때문이다.

해외에서 외롭고 힘들게 열심히 일을 하고 있는데 본사에서 몰라준다고 속상해 할 것이 아니다. 현지에서 진행되는 일들에 대해서 적기에 적절하게 본사에도 알려줌으로써 오히려 본사의 지원과 응원을 더 받는 것이 현명한 주재생활이다. 본사의 지원출장이 필요할 때는 적극적으로 본사 담당자 출장을 요청해야 하고 반대로 본사에 직접 가서 설명을 해야 할 중요한 이슈가 있을 때에는 한국의 본사로 출장을 진행해야 한다. 본연의 업무 이외에도 신경 쓰고 챙겨야 할 일들이 많은 것이 주재원의 일상인 것이다.

주재원 근무 후에 본사로 복귀를 해야 하는 것이 일반적인 절차이므로 주재초기부터 본사와의 업무를 비롯한 관계는 각별히 신경을 쓰는 것이 바람직하다. 처음에 힘들고 고된 주재원의 생활도 눈깜짝할 사이에 지나게 된다. 주재를 마칠 즈음에 본사에 각별하게 신경 쓰는 척을 해도 이미 돌이킬 수 없는 상황이 되는 경우도 적지 않다. 주재원 발령 때의 기쁨과 자부심은 주재생활을 성공적으로 마치고 본사 성공적으로 귀임할 때 비로소 마무리가 되는 것이다.

본사는 주재원이 귀임 해야 하는 고향이다.
주재를 나가는 것은 잠시 조직과 개인의 성장을 위해 외유를 하는 것이다.
다시 돌아올 고향을 져버리지 말고
또한 고향에서 버림을 받지 않도록 처신에 유의해야 한다.

'글로벌 비즈니스 프로'가 되라

PART
01

'본사로 출장 중', 당신의 출장은 무엇입니까?

혹시, 여행사 직원이신가요?

지난 20여년간 300여회의 출장을 통해서 지구 60바퀴 거리인 150만 마일이라는 항공 마일리지를 모아 '밀리언 마일러'가 되기는 했지만 처음부터 밀리언 마일에 대한 목표가 있었던 것은 아니었다. 처음에는 의식을 하지 않지만 출장이 계속되고 마일리지가 쌓여 갈수록 다음 마일리지 등급에 대해서 신경이 쓰였다. 마일리지를 모으기 위해 출장을 갈 수는 없지만 사람이다 보니 나도 모르게 그동안 쌓인 마일리지가 어느샌가 조금이라도 신경이 쓰인 것은 사실이기는 하다. 이제 49만 마일이니 조금만 더 있으면 50만 마일이 되는 구나, 이제 99만 마일이니 곧 1백만 마일이다. 이렇게 카운트 다운을 하며 다음 출장을 기대 하게 되기도 하였다.

어리석게도 나는 마일리지를 쌓으려면 적립된 마일리지를 사용하면 안되는 줄만 알았었다. 그래서 50만 마일리지 넘을 때와 100만 마일리지가 넘을 때 까지도 그간 누적한 마일리지로 보너스 항공권을 신청해서 쓰지도 못했다. 사실 이러한 사항을 관심을 가지고 찾아보고 하지도 않았기에 단순히 마일리지는 쓰지 않고 누적으로 50만 마일이 되어 야만 프리미엄 멤버가 되고 100만 마일을 모아야 만 밀리언 마일러가 되는 줄만 알았던 것이다.

출장 중에 공휴일, 주말, 생일을 보낸 경우가 적지 않았다. 스위스 어느 호텔에서 생일축하 케익을 방에 놓아주었다.

50만 마일을 넘게 된 출장은 모스크바 출장이었고 100만 마일을 넘게 된 출장은 런던 출장이었다. 50만 마일을 넘어 프리미엄 멤버가 된 것을 실감한 것은 모스크바 비행기에 탑승을 했을 때였다. 후배 팀원과 마침 동반 출장을 가는 길이었다. 그때 탑승한 항공기 사무장이 다가와서 내 자리 앞에서 내이름을 부르며 탑승 감사인사를 하는 것이었다. 나는 물론이지만 후배는 더욱 놀라며 출장을 많이 다녀 마일리지를 많이 쌓았다며 어린아이처럼 나를 부러워하였다.

사실 나이에 비해서 당시에 마일리지가 많은 편이었고 프리미엄 멤버 이상은 탑승을 하게 되면 탑승한 비행기의 사무장이 와서 인사를 한다는 것을 처음 알게 되었다. 다음 출장부터 유심히 보게 되었다. 탑승구 근처 좌석에는 이러한 높은 마일리지 승객들이 좌석 배치되었다는 것도 알게 되었다. 그런데 그런 분들은 대부분 흰머리도 희긋 희긋 하시고 연륜이 느껴 지시는 연세가 좀 지긋하신 분들이 많았다. 그러니 나한

테 와서 인사를 하는 사무장은 어떤 경우에는 들고 온 승객탑승자 명단과 내 얼굴을 번갈아 보면서 내이름을 묻고 맞는지도 물어보는 분들도 있었다. 어떤 경우에는 고개를 까우뚱 하면서 '혹시 여행사 다니시는 지요? 동시에 여행사 가이드도 이정도 마일리지는 아닐 텐데요'라고 덧붙이며 묻는 사무장도 있었다.

이렇게 출장을 다니다 보니 여러가지 에피소드들도 생겼다. 카메라 필름대표기업인 코닥(Kodak)과 미팅을 하기 위해 미국 뉴욕으로 출장을 갔을 때다. 뉴욕 도착 후 코닥 본사가 있는 뉴욕주의 로체스터로 다시 이동 방문하여 코닥과 협상을 마친 후 다시 뉴욕 JFK공항에서 바로 귀국을 하는 비행기에 몸을 실었다. 막 탑승을 하는데 놀란 승무원들이 반갑게 인사를 하며 말을 걸어왔다. 엊그제 뉴욕 올 때 탔던 비행기의 승무원들이었던 것이다. 장거리 비행을 하는 승무원들은 도착지에서 이틀 휴식을 취하고 귀국편에 다시 승무원으로 탑승을 하게 된다. 하지만 업무출장을 갔던 나는 뉴욕 로체스터로 현지 로컬 비행기로 이동해서 일을 보고 다시 귀국편에 몸을 실었던 것이다. 그 귀국길에서는 승무원들이 더욱 친절하고 세심하게 배려를 해주었다. 그런데 그중 한 승무원을 그 다음주 일본 오사카 산요(Sanyo)사 출장 귀국편에서 다시 만나게 되어 서로 깜짝 놀라며 반가워했던 기억도 있다.

그 외에도 김포공항으로 출국을 해서 인천국제공항 개항 다음날 인천으로 귀국한 경험, 출장 중에 한국을 경유해서 다른 나라로 다시 출장을 진행한 경험, 태평양을 건너 남미 출장 후 그곳에서 다시 대서양을 건너 유럽출장까지 마치고 지구를 한바퀴 돌아 귀국한 경험 등 수많은 경험을 하였다.

하도 출장을 많이 다니다 보니 비행기를 타는 게 직업이라는 착각을 받을 수 있겠다 싶었는데 아니나 다를까 어느 날 어머님이 웃으며 말씀하시기를 동네 아파트 주민들이 아드님이 항공사 조종사냐고 물었다는 것이다. 생각해보니 내가 엘리베이터에서 이웃 주민들을 마주칠 때 많은 경우 출장 가방을 들고 있었으니까 그렇게 생각할 만도 했겠구나 싶었다. '본사로 출장을 오는 밀리언 마일러'라면 겪는 통과의례적 해프닝이겠지.

항공사 마일리지는 누적 개념이다. 누적된 마일리지를 중간에 사용한다고
50만 마일 프리미엄 클래스와
100만 마일 밀리언 마일러 클래스가 되는데 지장이 없다.
단, 신용카드로 받는 항공사 마일리지는
항공사 마일리지 프로그램에 계산되지 않는다.

2

대한민국 0.02%
밀리언 마일러(Million Miler)란?

　세계적인 소프라노 조수미, 유명 요리연구가이자 기업인인 백종원의 공통점은 무엇일까? 위에 언급한 두사람과 아무 연관이 전혀 없는 저 자인 나도 같은 공통점을 가지고 있는 것이 하나 있다. 그것은 바로 국 적기인 대한항공의 밀리언 마일러 라는 것이다. '밀리언 마일러(Million Miler)'란 단어 그대로 '백만마일을 보유(탑승)한 사람'을 의미한다. 그 만큼 전세계를 다니면서 자신의 일을 하고 있는 사람들이다. 비록 조수미 와 백종원 처럼 알려지지 않았지만 나 역시 해외영업으로 백만마일이 훌쩍 넘는 거리를 다녔다는 자부심을 가지고 있다.

　각 항공사에서는 자사의 항공기를 이용을 장려하기 위해 마일리지 프로그램을 운영하고 있으며 탑승 누적거리에 따라서 승급을 나누어 차별화된 서비스를 제공하고 있다. 예를 들어 대한항공의 경우 '모닝 캄 클럽' → '프리미엄 클럽(MP)' → '밀리언 클럽(MM)'으로 나뉜다. 모닝 캄 클럽의 경우 5만마일 혹은 40회 이상 탑승객, 프리미엄 클럽은 50만 마일 이상의 탑승객, 그리고 마지막으로 최상위 승급인 밀리언 클럽은 100만 마일 이상 탑승한 승객에게 멤버쉽 자격을 준다. 아시아나 항공의 경우 '실버 → 골드 → 다이아몬드 → 다이아몬드 플러스 → 플레티늄'이라는 명칭으로 승급을 나누며 100만 마일 이상 탑승한 승객은 플레티늄의 멤버가 된다. (대한항공은 2020년 4월 1일부터 현재 마일리지 프로그램을 변경하게 됨을 2019년 12월 발표함. 추가내용은 별도 박스 참고)

전세계의 항공사들은 자신들이 운항하지 않는 지역에 대해서 해당 지역 혹은 국가의 항공사들과 파트너쉽을 맺어 승객들이 해당 파트너의 항공기를 탑승하면 마일리지를 인정한다. 전세계적으로 유명한 항공사 동맹체(Airline Alliance)는 스카이팀(Sky Team), 스타얼라이언스(Star Alliance), 원월드(One World) 등이 있다. 한국의 항공사인 대한항공은 스카이팀에 그리고 아시아나 항공은 스타얼라이언스에 각각 속해 있다.

스카이팀은 대한항공, 에어로멕시코, 델타항공, 에어프랑스의 4개 항공사가 주축이 되어 2000년에 설립이 되었다. 현재 에어로플로트(러시아), 알이탈리아(이태리), 중화항공, 동방항공(중국), 가루다항공(인도네시아), KLM(네델란드), 베트남항공 등 19개의 항공사가 동맹체를 이루고 있다.

아시아나항공이 속한 스타얼라이언스는 루프트한자(독일), 에어캐나다(캐나다), 스칸디나비아항공(스칸디나비아), 유나이티드항공(미국), 타이항공(태국)의 5개사가 주축이 되어 1997년에 설립된 최초의 항공동맹체이다. 현재는 에어차이나(중국), ANA(일본), 오스트리아항공, 에바항공(대만), 싱가포르항공, 스위스항공, 터키항공, 폴란드항공 등 27개 항공사가 가입되어 있다.

한국의 항공사는 가입되어 있지 않지만 또 하나의 유명 항공동맹체는 1998년에 설립된 원월드 이다. 원월드에는 아메리카라에어어라인(미국), 케세이퍼시픽항공, 핀에어(핀란드)콴타스항공(호주), 카타르항공(카타르) 등 13개 항공사가 소속되어 있다.

따라서 마일리지를 적립하기 위해선 자신이 정한 항공사와 그 항공사가 속한 항공동맹체의 항공사를 이용해야만 한다. 대한항공 및 아시아나항공 등 국적기가 운항되는 국가들에 대한 출장 외의 국가들도 출장을 진행하는 경우가 많으므로 가능하면 연결편의 항공기를 선택할 때는 같은 항공동맹체를 이용해야만 마일리지를 쌓을 수 있다.

항공기 탑승이외에도 신용카드를 사용할 때 마일리지를 쌓을 수 있는 방법이 있다. 하지만 아쉽게도 신용카드 사용을 통해 누적한 마일리지는 항공사의 멤버쉽 자격산정 시에는 제외가 된다. 즉 여러분들이 아무리 많은 금액을 신용카드로 쓴다 해도 밀리언 마일러가 되는 자격에는 아무 영향이 없다.

또한 일반적으로 잘 알려지지는 않았지만 구입 티켓의 등급에 따라 마일리지 적립률도 달라진다. 가장 일반적인 일반석(이코노미석) 탑승의 경우에도 구입한 티켓의 등급에(예를 들어 땡처리티켓 등) 따라서 적립이 불가한 경우도 있다. 반면에 비싼 금액을 주고 탑승하게 되는 프레스티지석이나 1등석의 경우 적립률이 125%~200%까지 된다.

그렇다면 밀리언 마일러 수는 얼마나 되고 항공사에서 제공하는 혜택은 무엇일까? 2019년 기준 대한항공의 밀리언 마일러는 약 1만명 수준이다. 이는 2010년의 약 3천5백명에서 십년사이에 거의 3배이상 증가한 숫자이긴 하나 1만명이라 해도 대한민국 인구 5천만명 중에서 0.02%에 해당되는 극소수이다. 그럼 이렇게 적은 극소수의 밀리언 마일러는 도대체 어떤 혜택을 누릴까? 항공사가 제공하는 밀리언 마일러에 대한 혜택은 전용 탑승수속 카운터 이용, 무료 위탁수하물 1개 추가, 만석 시 최우선 대기, 동반 1인과 프레스티지 라운지 이용 등이 있다. 또한 최초 밀리언 마일러 가입시에 기념패를 보내주고 매년 생일에 작은 선물을 보내 주었다(대한항공은 2020년 4월부터 생일선물 서비스를 중단했다).

이러한 공식적인 항공사가 제공하는 하드웨어적인 혜택이외에도 밀리언 마일러가 되면 당일 탑승하게 되는 항공편의 승무원들에게는 밀리언 마일러의 탑승이 사전에 공유된다. 항공기의 운행전에 승무원들은 당일 비행에 대한 회의를 하며 이때 그날 탑승하는 VIP 승객들과 50만 마일 이상의 프리미엄 클럽 및 100만 마일이상 밀리언 클럽 승객들의 좌석번호 등에 대해서 사전 인지를 하고 좀더 신경을 써서 도와 준다. 그렇지만 아무리 밀리언 마일러라 해도 일반석에 탑승할 경우에는 다른 일반석 승객들과 다른 서비스 물품을 받는 것은 아니다. 단 마일리지가 높은 승객들은 통상 탑승구 가까운 쪽의 좌석을 우선 배정하여 편의를 제공하여 준다. 또한 마일리지가 높은 승객의 경우 항공사에서 수하물을 부칠 때 마일리지 높은 승객임을 나타내는 별도의 태그(Tag)를 붙여준다. 따라서 도착지에서 수하물 처리 시에 우선적으로 진행해준다.

생각해보면 별것 아닌 혜택들일 수도 있지만 출장이 잦은 나 같은 사람들에게는 가장 유용한 혜택은 바로 전용 탑승수속이다. 해외여행 혹은 출장을 진행하면서 되도록이면 빨리 끝내고 싶은 것이 탑승 수속과 보안검사 과정이다. 항공기 안전에 관한 보안검사는 예외없이 반드시 해야 할 일 이므로 불편하더라도 불만을 가질 수는 없다. 하지만 탑승수속을 위해 몇 십분에서 길게는 1시간씩 줄을 서있는 것은 힘든 고역이다. 더욱이 해외에서 출장 국가 간의 이동을 바쁘게 해야 하는데 타이트한 시간에 마음은 급한데 긴 탑승수속 줄에 서게 된다면 그 초조함은 느껴본 사람만이 알 것이다.

밀리언 마일러가 되면 한국에서 출국 시에는 1등석 전용 탑승카운터를 이용할 수 있으므로 탑승수속에 채 5분도 걸리지 않게 된다. 그리고 비행기에 탑승 시에도 우선 탑승 그룹에 속하므로 다른 승객들과 붐비지 않게 미리 탑승을 해서 짐을 정리할 수 있는 여유가 생긴다. 작은 차이이긴 하나 피곤한 일정 중에는 의외로 도움이 되는 서비스이다.

그리고 밀리언 마일러로 출장 중에 혜택을 누릴 수 있는 중요한 것은 대한항공을 비롯한 스카이팀의 항공기를 이용할 경우 각국 공항의 비즈니스 라운지를 사용할 수 있다는 것이다. 출장 중 수많은 이동과 피곤함 속에서 이것은 단비와 같은 휴식처이다. 통상 각국 공항의 대합실에는 수많은 승객들과 부족한 휴식공간 바가지로 생각될 정도로 비싼 식음료 등 불편한 점이 많다. 하지만 짧은 시간이라도 라운지에 가서 휴식을 취할 수 있는 것은 다음 이동전에 육체적으로나 정신적인 안정에 큰 도움이 된다.

하지만 대한항공이나 스카이팀의 항공사를 이용하지 않을 경우에는 해당 라운지를 이용할 수가 없다. 또한 스카이팀이 운항을 하지 않는 노선의 경우에도 라운지 서비스를 이용할 수가 없다. 이럴 경우 공항라운지 이용 관련 한가지 유용한 팁을 알려드리면, 전세계 약1,200개 공항 라운지에 입장이 가능한 Priority Pass 카드를 발급받는 것이다.

Priority Pass 카드는 보통 신용카드 중에 프리미엄 카드 서비스에 부속으로 제공이 되고 있다. 신용카드의 년간 회비가 일반카드에 비해서 비싸지는 단점은 있지만 해외출장이 잦고 특히 스카이팀 이외의 항공사를 이용하는 기회가 많은 경우에는 피곤한 출장길에 휴식을 위해 공항 라운지를 이용할 수 있는 매우 유용한 서비스이다.

2019년 기준 대한항공 밀리언 마일러의 숫자는
약 1만명으로 전체 인구의 0.02% 이다.
성공적인 출장을 통해 밀리언 마일러에 도전해보자!

마일리지 프로그램 및 Priority Pass 카드

• 현재 대한항공(스카이팀) 마일리지 프로그램

	모닝캄	모닝캄 프리미엄	밀리언 마일러
회원 구분	KOREAN AIR SKYPASS MORNING CALM	KOREAN AIR SKYPASS PREMIUM	KOREAN AIR SKYPASS MILLION MILER
자격 조건	5만 마일 이상 탑승	50만 마일 이상 탑승	100만 마일 이상 탑승
자격 기간	자격 취득부터 2년	자격 취득부터 평생	자격 취득부터 평생
스카이팀 자격	엘리트	엘리트 플러스	엘리트 플러스
혜택	무료 위탁수하물 1개 추가 (미주노선 일반석 제외) 자격유지조건 충족필요 대한항공 라운지 이용 (2년간 4회) 2년간 3만마일 이상 탑승 또는 20회 이상 탑승	전용 탑승 카운터 이용 무료 위탁수하물 1개 추가 동반1인과 라운지 이용가능	전용 탑승 카운터 이용 무료 위탁수하물 1개 추가 동반1인과 라운지 이용가능 전용상담전화 기념품

※ 대한항공은 2020년 4월 1일부터 마일리지 프로그램을 변경하여 현재 "모닝캄 → 모닝캄 프리미엄 → 밀리언 마일러"의 등급을 "실버 → 골드 → 플래티넘 → 다이아몬드"로 세분화 할 예정으로 공표함

• 여러 나라 출장이 많다면 Priority Pass로 공항 라운지를 이용해라

Priority Pass 회원이 되면 전세계 143개국가 약 500개 도시의 1200여개의 공항라운지를 이용할 수 있다. Priority Pass 가입은 통상 신용카드사에서 Priority Pass 서비스를 제공하는 신용카드를 선택해서 발급을 받으면 된다.

이는 대한항공이나 아시아나등의 국적기가 운항하는 국가들 이외 지역의 출장이 잦은 경우에 매우 유용하다.

3

비용(Cost) 혹은 투자(Investment)
당신의 출장은 무엇입니까?

"도대체 비행기를 몇 번이나 타야 밀리언 마일러(Million Miler)가 될 수 있나요?" 비행기가 이륙하기 전의 어수선한 분위기 속에서 승무원들이 기내 이곳 저곳을 분주하게 오가며 이륙준비를 하는 동안, 항공기 사무장이 내게로 와서 인사를 하고 가는 것을 보면 옆 자리에 앉은 사람이 열의 여덟, 아홉은 궁금해서 못 참겠다는 표정으로 이런 질문을 하곤 한다. '뭐 하는 분이세요?'라고.

그러면 '회사 다녀요'라는 내 대답에 고개를 갸웃하면서 또 질문을 한다. '무슨 회산데 사무장님이 인사를 해요?'라고 말이다. 그러면 '아~ 밀리언 마일러라서요'라고 빙그레 웃으면, '아~' 하면서 백이면 백 그렇게들 물어본다. '도대체 비행기를 몇 번이나 타면 밀리언 마일러가 될 수 있느냐?'라고.

당연히 비행거리에 따라서 적립되는 마일리지는 달라진다. 항공사에서 적립해주는 마일리지로 인천과 미국 로스앤젤레스간의 거리가

5,973마일이고 인천과 중국의 상해가 525마일이니 밀리언마일러가 되기 위해선 로스앤젤레스행 비행기를 167번 이상 탑승해야 하고 상해의 경우 1,904번 이상을 탑승해야 한다는 계산이 된다.

한국에 살고 있으므로 왕복으로 계산을 해보면 미국을 80번 이상 중국은 800번 이상 왕복을 해야 하는 거리 인 셈이다. 1년 12개월 중에 매달 로스엔젤레스 출장을 간다 해도 약 7년을 그렇게 다녀야 하는 거리이다. 또한 상해를 매달 간다 하면 66년을 연속으로 다녀야 하는 거리이다. 밀리언마일이 지구 40바퀴에 해당된다는 설명도 참고를 하면 밀리언마일의 비행거리가 어느정도 인지 짐작이 될 것이다.

이는 물리적인 거리이고 직장에서 출장을 간다는 것은 적지 않은 비용을 사용하면서 출장을 진행하는 만큼 달성하고자 하는 목적이 반드시 있다. 따라서 출장자의 그 목표 달성 여부가 그의 능력을 보여주는 것이며 다음 출장 시, 이를 승인하는 상사가 반대없이 결제할 것이다. 따라서 출장의 부담은 생각보다 과중하며 이를 극복하고 최대의 성과를 낼 수 있도록 하는 것이 출장자의 몫이고 역할이다. 따라서 해외출장의 준비와 진행은 앞장에서 이야기를 했 듯이 철저한 준비와 혼신의 노력이 반드시 필요하다.

나는 20년의 직장생활 동안 약 300번 이상의 해외출장으로 약 백오십만 마일리지가 쌓였다. 이는 국적기를 이용한 한국의 출국 입국만의 수치이고 현지 국가에서 이용한 각국의 항공사 마일리지들은 포함이 안된 수치이다. 마일리지 외에 출장 비용을 생각해보면 어떨까? 일주일 이내의 아시아 국가의 출장이 통상 2백만원 그리고 미국이나 유럽 등의 출장이 약 3~5백만원이 소요가 되며 2주이상 진행되는 중남미 출장의 경우 약 1천만원까지의 출장비용이 소요된다. 이를 내 출장에 평균으로 환산을 해보면 약10억원의 출장 비용을 쓴 셈이다.

그럼 과연 나는 조직에 얼마나 기여를 했을까? 금액적으로 내가 사용한 출장비의 몇배 이상의 기여를 했다고 이야기하는 것도 의미가 있겠으나 내가 더 소중하게 생각하는 것은 그 수많은 출장들 중에 단 한차례의 출장도 상사가 지시해서 진행한 출장이 없었고 역시 단한차례도 출장품의가 반려된 적이 없었다는 점이다. 내가 맡고 있는 업무를 더 잘 수행하기 위해서 주도적으로 출장을 기획하였고 그러한 출장에서 목표했던 결과를 대부분 달성함으로 조직에서도 신뢰를 쌓을 수 있었다.

후배들에게 출장관련 조언을 해주는 것이 있다. 그것은 각자 출장의 사전, 사후 대차대조표를 만들어서 반드시 결과를 리뷰하고 복기하는 습관을 가지라는 것이다. 보통 회사에서 출장을 준비하며 품의를 하는 과정에는 출장비용에 대한 내역이 포함된다. 통상 출장비중 가장 많은 차지를 하는 것은 항공료이며 출장일수에 따른 숙박비, 일당, 교통비 등의 비용이 회사마다 내규에 따라 정해져 있다. 따라서 출장을 품의 할 때 금번 출장의 예상비용이 포함되어 품의결제를 올린다.

그렇다면 이만큼 비용을 쓰면서 진행하는 해외출장의 목적은 무엇인가? 영업담당자라면 새로운 수주를 하는 것이거나 신규 거래선을 개발하는 것이 목표일 것이다. 구매담당자라면 공급선으로부터 구매가 인하 혹은 발주한 오더의 납기 단축을 위해 출장을 갈 것이다. 제품개발 담당자라면 개발 출시일정을 앞당기거나 제품의 완성도를 높이는 것이 목표일 것이다. 그리고 마케팅 담당자라면 시장조사 및 해외에서 진행되는 행사를 진행하는 것일 수도 있다.

통상 영업 및 구매 담당자들의 출장목적은 수주 금액 및 구매가 인하 등 정량적으로 측정이 가능하다. 반면 마케팅, 제품개발 및 신규거래선 개척 등 정성적인 활동의 출장의 경우에는 정량화 하는 것이 어려울 수도 있다. 하지만 이러한 활동이 달성되었을 때 예상되는 기대효과를 유추하여 정량화 하는 것은 출장결과를 리뷰하는데 많은 도움이 된다.

즉 출장 복귀후에 자신의 쓴 출장비용과 진행한 출장의 목표달성 여부 그리고 달성된(또는 달성 예상되는) 목표의 금액가치를 비교해 보는 것이다. 목표한대로 소기의 목적을 달성한 '흑자 출장'이었는지 아니면 목적 달성에 실패한 '적자 출장'이었는지 복기하여 그 원인을 분석하는 것을 몸에 베게 해야 한다. 그래야 다음 출장에서도 지속해서 흑자를 이어나갈 수 있고 아니면 적자에서 흑자로 돌아설 수 있기 때문이다. 이러한 분석을 스스로 하지 않아도 조직에서는 출장결과로 판단을 하여 여러분을 판단하고 평가를 하게 될 것이다. 하지만 이를 내 스스로 엄격히 하여 개선하는 모습을 보인다면 혹시 발생한 적자출장에 대해서도 여러분을 믿고 기회를 줄 것이다. 성공적인 출장업무 수행은 여러분을 한 발 한발 '밀리언 마일러'로 다가갈 수 있도록 해 줄 것이다.

**해외 출장 전후(前後) 성과(成果) 대차대조표를 만들어 분석하는 습관을 갖도록 하자.
몸에 익고 나면 놀랍게 성장한 자신을 발견하게 될 것이다.**

주요 국가 및 도시 구간별 마일리지

-출발은 모두 인천, 일반석 편도기준 마일리지

국가	도시	마일
일본	도쿄	758
	오사카	525
	삿뽀로	870
중국	광저우	1269
	상하이	525
	베이징	568
대만	타이페이	914
홍콩	홍콩	1295
러시아	블라디보스톡	476
	모스크바	4096
태국	방콕	2296
필리핀	마닐라	1627
싱가포르	싱가포르	2883
인도네시아	자카르타	3281
베트남	하노이	1687
	호치민	2223
인도	델리	2900
	뭄바이	3457
미국	뉴욕	6879
	댈러스	6824
	L.A.	5973
	시카고	6538
	워싱턴 D.C.	6944
	호놀루루	4560
캐나다	토론토	6602
	밴쿠버	5088
호주	시드니	5184
	브리즈번	4804
UAE	두바이	4203
영국	런던	5652
이태리	로마	5579
스페인	마드리드	6227
네델란드	암스테르담	5439
터키	이스탄불	5185
스위스	쮜리히	5456
프랑스	파리	5626
체코	프라하	5134
독일	프랑크푸르트	5360

회사인(會社人) 'why'가 아닌 'and then'

내가 후배들에게 출장에 대한 대차대조표를 작성하고 그것에 대해서 복기를 해보라고 하는 것은 회사가 우리의 출장에 대해 사용하는 돈의 성격이 '비용'이기 때문이기도 하지만 한편으로 우리 자신과 회사 모두에게 '투자'가 될 수 있기 때문이다. '회사가 나를 부려먹으려고 쓰는 돈'이라고 생각하면 문자 그대로 '비용'일테고, '회사가 내 업무능력과 경험치를 높이는 데 도움을 준다'고 생각할 수 있으면 '투자'가 될 수 있기 때문이다.

1천 몇백년 전의 원효대사는 해골물을 마시고서야 얻은 깨달음이지만 지금을 살고 있는 우리들 역시 생각을 바꾸면 얼마든지 작지만 중요한 깨달음을 얻을 수 있다.

지난 20여년을 해외 마케팅과 개척, 브랜드 사업이라는 분야에 집중한 덕분에 전문성을 인정받아 몇번의 이직을 했는데 그때마다 공통적으로 목격했던 일이 해외 출장에 대한 안타까운 인식을 가진 직장인들이다.

해외 출장이 정해졌다는 것을 알게 되면 성별과 직급을 불문하고 출장지의 맛집부터 인터넷 검색을 한다. 자주 있는 출장도 아니니 먼 이국에서의 시간을 즐기고 싶은 마음이 없을 수는 없게 마련이라 그 심정을 이해 못하는 바는 아니지만 기본적으로 '출장'이라는 것이 회사 돈으로 즐기는 해외 관광이 아니라는 사실을 간과하는 사람들이 꼭 몇 명씩은 있다는 것이다.

'회사' 혹은 '기업'에 대한 통찰은 많지만 나는 그중에서도 'Company' 'Going concern' 그리고 윈스턴 처칠의 말이 가장 인상 깊다. 우리가 너무나 잘 아는 영어 단어 'Company'의 앞 글자 'co'는 '함께, 같이(together)'라는 의미의 접두사이다. 컴퍼니라는 단어의 뜻은 그래서 '함께 걷다'라는 의미가 있다. '동행인(同行人, companion)'이라는 단어도 company와 같은 어원에서 나온 말이기도 하다. 결국 회사는 '같이 걷는 사람들의 집합'이라는 의미가 베이스에 깔려있는 셈이다.

그리고 'Going concern'이라는 말은 '계속 기업'이라는 뜻으로 회사라는 집합 혹은 사람들의 집단이 일시적, 한시적인 기간 동안 존재하는 것이 아니라 사람들의 계속적인 유입과 퇴장으로 끊임없이 그 생명을 지속해 가는 생명체와 같다는 의미를 갖는다. 마지막으로 회사와 기업에 대해 윈스턴 처칠은 너무나 명쾌한데 그는 '기업의 사명을 이익을 창출하는 것'이라 일갈했다. 기업이 최선을 다해 기업활동을 하고 그로 인해 부를 창출하고 그리고 그것에 따른 세금을 국가에 납부함으로써 현대의 국가가 운영될 수 있다.

내가 입사하던 IMF 이전만 하더라도 학교를 졸업하고 회사에 입사를 한다는 것은 곧 정년퇴직을 할 때까지의 2,30년이라는 긴 기간을 그 회사와 함께 한다는 것을 의미했다. 법으로 명시되어 있지는 않았어도 '종신고용'에 대한 사회적 합의가 있었기 때문이었다.

그렇기 때문에 직장인들은 자신의 회사가 더욱 많은 돈을 벌고 더 성장하면 자신의 직급이 올라감과 함께 급여도 높아질 것이라고 당연히 믿을 수 있었다. 회사와 회사에 다니고 있는 직원이 더 많은 이익을 창출한다는 같은 방향으로 함께 걷는다는 컨센서스가 있었던 것이다. 하지만 IMF 이후의 회사와 직장인의 관계는 그 이전보다는 질적으로 이해타산적이고, 빡빡한 관계가 된 것이 사실이다.

특별한 과오가 없는 한, 회사는 입사한 직원을 계속 고용한다는 암묵적인 묵계는 깨어졌다. 자신이 받는 연봉에 비해 실적이 따라주지 않으면 회사는 고용관계를 더 이상 유지하려고 하지 않는다. 그게 지금 우리가 처해있는 현실이다.

산업화 시대처럼 국가 경제가 고도 성장을 거듭하던 시기가 아니라 현상 유지를 하는 것도 쉽지 않은 기업들이 많아지고 있는 경제로 이미 들어섰기 때문에 더 이상 기업들이 해마다 공개채용을 통해서 수많은 대학 졸업생들을 채용할 여력이 없어졌다. 야박한 말로 들리겠지만 상황이 이렇기 때문에 직장인들의 회사 생활이라는 것이 이전에 비해서 더 빡빡할 수밖에 없다. 그건 누군가의 잘못으로 인해 빚어진 현상이 아니기 때문에 '왜(why)?'라고 묻기 보다는 '그래서 어떻게 해야 하는거지(and then)?'라고 생각하는 게 '현명'하다. 회사는 직원들의 자아실현을

도와주기 위해서 존재하는 게 아니니까.

요즘처럼 취업 자체가 인생에 있어서 중요한 큰 고비가 되고 있는 상황을 뚫고 입사에 성공한 신입사원들이 입사의 기쁨이 채 가시지도 않은 몇 달 만에 이직을 고민하고 실제로 적지 않은 숫자의 신입사원들이 1년을 넘기지 못하고 퇴사를 하는 일이 드물지 않다.

말 한번 잘못하면 '꼰대'가 되는 세태라서 조심스럽기는 하지만 나는 '마음이 원하는 것을 따르라'는 말을 젊은이들이 진심으로 걱정되서 하는 말이라고 생각하지 않는다. 누군들 윗 사람 눈치보며, 마시기 싫은 술도 마셔가면서 영업을 하고, 쌍코피를 흘릴 정도로 무리한 해외 출장을 연거푸 다녀오는 그런 삶을 살고 싶겠나. 그렇게 받은 돈을 몇 년 모아도 번듯한 집 한 채 마련하기도 어려운 세상인데 말이다.

옳고 그름을 논할 생각은 전혀 없지만 이 땅에 태어난 대부분의 사람들이 보편적으로 걷고 있는 삶의 궤적에 '회사'라는 곳이 중요한 과정으로 자리하고 있다는 현실은 일단 수용하고 그 다음 단계를 어떻게 대할 것인가에 대해서 고민하는 것이 회사를 위해서도 그리고 본인을 위해서도 훨씬 나은 선택이라고 보기 때문이다. 나에 대한 회사의 평가가 확실해지기 이전까지는 출장을 가더라도 그것은 '비용'이다. 회사는 철저한 profit 조직이니까.

'회사' 특히 내가 청춘을 바쳐 열심히 살았던 대기업들은 그 자체로 이미 하나의 복잡다단한 관계로 얽혀 있는 살아 숨쉬는 사회이다. 당연히 밝은 면이 있고, 그 반대편의 어두침침한 구석이 적지 않게 존재한다. 그것은 기업이 사악한 존재여서가 아니라 그냥 '사람 사는 곳'이기 때문이다. 재계 서열 1위인 삼성을 두고 '종업원을 착취하는 나쁜 기업'이라고 매도하는 사람들을 드물지 않게 접한다. 물론 그런 면이 없지는 않을 것이다. 재게 서열 2위의 기업도 마찬가지로 취급받는다. 3위 4위도 그렇고 그렇게 밑으로 계속 내려가도 평가는 달라지지 않을 것이다.

그럼 역으로 생각해보면 어떨까? 종업원이 단 한명뿐인 영세 자영업체는 선한 존재일까? '그렇다'라고 확신할 수 있는 사람이 몇 명이나 될까? 종업원 한명인 카페 사장 중에도 알바생을 못살게 굴고 갑질하는 사람이 있는 게 현실이고, 직원이 기 십명 정도 되는 소기업 중에서 '영원히 퇴사하기 싫은 회사'도 분명 있을 것이다. 그렇지 않은가? 정리를 하면 '회사'라는 집단의 성격 자체가 '이익을 지속적으로 창출하기 위해 존재'하는 것이기 때문에 그 본래의 목적과 멀어지면 그 내부의 조직원들은 회사와 갈등을 가질 수밖에 없다. 그냥 '회사'라는 사회가 그런 것뿐이지 않은가.

그렇기 때문에 회사에 영혼을 팔라는 그 역시 게으르고 무책임한 싸구려 조언을 하고 싶지는 않다. '그럼에도 불구하고' 회사라는 분명한 목적을 지닌 사회에 자신을 맡기고 한동안 같은 방향을 향해서 열심히 달려보았으면 하는 얘기를 해주고 싶다. 새로운 시장을 개척하는 고단하고 버거운 일이든, 회사라는 조직사회에 적응을 하고 인정을 받는 것이든 처음에는 오롯이 나를 쏟아 붓는 일정한 과정이 필요하기 때문이다.

회사 생활에 치이거나 좀처럼 오르지 않은 영업실적, 두드려도 열리지 않는 해외 시장 개척에 지쳐서 '선배, 그만 다닐까봐요'라는 하소연을 하는 후배들에게 이런 저런 충고의 말이나 위로의 말을 해주지만 그게 크게 와 닿지는 않는다는 것을 나 역시 잘 알고 있다. 내 마일리지가 처음부터 밀리언 단위는 아니었던 것처럼 내 직장생활이 지난 20년동안 보람과 희망에 가득 찬 것이었을 리는 없으니까.

나와 같은 종합상사맨의 회사 생활을 다룬 것이라 흥미있게 봤던 '미생'이라는 드라마에서 우수한 성적으로 회사에 입사했지만 자신의 능력을 좀처럼 평가해주지 않는 직속 선배와의 갈등 때문에 퇴사를 고민하는 장백기 (강하늘 분)라는 등장인물을 보면서 나의 예전 모습과 얼마 전에도 '나는 회사가 적성에 안맞는가봐요'라고 퇴사를 고민하던 후배의 모습이 겹쳐졌다.

무슨 말을 해주더라도 자신의 상황에 깊게 빠져있기 때문에 와 닿지는 않겠으나 이런 질문을 하나 역으로 해주고 싶다. '신입사원인 당신에게 회사의 운명이 달리는 회사라면 그런 곳에 계속 다니고 싶을까?'라고.

정답 아닌 조언,
조직(組織)에서 인정받는 사람이 되자

회사가 나의 출장을 '비용(cost)'이 아닌 '투자(investment)'로 생각하게 되기까지는 우선 회사와 나의 목표가 같은 방향이어야 한다. 신입사원이나 주니어 무렵 누구나 회사에서 최고, 업계 최고가 되겠다는 마음으로 회사라는 사회에 들어오지만 눈에는 불합리한 것들이 들어오고 그것을 굳이 바꾸려 하지 않는 체제 순응적인 사람들이 대부분이라는 불합리에 견디기가 힘들다.

그렇지만 이렇게 패기 넘치고, 정의로운 신입들도 결국엔 어떠한 유형의 회사인으로 바뀌어 간다. 체제에 순응하는 유형, 현실을 인정하지 않는 유형.

신입과 주니어 때는 '내가 이 회사를 바꿀 수 있다. 바꾸고야 말겠어'라는 생각을 하게 마련이지만 그건 두 가지 이유로 아마 가능하지 않을 것이다.

첫번째는 '그럴 만한 실력이 내게 없어서' 두번째 '그럴 만한 가치를 찾지 못해서'. 앞에서도 말했지만 신입사원이나 주니어가 맹활약을 해서 회사가 크게 흥한다 거나 조직에 활력이 넘치게 되고, 폐업의 위기에 처해있던 회사가 승승장구를 하게 될 수는 없다. 만약 '그럴 수 있다'고 한다면 그건 아마 당신이 원하는 수준의 회사가 아니라는 증거일 것이다. 우선은 회사라는 조직과 내가 속한 부서가 지향하는 목표가 나의 지향점과 같다는 '방향성'을 인정받는 것이 가장 현실적인 행동이다. 그게 제일 좋은 방법이다. 아직까지는 작은 정도의 일이 주어지게 마련이다. 그러한 일에서도 회사가 이미 갖고 있는 관행이나 템플릿을 따르지 않고 자기만의 방식을 고집하려고 한다면 그걸 누가 좋게보고, 곱게 보겠는가.

그 다음이 회사가 나에게 기대감을 갖게 되는 단계다. '이 사람에게 운전대를 맡겨볼까?'하는 모험을 감수할 만한 가치를 느낄 수 있도록 말이다. 중견의 위치가 됐을 때, 회사라는 조직이, 경영진이, 혹은 팀장이 '한번 맡겨볼까?'하는 생각이 들게끔. 내게 주어자는 '책임'과 '권한'이 한단계 높아졌을 무렵이다. 그리고 팀장 이상의 레벨이 되면 회사가 지향하는 목적지까지의 과정을 의지하는 '신뢰'의 단계로 들어선다. 회사의 중요한 미래, 먹거리 발굴을 책임지는 단계, 하나의 사업을 시작부터 안정화 단계까지 '일임 하에' 진행시킬 수 있는 레벨까지 성장하게 된다.

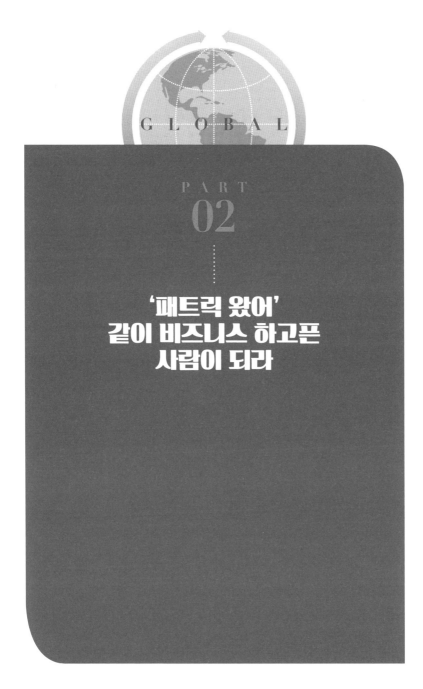

PART
02

'패트릭 왔어'
같이 비즈니스 하고픈
사람이 되라

수출은 FOB, 비즈니스는?
승패가 아닌 상생!

종합상사나 무역업무를 많이 하는 회사에 들어가면 '수출은 FOB, 수입은 CNF'라는 말을 마치 구구단을 처음 외울 때처럼 반복한다. FOB는 Free On Board의 약자로 내가 수출하는 물건을 실은 컨테이너가 크레인에 들려 선적할 배의 난간을 넘어가기만 하면 그 이후에 벌어지는 사건 사고에 대해서는 수출자가 책임을 지지 않는다는 조건을 말한다. 쉽게 말해 컨테이너 사고가 났을 때 배의 난간을 넘어서 배 안쪽으로 떨어지면 수입자가 알아서 할 문제이고, 난간 바깥으로 떨어지면 수출자가 신경써야 한다는 뜻이다.

무역 업무에 대해 잘 모르는 사람들인 경우에는 '무슨 놈의 조항이 그렇게 까다롭냐?'라고 생각할 수도 있는데 물건을 사고 파는 행위 즉, 상업행위는 인류가 만든 최초의 직업 중 하나이기 때문에 그동안 별의별 사건 사고가 있었고 이런 경우에는 그것의 사후 처리를 어떻게 한다라는 것에 대한 사회적 합의가 생기게 됐다. FOB와 같은 조건들 역시 물건을 사고 파는 행위와 관련된 계약에 딸려있는 수많은 단서조항의 기초일 뿐이다.

하지만 언어가 다르고, 문화가 각기 다른 나라의 회사들끼리 물건을 보내고, 그 대가로 돈을 지불하는 것에는 분명한 초기 리스크를 감수한다는 의미가 깔려있다. 제 아무리 큰 은행들이 신용장을 개설해서 거래에 대한 보증을 해준다고 하더라도 문제가 생기려고 한다면 별의 별 희한한 허점을 통해서 발생하게 마련이다. 그렇기 때문에 국제간의 거래에서 체결되는 모든 계약서의 마지막에는 '불가항력 조항'이라는 것이 있다. 수출자나 수입자와는 무관하게 불가항력적으로 발생하는 손해에 대해서는 어느 일방에게 책임을 묻지 않는다는 조항이다. 이를테면 지진, 화산 폭발과 같은 자연재해나 전쟁, 테러와 같은 일이 발생해서 물건이 분실되거나 파손되거나 오염되더라도 그 책임을 서로에게 묻지 않는다는 것이다.

그런데 내가 상사맨 후배들에게 매번 해주는 진심어린 조언 중의 중요한 한가지는 FOB나 CNF 혹은 불가항력조항' 과 같은 다양한 거래 조건의 이면에 자리잡고 있는 가장 중요한 원칙을 잊지 않아야 한다는 것이다. 계약서의 마지막 조항인 불가항력 조항 바로 앞에는 거래 중 발생하는 문제로 인해 서로간의 갈등이 원만하게 해결되지 않을 때에는 어떻게 처리한다는 것에 대한 조항도 있는데 그 조항의 문구에 '건전한 상관행에 비추어'라는 의미의 문구가 삽입된다.

그러니까 계약서 상에 별의 별 자세한 조건과 그에 따른 세부 사항들에 대해서도 합의를 마친 후 쌍방 서명을 통해서 계약서가 효력을 발휘하기는 하지만 그렇게 수십 수백 페이지가 넘어가는 자세한 계약서에도 기재되지 않은 일들로 인해 문제가 생길 수 있고 또 그것을 해결하기 위해서 재판이나 상사중재원의 중재와 같은 다양한 갈등해결 방법을 택하더라도 그것의 근본에는 '건전한 상관행 즉, 거래가 서로에게 득이 되는 것'이라는 기본 정신이 깔려 있다는 것을 항상 염두에 두어야 한다고 조언한다.

왜냐하면 '우리는 FOB로 계약했으니까 책임 없어'라고 말할 수 있기는 하지만 그로 인해 나의 거래 상대방이 분명 손해를 입게 되기 때문이다. 수출자와 수입자 모두에게 상호간의 이익이 되기 위해 맺은 계약이 중간에 일어난 불상사로 말미암아 일방이 손해를 보게 되더라도 장기적인 관점에서 '이익이 되는 좋은 관계'를 형성하는 것이 훨씬 낫기 때문이다.

지금도 기억이 선명하다. 짧은 머리, 다부진 체격의 홍콩 여사장이 나와의 첫대면에서 불같이 화를 내며 삼성을 욕한 것도 결국은 많은 전임자들이 장기적인 관점보단 어쩌면 지키지도 못할 약속까지 하면서 필요할 때만 자신들을 이용하였기에 그것을 믿고 진행하여 많은 손해를 본것이 나에게 폭발을 했던 것이다. 나는 내부의 반대를 무릅쓰고 전임자들의 흔적을 다 처리하였고 내가 약속했던 것 이상으로 이행을 하여 양사가 서로 큰 성장을 이룰 수 있었기에 더 이상 아무런 거래가 없는 현재에도 좋은 인간관계를 이어가고 있다.

Win-Win과 비즈니스의 공통점은
긴 관점의 전략이다

혹자들은 내가 이렇게 얘기를 해도 '거래를 하다보면 누군가는 손해를 보게 되어 있고 그게 나는 아니어야 한다'라는 현실론을 내세우며 반대를 하기도 한다. 물론 그런 주장도 전혀 일리가 없는 것은 아니다. 거래라는 것이 상호이익을 기반으로 맺어지는 것이기는 하지만 분명히 그 거래로 인해 발생하게 되는 모든 이익이 공평하게 양자에게 딱 절반씩 돌아가지도 않고 그럴 수도 없기 때문이다.

하지만 나는 '그럼에도 불구하고' 긴 관점에서 거래처를 대하라는 주장을 철회할 생각이 전혀 없다. 왜냐하면 그것이 단기적인 기준으로 볼 때에도 '매우 전략적인 행동'이기 때문이다. 너무나 자주 사용하는 '전략(strategy)'과 '전술(tactics)'이라는 단어를 혼동해서 사용하는 사람들도 있지만 비슷한 의미의 이 단어들은 서로 엄연히 다르다. 전략은 장기적인 관점에서 승리를 거두기 위한 일체의 계획과 행동을 말하고 전술은 전략을 성사시키기 위해 각각의 단계에서 취하게 되는 단기적인 행동과 계획이기 때문이다.

따라서 전략을 위해서 때때로 패배하는 것을 감수하거나 철수하기도 한다. 전략과 전술이라는 단어 만큼이나 흔히 사용하는 '작전상 후퇴'라는 말이 그런 경우를 잘 설명해준다. 전쟁에서 최종적으로 승리하기 위해 전략을 세우고 실행하지만 그것을 위해서 단기적으로는 적에게 등을 보이며 후퇴를 하는 '선택된 패배'를 하는 경우도 있기 때문이다.

얼마 전 개봉했던 영화 '미드웨이'는 1940년대의 미국과 일본 사이에서 벌어졌던 '태평양 전쟁'의 중대한 고비였던 '진주만 공습과 미드웨이 해전'을 배경으로 하고 있는데 일본의 기습 공격을 전혀 예상하지 못했던 미군은 정보전에서 철저하게 참패했기 때문에 하와이 진주만이 초토화되는 수모를 겪었고, 태평양 전쟁 내내 일본의 함대에게 연이은 패전과 굴욕을 당하게 됐다. 단기적인 관점에서 본다면 일본의 전술은 매우 성공적이었지만 당시 미국의 압도적인 생산능력과 전쟁 수행 능력에 대한 오판이라는 전략적 실책으로 인해서 결국 일본은 미드웨이 해전이라는 전투에서의 패배로 전세가 역전됐고 급기야는 히로시마와 나가사키에 원자폭탄을 맞으며 패전을 선언할 수밖에 없었다.

흔히 글로벌 무대에서 벌어지는 기업들간의 경쟁을 전쟁에 비유하곤 하는데 그 최전선에 있는 우리 상사맨들에게 있어서 이런 전략과 전술 그리고 전쟁과 전투에 대한 관점은 필수적이라고 하겠다. 그리고 계약서에 적힌 건전한 상관행이나 상호간의 이익이 결국은 'win – win'라는 친숙한 단어로 설명될 수 있는 데 그것이 공자왈 맹자왈 하듯 현실과는 무관한 책상물림들의 무기력한 장광설이 아니라는 사실을 염두에 두고 행동해야 한다. 지금까지 300번 이상의 해외 출장을 통해서 겪었던 수많은 상황과 그 이후의 진행과정을 모두 복기 해보더라도 '비즈니스는 윈윈'이고 장기적인 시각으로 상대방과 가꾸어 가는 관계에서 가장 큰 이익이 창출되었다는 사실을 확신할 수 있다. 과거에는 적이었다고 하더라도 오늘 손을 잡은 동맹이 될 수 있는 게 전쟁이고, 비즈니스라는 사실이 내겐 늘 새롭다.

진주만에서 치욕적인 기습을 당했고 전쟁 내내 큰 피해를 입어야 했던 미국은 태평양 전쟁에서 승리한 뒤, 현재에 이르기까지 일본과 이후로 굳은 동맹관계를 유지하고 있다. 일본에 주둔하고 있는 주일미군의 규모는 대단한 수준이어서 강력한 군사동맹이라고 불리는 우리의 주한미군에 비해 훨씬 많은 병력과 물자, 장비가 주일미군에 있다.

그런데 재미있는 것은 미군이 일본에 주둔시키고 있는 주일미군 중에 'Sundowners'라는 공군부대가 있다는 것이다. 군국주의 일본을 상징하는 욱일(Rising sun)기가 정치적 이슈가 되기도 하는데 그런 '욱일'의 정반대되는 의미인 '낙일(Sun down)'을 표방한 부대가 그것도 공군부대에 있다는 것이 무척이나 흥미롭게 느껴진다. 일본의 과거를 잊지 않겠다는 분명한 '의도'인지 단순한 '우연'인지 말이다.

거래처에서 이직권유를
받을 정도로 해라

앞에서도 얘기한 것처럼 입사 두달 만에 시작됐던 첫 출장 이후로 나는 줄기차게 출장을 다녀왔는데 언젠가 얼추 계산을 해보니 내가 300여회의 출장으로 사용한 금액이 작게 잡아도 10억원 이상 되었다는 걸 알게 됐다.

연봉 1억원의 직장인이 전체 직장인중 1% 남짓한 극소수인데 나는 출장비로 10억원 이상을 썼다는 것이다. 뒤집어 놓고 보면 회사가 그만큼 나에게서 기대 이상의 효과와 이익을 창출했다고 판단했던 결과이기도 하다.

조금 전에도 얘기한 것처럼 회사가 나의 출장을 비용 아닌 투자로 생각하는 정도까지는 '일단' 내가 가진 모든 것을 오롯이 쏟아 붓는 과정이 선행되어야만 한다. 회사는 철저한 profit 조직이니까. 그런데 이런 얘기를 하면 '너무 막막한 얘기'라고 볼멘 소리를 하는 후배들이 있다. 앞으로 일어날 일, 그리고 언제가 될 지 모르는 미래를 생각하고 앞으로 나아간다는 것은 막막하고 두렵기까지 한 일이라는 것은 분명하다. 그걸 누가 부인하겠는가?

예전에 어머니께서 해주셨던 선문답 같은 얘기를 하나 해보고 싶다. 우리 속담에 '밑 빠진 독에 물 붓기'라는 것이 있는데 아무런 효과도 기대할 수 없는 일에 헛된 노력을 한다는 것을 빗댄 것이다. 그런데 어머니 말씀으로는 밑 빠진 독에도 물이 넘치는 순간이 있다는 것이다. 어렸을 적에 들은 얘기라 자세하게 여쭤보지는 못했지만 예전에는 집집마다 콩나물 시루라는 것이 하나씩은 있었다고 하는데 이 시루에 콩나물 콩을 뿌려 콩나물을 길러서 먹었다고 한다. 그런데 이 콩나물 시루가 생긴 모양이 재미있어서 시루 밑에는 애기 주먹 만한 구멍이 여러 개가 뚫려 있다고 한다. 물을 자주 부어주면서 길러야 하는 콩나물의 특성 때문에 시루가 그런 모양이었다고 하는데 당연히 구멍이 뚫려 있기 때문에 물을 부어도 밑으로 그냥 빠지게 된다. 그런데 큰 독에 물을 가득 담아서 한번에 콩나물 시루에 붓게 되면 순간적으로 부어진 물이 콩나물 시루에 넘쳐 밖으로 흘러나온다는 게 어머님의 말씀이었다. 실제로 목격하지는 못했지만 나중에 그 말씀을 우연찮게 생각을 해보니 '그럴 수도 있겠구나' 싶어졌다.

비즈니스를 장기적인 관점에서 윈윈 전략으로 가꿔가라고 말하다가 난데없이 콩나물 시루 이야기를 하는 지 궁금한 사람이 있을 것이다. 이를테면 매우 직관적인 비유인 셈이다. 내가 회사로부터 능력을 인정받고, 내 출장이 비용이 아닌 투자가 되는 단계, 그리고 해외 거래처에서 나를 장기적인 비즈니스 파트너로 대하기까지 내가 가진 것을 쏟아 붓는 과정이 무의미하고 현실적이지 않은 지극히 이상주의적인 행동처럼 여겨질 수 있겠지만 현실은 그런 쉬운 예상과는 적잖이 다르다는 것을 말해주고 싶었다. '말이 좋지, 어떻게 거래처하고 우리 하고 윈윈을 합니까? 샌님 같은 소리지'라고 말하는 사람들에게 나는 150만 마일의 밀리언 마일러로써, 지난 20여년간 수많은 거래처와 글로벌 무대에서 협상을 벌이고 성공해왔던 경험을 기반으로 이렇게 확언할 수 있다. "이봐, 해봤어?"

전 세계 필름업계를 선도하던 거대 기업 독일 아그파와 길고 지루한 계약조건 협상을 벌이다 결국엔 내가 원하는 조건대로 계약서에 서명을 하면서 아그파의 깐깐한 독일인 지사장이 내게 '변호사가 되지 왜 비즈니스를 하냐?'라고 했을 때 나는 글로벌 비즈니스 프로로써 짜릿한 성취감을 느낄 수 있었다. 그리고 그런 단계에 이르게 되면 '패트릭, 그러지 말고 우리 회사로 올래? 같이 일하자'라는 제안을 받게 된다.

'회사 일에 얼마만큼 열심히 일을 해야 됩니까?'라는 막연한 질문에 대해서 내 대답은 이렇다. "거래처에서 스카우트 권유를 받을 만큼"

PART

03

글로벌 비즈니스 프로,
'나'라는 브랜드

비즈니스의 시작은
'룰(rule)'에 대한 철저한 존중

책을 쓰면서 제목을 뭘로 할까?에 대해서 이런 저런 사람들에게 자문을 많이 해봤다. 출판사 대표님과 도움을 주신 관계자들과도 이런 저런 의견을 나누고 있는데 그러다가 내가 그동안 겪었던 많은 거래처 사람들과 이런 저런 인연으로 만났고 목격했던 사람 중에서 배울 게 많고 참 인상적이었던 사람들을 부르는 말을 만들고 싶다는 생각을 하게 됐다. 그들을 통해서 나 자신도 많이 성장할 수 있었기 때문에 독자들께도 간접적으로나마 경험을 나눌 수 있었으면 했다.

마땅한 표현이 없어서 고민을 좀 했는데 내가 시인이나 카피라이터는 아니기 때문에 마음에 드는 마땅한 단어를 찾지는 못해서 그냥 쉽게 누구나 들으면 직관적으로 그 의미를 짐작할 수 있는 '글로벌 비즈니스 프로'라는 단어를 사용하기로 했다. 이렇게 사용할 단어까지 구하고 나니 이들 내가 겪었던 글로벌 비즈니스 프로들과의 경험 중에서 '이것 만큼은 알고 있어야 하지 않을까?' 싶은 대표적인 경험에 대해서 짧게 기억을 되살려 보도록 한다.

내가 가진 능력을 마음껏 발휘해보리라는 다짐과 함께 주재원으로 부임했던 유럽판매법인장 시설 내가 맞닥뜨린 현실은 가히 경악할 만한 수준이었다. 현재 만큼은 아니었어도 당시에도 '삼성'이라는 브랜드가 유럽 시장에서 쉽게 취급되는 그런 상황은 아니었는데 막상 도착해서 눈으로 확인한 판매법인은 '여기가 '관리의 삼성'이 맞나' 싶을 정도였다.

아무리 수평적인 직장문화가 보편적인 유럽이라고 하더라도 엄연히 직장 상관인 나에게 물리적인 위해(危害)를 가할 것 같은 액션을 취하는 등 시쳇말로 개판 오분 전이었던 상황이었다. 상황이 그러한데 당시 외부의 여건도 최악으로 치닫고 있어서 세계적인 경제 불황의 파고가 유럽 전체의 소매시장을 얼어붙게 했고, 그룹 내부적으로는 삼성물산에서 '삼성'이라는 브랜드를 더 이상 사용하지 못하는 그런 최악의 상황이 되고 있었다. 그야말로 첩첩산중이었다.

장기재고의 심각성도 느끼지 않고 유럽경기가 급속도로 침체되고 있음에도 본인들이 편하고 익숙하였기에 '전임자는 그렇게 하지 않았다'라는 현채 직원들의 뻔한 대답을 듣는 것도 넌더리가 날 정도로 힘이 들었다. 결국 나는 제대로 관리되지 않은 엉망진창인 판매법인을 정상화시키는 데에 역량을 쏟을 수밖에 없었다. '당신도 전임자들처럼 해도 되지 않았느냐?'라고 물어볼 수 있겠지만 글쎄. 그건 아마도 개인적인 기질 때문이었는지도 모르겠지만 그 상태로 판매법인이 계속 운영이 된다면 판매법인의 침몰 속도가 더 빨라질 것이 자명했다.

만일 정상적으로 운영이 되고 있던 상황이었다면 내가 부임하기전에 이러한 현지의 현황이 이미 본사에 보고가 되고 알려져 있었어야 만했다. 하지만 본사에는 판매법인이 문제없이 아주 잘 운영되고 있는 것으로 보고가 되고 있었고 본사도 그렇게 알고 있었다. 아니 그렇게 믿고 싶었다고 하는 것이 맞을 수도 있다. 그렇지만 현지에 새로이 부임한 상황에서 나 역시 '나만 아니면 돼'라고 폭탄 돌리기에 동참할 생각이 나는 없었다. 누군가는 잘못된 것을 멈추고, 문제를 바로잡을 필요가 있다고 나는 결론을 내렸다. 비록 그렇게 앞에서 저질러 놓은 '똥'을 치우게 되면 나 자신에 대한 실적을 쌓는 일에는 신경을 쓸 겨를이 없어지겠지만 그러나 어쩌랴. 당시 내 운이 그 정도였으니 할 밖에.

따라서 부임 직후 현지 사정에 대해 수차례의 보고를 통해서 그 심각한 상황을 정식으로 알리고 법인 정상화에 대한 방안을 수립해서 보고를 하였다. 하지만 뒤늦게 그간 유럽 판매법인의 심각했던 문제가 본사 내에 정식으로 오픈 되며 그 심각성을 인지하게 된 본사에서는 결국 판매법인 자체를 폐쇄하겠다는 결정을 내렸기 때문에 그야말로 나는 '제대로 X 밟은 신세'가 될 수밖에 없었다. 신임 주재원으로 파견이 되었다면 내가 소신껏 일을 할 시간을 줘야 하는 것 아닌가 하는 억울한 심정이 컸다. 하지만 조직의 결정인 바 나는 피눈물을 머금고 나의 새로운 미션을 현지 판매법인의 '완벽한 clean out(청산)'으로 정했다. 전임자들이 그렇게 하지 않았더라도 '삼성'이라는 브랜드가 망가지는 것을 나는 원치 않았다. 글로벌 비즈니스 프로를 지향하던 내 비즈니스 원칙도 그것과 일치했기에 더는 망설이지 않고 최선을 다해서 깔끔하게 뒷마무리를 짓는 것에 올인했다. 결국 전술한 것처럼 노동법과 종업원에 대한 처우가 우리보다는 훨씬 까다로운 유럽시장에서 우리는 먼지 한 톨까지 남기지 않고 깔끔하게 마무리 짓고 철수를 할 수 있었다.

돌이켜보면 그때까지 늘 앞으로 나아가기만 했고, 우여곡절 끝에도 결국은 계약을 따내고 비즈니스를 성사시키는 등 승승장구하던 내 커리어에도 처음으로 어두운 그림자가 드리우게 된 것이지만 인간만사가 오를 때가 있으면 내릴 때가 있게 마련이기 때문에 내가 어떻게 해볼 수 없는 사안에 대해서 일희일비하며 시간을 허비하지 않고 매듭을 지었던 그 시간들이 돌이켜보면 '글로벌 비즈니스 프로 패트릭 정'이라는 브랜드에 '원칙을 중시하는 사람'이라는 긍정적인 포트폴리오 하나를 쌓을 수 있는 과정이었던 셈이다.

당신만 모르는 협상의 서포터즈 '쉐도우 플레이어(shadow player)'

내가 겪었던 다양한 글로벌 비즈니스 프로 중에는 앞에서 몇 번 언급했던 '까탈맞은 홍콩 거래처'도 당연히 포함된다. '천하의 삼성'에 대해서 자기 할 말을 남김없이 할 수 있는 그 배짱의 근본에 자기들이 만드는 제품의 품질과 납기 준수 등에 대한 자부심이 깔려 있었기 때문이었다. 덕분에 나는 '제품만큼이나 비즈니스도 퀄리티있는 중국인'을 오랫동안 경험할 수 있었다.

생각해보면 중국인들은 참 장사를 잘하는 민족이라는 말이 틀리지 않더라는 것을 여러 번 느낄 수 있었다. 역사적으로나 문화적으로 '장사를 잘 하는 민족'이라고 불리는 사람들이 몇 있는데 유태인, 아랍 상인, 네덜란드 즉, '화란 상인' 그리고 중국인이 있다. 물건을 주문하는 갑의 새로운 담당자인 내게 초면부터 폭언에 가까운 격한 감정을 쏟아냈던 그 홍콩 거래처 여사장의 기세에 처음에는 나도 눌렸던 게 사실이다.

하지만 나 역시 그리 호락호락한 비즈니스맨은 아니었기 때문에 오히려 예상치 못했던 기습공격에 전력손실이 있었지만 나는 곧 남은 전략을 추스려 역공 채비를 진행했다. '어떻게 하면 나와의 비즈니스를 성사시키기 위해서 몸이 바짝 달아오르게 할까?'를 연구했다.

우선 앞에서 언급했던 것처럼 나는 거래처의 예상을 훌쩍 뛰어넘는 파격적인 제안을 했다. 비즈니스를 전쟁에 비유하는 것에 전적으로 동의하는 나는 가끔씩 '마지노선은 돌파하는 게 아니야'라고 빗대 설명하곤 한다. 1936년, 독일의 침공을 예상한 프랑스는 독일과의 국경을 따라 긴 장벽을 세우고 독일의 침공에 나름 철저한 대비를 하게 된다. 우리가 익히 들어 알고 있는 '마지노선 (Maginot Line)'이 그때 세워졌다.

하지만 독일군은 1940년, 예상대로 프랑스를 침공했지만 철저한 준비를 마치고 기다리던 마지노선이 아니라 벨기에를 점령, 통과하는 방법으로 우회 침공을 했다. 결국 전략적으로 허를 찔린 프랑스는 삽시간에 수도인 파리까지 독일군에게 점령을 당하고 말았다. 내가 깐깐했던 홍콩 거래처의 기를 꺾고 비즈니스를 내가 원하는 방향으로 끌고 갈 수 있었던 첫번째 원인은 마지노선을 우회 공격했던 독일군처럼 상대방이 예상했던 제안, 수치를 훌쩍 뛰어넘는 것을 제안하면서 판을 흔들었기 때문이었다.

물론 나는 '그렇게까지 해줄 필요가 있느냐'라는 사내의 의문을 무릅쓰고 그동안 삼성 때문에 떠안아야 했던 각종 비용과 재고 등의 누적된 문제를 말끔하게 해결해주었다. 덕분에 나는 큰 명분을 등에 엎고 홍콩 거래선에게 내가 원하는 바를 모두 관철시켜가며 비즈니스를 진행할 수 있었다.

그리고 홍콩 거래선과 같이 수준 있는 글로벌 비즈니스프로와의 비즈니스를 내가 유리하게 끌어갈 수 있었던 또 한가지의 중요한 방법은 '쉐도우 플레이어(Shadow player)'를 두며 비즈니스를 진행했던 것이다. '쉐도우 플레이어'란 협상학(協商學)에서 이야기하는 '배트나(BATNA: Best Alternative to Negotiated Agreement)', 즉 현재 협상이 결렬했을 때를 대비한 'Plan B'와 유사한 개념이다. 하지만 '쉐도우 플레이어'와 '배트나'의 가장 큰 차이점은 시점(時點: timing) 이다. 예를 들어 전략파트너를 선정하기 위해 다자간(多者間) 협상을 진행할 때 'Plan B'가 있음을 은근히 알리면서 상대방을 압박(壓迫) 하는 것이 '배트나'이다. 반면에 '쉐도우 플레이어'란 이미 선택된 파트너와 협업(協業)을 진행하면서 상대방의 일탈(逸脫)이나 얕은 속임수를 방지하고 상대가 최초에 약속했던 합의 사항들을 최선을 다해 수행하도록 하기 위해 사용하는 기법(技法)인 것이다. '쉐도우 플레이어'란 저자가 명명(命名)한 단어이고 개념이지만 실제 전략파트너와 건전하고 중장기적인 파트너쉽 관계를 유지하는데에는 매우 중요한 테크닉이다. 나와 거래하던 홍콩 거래선은 중국 본토에도 공장을 두고 있었는데 대부분의 업종에서 그렇듯 그 거래처의 공장이 있는 지역은 물론 중국 전역에는 같은 종류의 제품을 생산하는 다른 업체들이 다수 활동을 하고 있었다. 그렇기 때문에 나는 홍콩 거래선과의 비즈니스에 최선을 다하면서도 '언제고 당신이 나를 배신하면 대안으로 전환할 것이고 그럴 능력이 있다'라는 사실을 끊임없이 주지시켰다.

비즈니스가 진행되던 협상 테이블에 전화기를 일부러 올려놓고는 문자 메시지를 확인하거나 짧은 통화를 함으로써 맞은 편에 앉아있던 상대방이 '나 말고도 만날 업체가 있구나'하는 사실을 능히 짐작할 수 있도록 한 것이다. 하지만 그건 그쪽이나 나 역시 서로가 익히 잘 알고 있는 사실이었지만 그걸 노골적으로 드러내지 않고 은연중에 노출시키는 것이 포인트인 셈이다.

뻔히 알면서도 홍콩 거래처 사람들은 미팅이 끝나면 웃으며 나에게 '패트릭 이제 어디가?' '우리와 미팅 잘 했으니 다른 업체 볼거 없이 이젠 한국으로 돌아가면 되잖아? 라고 물어왔고 나는 '응, 이번엔 여기 홍콩 다음에 닝보(寧波)에 시장조사를 해야 해~'라고 짐짓 태연히 이야기를 해주곤 했다. 예를 들어 중국 닝보지역에는 자신의 다른 유력한 경쟁 공급업체가 있다는 것을 홍콩 거래처에서는 알고 있기에 서로의 속내를 뻔히 들여다보고 있으면서도 아닌 척, 모르는 척을 했던 셈이다. 그렇게 '당신이 아니더라도 나는 대안이 있다'라는 사실을 상대방이 은연중에 알게함으로써 얻게 되는 기대 효과는 결코 작지 않다.

글로벌 비즈니스 프로들과 합을 겨루는 동안 나는 그렇게 대응을 했다. '쉐도우 플레이어'는 그렇게 내가 어디를 가든지 따라다니는 그림자처럼 항시 대안으로써 준비되어 있어야 한다.

하지만 오해가 되면 안될 것은 항상 만일의 최악에 상황에 대해서 대비를 하며 대안으로 쉐도우 플레이어를 준비했지만 이것은 현재 거래선을 겁박하거나 낮은 단가만을 찾기 위한 것이 아닌 현재 나의 전략 파트너가 건전한 긴장을 가지고 최선을 다해서 나와의 비즈니스에 집중을 하도록 하기 위함 이었다. 물론 쉐도우 플레이어들에게도 단지 그들을 떠보기(fishing around) 위한 미팅이 아닌 나의 현재 전략거래선과의 사업규모와 현황에 대해서 일정수준의 정보를 공유하여 그들이 내가 제시하는 조건(품질, 가격, 납기 등)에 도달할 경우 나의 파트너가 될 수 있는 유력한 후보임을 알려주며 관계를 유지한 것이다. 결국 이 모든 것은 협상에서 내가 game follower가 아닌 game changer가 되는 것을 의미하는 것이다.

3

술자리에서 술만 마셔야 하나?
프로는 다르게 생각한다

앞 장에서 언급했던 것처럼 팽팽한 긴장감이 흐르는 협상 테이블에서는 대부분 긴장의 끈을 놓지 않지만 뒤이은 식사자리나 술자리에서는 아무래도 긴장의 정도가 느슨해지게 마련이다. 그래서 노련한 상대방이라면 식사 자리에서 먹기 힘든 그 지방의 특이한 음식을 권하기도 한다. 내가 그것을 거절하거나 제대로 먹지 못하면 식사자리, 술자리에서도 너무나 자주 벌어지는 기싸움에서 그들이 작은 승리를 쟁취할수 있기 때문이다.

세계 어느 문화권을 가더라도 주인의 호의를 받아들이지 못하는 게스트는 무례를 저지른 것으로 간주된다. 당연히 철저하게 대등하고 수평적이어야 할 비즈니스의 운동장이 상대방쪽으로 기울기 시작하고 결과적으로 그 협상에서 내가 원하는 조건의 결과를 도출하지 못하게 될 확률이 커진다. 그런 측면에서 해외 출장에서의 식사나 술자리를 어떻게 대처해야 하는 지에 대해서 제대로 알려주는 회사나 교육이 거의 없는 게 우리의 현실이다.

나중에 다른 책을 통해서 이렇게 비즈니스 협상의 전후를 관통하는 내용을 다루기로 하고 이번에는 몇가지의 사안에 대해서 짧게 언급하는 정도로 갈음할까 한다. '상사맨들은 얼마나 영어를 잘 하나요?'라는 질문만큼 자주 받는 질문이 '저는 술을 못마시는데 어쩌죠?'라는 하소연 겸 질문도 받는다. 그런데 이 문제에 대해서 '최소한 소주 몇병'과 같은 정형화된 답을 해줄 수는 없다. 그건 전적으로 케이스 바이 케이스이기 때문이니까. 평균적으로 상사맨들이 술을 잘하는 것은 분명히 사실이지만 우리에게 필요한 것은 발상의 전환이다.

상사맨들에게 있어서 중요한 것은 주량이 아니라 어떻게 술자리에서 우위를 점하는가?이기 때문이다. 상대방보다 압도적인 주량으로 술자리를 휘어잡는 것도 방법의 하나이겠지만 대부분의 경우 특히, 중국과 같은 동양문화권에서는 거래처에 대한 접대를 전문으로 하는 사람들이 그런 자리에 나오기 때문에 아무래도 이런 '선수'들을 주량으로 대항한다는 것은 그리 현명한 방법은 못된다. 천신만고 끝에 거래처 술상무를 술로 이겼다고 하더라도 내 몸이 상하는 것은 무엇으로 보상받을 수 있겠는가?

그렇기 때문에 가급적 술이 아닌 다른 방법으로 그 자리의 주도권을 잡는 묘책이 필요하다. 나는 개인적으로 '한국식 술자리 잡기'를 구사하는 것을 추천한다. 우리 나라 사람들을 두고 많은 외국인들이 '놀라운 술자리 문화를 갖고 있다'면서 놀림 반, 놀람 반의 평가를 하는데 내가 그동안 겪어본 그 많은 술자리의 경험을 생각해보면 '한국의 술자리

문화는 가히 세계적'인 것이 사실이다. 이제는 양주와 맥주, 소주와 맥주를 섞어 마시는 '폭탄주'는 세계 무대에서 엄연한 '1군 선수'로 자리잡고 있을 정도다. 어지간한 해외 거래처들이 우리보다 폭탄주를 더 잘마시는 경우도 많다. 그렇다고 호락호락하게 술자리의 주도권을 쉽사리 내준다면 한국인이 아니지 않은가. 거의 매 시즌마다 우리네 술자리에는 온갖 게임과 엔터테인먼트가 등장하는데 그걸 전략적으로 배우고익혀 둘 필요가 있다.

해외출장이라는 적진에서의 술자리라도 우리의 '선진 술자리 문화'를 앞세워 분위기를 주도할 수 있기 때문이다. 술을 많이 마셔서 상대방의 기세에 눌리지 않는 것보다야 백번 나은 선택이 아닌가?

그리고 또 한가지 내가 추천하는 방법은 '소품과 스토리텔링'이다. 앞장에서 언급했던 글로벌 비즈니스맨의 아이템으로 얘기했던 롤렉스(Rolex) 시계나 몽블랑(Montblanc) 펜을 주제로 하는 이야기 꺼리를 주고받으면서 술을 마시지 않고서 그 시간들을 훌륭히 메꿀 수 있다.

이를 테면 149, 4810이라는 숫자를 보면서 무언가 떠오르는 게 있다면 아마 몽블랑 필기구를 갖고 있는 사람일 것이다. 몽블랑 마이스터스튁 149는 몽블랑의 수많은 만년필 중에서 플래그쉽(flagship)으로 대표가 되는 제품으로 이 149는 세계사의 굵직한 현장에서 등장하는 중요한 소품이기 때문이다. 이를테면 '베를린 장벽의 붕괴'로 상징되는 서방세계와 동구 공산권 국가간의 오랜 냉전구도가 무너지는 순간을 기록한 서명 조인식에 사용된 만년필이 바로 몽블랑 149였고 대한민국 경제주권이 국제통화기금(IMF)로 넘어가는 1997년 11월 21일 임창열 당시 경제 부총리가 IMF의 구제금융 합의문에 서명한 것도 몽블랑 만년 필이었다. 이렇게 몽블랑 필기구라는 것 하나만으로도 상대방과 주고받을 수 있는 이야기 꺼리가 생긴다. 그리고 이렇게 '당신도 알고 있군요' 라면서 주고받으며 쌓는 커뮤니케이션을 통해서 일종의 동질감이 생기는 부수적인 효과도 기대할 수 있다. 참고로 몽블랑은 프랑스어로 '하얀 산'이라는 의미이며 육각형의 흰별은 몽블랑의 만년설을 그리고 만년 필 펜촉에 새겨진 4810은 유럽에서 가장 높은 산인 몽블랑의 해발고도를 나타내며 동시에 자신들이 추구하는 최고의 품질과 장인정신을 나타낸다.

중요한 것은 술이 아니라 술자리에서 주도권을 잃지 않고 그 시간을 보낼 수 있느냐의 현실적인 방법론이다. 내가 겪었던 글로벌 비즈니스 프로들의 공통점은 모두 '다르게 생각하는 훈련'이 몸에 배어 있었다. 같은 상황에 직면하더라도 당황하지 않고, 다른 가능성을 냉철하게 찾으려고 노력하는 그런 사람들이었다. 남미 담당으로 일했던 대리 시절, 나는 아르헨티나 거래처와 제법 규모있는 사업을 진행하고 있었다. 아르헨티나를 향한 컨테이너선이 태평양을 가로지르고 있던 어느 일요일 나는 '디폴트 선언을 했으니 물량을 회수하라'는 긴급한 연락을 받고 그것을 해결하느라고 한동안 정말 눈코 뜰 새도 없이 미친 듯이 일해야 했다. 앞에서 말했던 것처럼 천신만고 끝에 다행히도 이미 출발한 물량들은 다른 지역, 국가로 판매를 해서 처리를 했지만 수출 대금을 회수하는 것이 문제였다.

그때 내가 '직접 가서 돈을 받아서 가져오자'라는 다소 황당한 생각을 하게 됐던 것도 결국엔 '디폴트했으니 은행으로 송금을 못받는다는 것이고 그럼 못 받는 거지 뭐'라고 지레 포기하지 않고 다르게 생각했기 때문이었다. 우리 속담에 '하늘이 무너져도 솟아날 구멍은 있다'라는 것처럼 제 아무리 디폴트나 혹시 모라토리엄을 선언하는 격변이 일어난다고 해도 그 국가와 그 나라에 있는 많은 기업들이 '동시에' '같은 상황'에 처하게 되는 것은 아니기 때문이었다.

이미 어느 정도의 파악을 마친 후였기 때문에 나는 우리의 아르헨티나 거래처가 수입물품 대금을 지급할 수 있는 여력이 있다고 판단했다. 그렇기 때문에 '제가 직접 받아 가져오겠습니다'라는 무모한 소리를 할 수 있었던 것이다. 다행히 현지에 도착해보니 거래처는 평온한 상태를 유지하고 있었다. 우리 회사의 방침 때문에 어쩔수 없이 다른 곳으로 중도 판매를 한 물량에 대해서도 이해를 해주었을 뿐만 아니라 수입 물품 대금을 달러 현찰로 내게 지급했을 정도였다.

거래처에서 받은 100달러짜리 현금뭉치를 가방과 옷 속에 잔뜩 넣어 가지고 남미 대륙 여러 곳을 다니며 업무를 진행하고 난 이후에 서울로 돌아왔는데 지금 생각해보면 무모하고, 중간에 강도라도 만났으면 정말로 큰 일 날 뻔했다는 뒤늦은 안도감이 들기도 했다. 그리고 그때의 경험에서 분명히 배운 것 하나는 어떠한 위기 상황이 펼쳐지더라도 절대 덩달아 흥분하면 최소화할 수 있는 피해를 키우는 어리석은 결과를 맞게 된다는 사실이었다.

이때의 경험은 사스 사태로 홍콩과 중국 현지에 세계 각국의 기업과 비즈니스 맨들이 앞다투어 철수를 하던 와중에 꿋꿋이 비즈니스를 진행하면서 현지 거래처들로부터 신뢰는 물론, 개인적인 감사의 인사를 받을 정도로 관계가 급진전되는 계기를 만드는 기반이 되기도 했다.

실제로 삼성은 2008년 금융위기로 인해 커다란 불경기가 세계 전역을 휩쓸고 있던 당시 러시아 시장에서 철수하지 않고 버티면서 비즈니스를 계속하면서 러시아 사람들로부터 깊은 신뢰를 얻는 브랜드로 확실하게 자리를 잡기도 했다. 당시 모스크바 크렘린 궁 근처의 레닌 도서관 옥상에 가로 60m 세로 7m짜리의 거대한 광고판을 세우고 광고를 진행했다. 당시로써는 세계에서 가장 큰 광고판이라는 타이틀을 갖고 있던 삼성의 이 광고판은 러시아 국민들에게 깊은 인상을 심어주었다. 러시아가 국가부도를 선언하는 극심한 경제 혼란의 와중에 외국 기업들이 야멸차게 러시아를 떠나는 와중에도 삼성은 꿋꿋하게 제 자리를 지키며 오히려 공격적인 홍보와 마케팅을 진행했던 것이 그들에게는 무척 인상깊고 감사한 일로 받아들여졌기 때문이다.

남들이 모두 No라고 할 때, Yes라고 하는 것은 사후에는 별 것 아닌 행동처럼 보일 수 있지만 실제로 막상 그러한 판단을 내려야 하는 순간에는 결코 쉽지 않은 것이다. 김우중 회장의 말처럼 '위기는 위험한 기회'라는 사실. 그리고 남들이 모두 고개를 가로 저을 때, '해보자'라는 도전을 감행하는 남다른 생각과 행동이 남들이 따라오기 힘든 초격차를 만드는 원동력이 되기도 한다. 글로벌 비즈니스 프로들이 잊지 않고 실천하는 비즈니스의 황금률이기도 하다.

레퍼런스가 되자,
정주영과 김우중 그리고 BTS

1980년대 후반 정보기술의 발달이 본격적으로 시작되면서 컴퓨터의 거대한 덩치가 우리가 쓰는 책상에 올라올 정도로 작아지면서 'PC (Personal Computer) 시대'가 도래하게 됐다. 그리고 당시 우리 나라 경제를 책임지고 있던 두 명의 기업가가 PC 시장에 뛰어들었고, 비슷한 시기에 미국 시장에 진출을 도모하게 됐다. 그런데 공교롭게도 이 두명의 사업가는 전혀 다른 방식을 통해서 시장을 공략했다. 독자적인 상표를 부착, 미국 시장을 공략하는 우직한 방법을 선택했던 사람은 현대그룹의 고 정주영 회장이었고, 미국이라는 거대한 시장으로 파고드는 방법은 OEM 방식이 더 낫다는 현실적인 접근을 택했던 것은 대우의 고 김우중 회장이었다.

그런데 이렇게 상반된 전략 하에 미국 PC 시장을 공략한 두 분의 영웅 중 어떤 분의 방법이 옳았는가를 말하는 것보다 그분들이 취했던 전략적 행동이 우리네 엔터테인먼트 기업들이 미국 시장을 진출할 때에도 고스란히 반복했었다는 흥미로운 사실이다. 국내 엔터테인먼트 산업을 대표하는 기업인 JYP엔터테인먼트는 당시 최고 전성기를 구가하던 여성 아이돌 그룹 원더걸스를 미국 시장에 데뷔시키겠다는 계획을 실행에 옮겼는데 그 실행 방법은 다소 전통적인 접근방법이었다.

원더걸스를 앞세운 JYP의 전략에 대해서 당시를 기억하는 사람들은 '동네 대형 양품점 매대 앞에서도 노래를 부를 정도로 밑바닥부터 올라가는 방식'이었다고 말한다. 반면, 약간 뒤늦게 미국 시장의 문을 두드린 YG의 경우에는 헐리웃과 미국 팝음악계의 거물들과 직접 손을 잡고 다이렉트로 미국 팝음악 시장의 문을 두드렸다. 서로 상반된 엔터테인먼트 거물들의 미국 공략기 중 어떤 회사의 모델이 옳았느냐를 따지는 것은 재미있는 이야깃 거리이지만 더욱 흥미로운 점은 이들 둘 중에 정답이 있던 것이 아니라 국내 엔터테인먼트 산업의 세계 시장 공략 중에서 가장 성공적이라고 평가를 받고 있는 방탄소년단(BTS)의 대단한 성공이 이들 두 회사와는 전혀 다른 접근방법이었다는 점이다.

인터넷과 유튜브, SNS라는 글로벌한 미디어 채널이 급속하고 보급되면서 특정 가수나 유명 배우들의 팬덤은 글로벌 사이즈로 형성될 수 있는 기반이 만들어 지고 있었고 BTS는 그들의 열성적인 팬클럽 '아미'에 의해서 세계 곳곳의 음악 시장을 강타할 수 있었다. YG나 JYP의 미국 시장 공략이 과거 정주영 모델과 김우중 모델의 경쟁의 반복이었던 것에 비해서 BTS는 전에는 없던 전혀 새로운 방식으로 글로벌 시장을 성공적으로 공략하고 있다. 결국 정주영모델과 김우중 모델의 경쟁 최종 승자는 BTS인 셈이다.

내가 그동안 겪었던 수많은 글로벌 비즈니스 프로들에 뒤지지 않는 프로페셔널이되기 위해서 많은 노력을 기울였던 나도 해외시장 공략과 브랜드 사업 그리고 해외 마케팅이라는 분야에서 '패트릭 정식의 사업 접근법'이라는 말이 생길 수 있기를 진심으로 바라고 원한다. 상사맨으로서, 그리고 글로벌 비즈니스 프로로써 나만의 독자적인 방법론이 보편적인 검증과정을 거쳐 글로벌 시장에 진출하고, 해외 거래처와의 협상을 함에 있어서 훌륭한 레퍼런스로 후배들이 언제고 참고할 수 있는 그런 날이 오도록 더 열심히 뛰겠다는 생각을 한다.

Case Study 전략공급선 셋업을 해야하는 구매담당자 과장P

패트릭의
협상(協商) 스쿨

눈앞에 고민을 둔 당신을 위한
밀리언 마일러의 이야기

지금까지 지난 20여년간 300번가량의 해외 출장을 다니면서 겪었던 종합상사맨으로써의 다양한 글로벌 비즈니스 경험과 그것을 통해서 내가 체험하고 얻은 것들을 적어보았다. 이 책의 독자가 어떤 분들일지는 알 수 없는 노릇이지만 왜(Why?) 이 책을 여기까지 읽고 있는 지에 대해서는 짐작할 수 있지 싶다. 내가 가진 물건 혹은 생산하고 있는 제품을 해외 시장에 판매를 하려고 하는 경우 혹은 반대로 해외에 있는 제품을 국내로 좋은 조건으로 구매해서 가져 들어오려는 계획을 갖고 있거나 그런 상황에 관심이 많기 때문일 것이다.

이런 분들을 위해서 종합상사맨으로써 내가 그동안 경험했던 것들이 분명히 도움이 될 것이라고 확신할 수 있다. 왜냐하면 종합상사는 구매든 판매이든 상대적으로 불리한 조건에서 비즈니스를 할 수밖에 없는 구조를 갖고 있기 때문에 '종합상사에서도 가능하다면 우리도 가능하다'라고 생각해도 무방하다 볼 수 있기 때문이다. 종합상사는 삼국무역

(cross trade) 중심이고 언제든지 사업전환이 가능하도록 가벼운 조직을 운영하는 구조적인 특성상 자사 제조시설(공장)을 운영하거나 소비자에게 직접 판매하는 조직을 운영 하지 않는다. 따라서 공급선에서 경쟁력 있게 소싱 하여 수입상에게 매력적인 가격으로 판매를 하지 않는다면 그 존재 자체를 할 수 없다.

더욱이 종합상사가 단지 생존만이 아닌 기업 존재 이유인 이익(profit)을 창출하고 동시에 공급선과 수입상에게도 사업 파트너로서 그들도 이윤을 창출할 수 있는 비즈니스를 만들기 위해서는 철저하고 끊임없는 고민과 노력이 있어야한다. 그렇기 때문에 지금까지 내가 말했던 것들, 경험했던 케이스들을 잘 습득할 수 있다면 독자들께서 어떤 포지션에서 해외 거래선과의 비즈니스를 전개하든 분명히 도움이 될 수 있으리라고 확신한다. 이번 장에서는 해외 비즈니스 현장을 조금이나마 더 생생하게 느낄 수 있도록 설명보다는 약간의 스토리텔링 방식으로 독자들의 이해를 돕고자 한다. 참고로 이 장에서 등장하는 스토리는 모두 실제 사례로 익명으로 처리된 것이다.

전략 공급선 셋업을 해야 하는
구매담당자 과장 P

케이스 이해를 위한 사전 설명

A사 _ X 제품을 해외에서 공급받아 글로벌 시장으로 판매하고 있는 종합상사. 다수의 해외 거래처를 갖고 있으며 A사 브랜드의 X 제품은 업계에서 떠오르는 브랜드이다. 따라서 A사는 X 제품은 물론 연관 제품인 Y, Z 제품으로도 취급 아이템을 늘릴 계획을 갖고 있으며 우선 X제품의 시장 점유율을 본격적으로 높이려는 전사적 계획을 추진하고 있다. 하지만 해외거래선들의 지속적인 X제품의 품질개선 요청을 해결해야 한다.

B사 _ A사의 해외 공급선으로 A사 브랜드로 판매되고 있는 X 제품을 전량(全量) 생산 및 공급하고 있다. 그러나 같은 X 제품군을 생산중인 다른 공급선들인 H사나 M사 제품에 비해서는 품질이 약간 떨어지는 중간 레벨의 공급선이다. 반면 공급가격은 H사나 M사에 비해 20% 정도 저렴하다. A사의 구매물량이 B사 전체 생산 capa의 30%를 차지하고 있다.

H사 _ X 제품 생산업계의 1위 기업으로 세계 각국의 OEM 고객을 거느리고 있으며 A사가 관심을 갖고 있는 Y, Z 제품도 생산을 하고 있으며 Y, Z 제품군의 판매 확대에 주력 중이다. H사의 주된 관심은 M사의 추격을 뿌리치고 업계 최고의 지위를 확고히 하는 것에 있다.

M사 _ X 제품을 생산하고 있는 회사로 업계 1위 브랜드인 H사를 따라잡기 위해 애를 쓰고 있으며 이를 위해 최근 X 제품군 생산물량을 대폭 늘릴 수 있는 라인 증설 공사를 끝낸 상태이다. H사처럼 Y, Z 제품도 생산하고 있다.

과장 P _ A 사의 새로운 구매담당자로 최근 X 제품의 본격적인 시장확대를 위해 공급가격의 동결 상태에서 품질 수준의 향상이라는 자신이 세운 미션을 위해 현지 출장을 앞두고 있다.

레벨 C _ A사의 경영자로 과장 P가 대리시절 성사시켰던 매우 어려운 비즈니스를 관할하던 당시 사업부의 임원이었다. 주문 물량의 확대계획에도 불구하고 품질 향상 조건을 관철시키지 못하고 있는 B사와의 관계에 대해서 골치를 앓고 있다.

상황 1 과장 P의 전임 구매담당자의 회상

품질 수준을 높여 달라는 요구에 공급선인 B사는 '단가 인상은 불가피'하다고 완강하게 버틴다. B사의 전체 물량 중 상당수를 우리가 구매하는 만큼 '가능할 것도 같은데' 그게 생각처럼 되질 않는다. '쉽지 않을 걸'이라던 다른 전임자들의 말이 괜한 게 아니었나 싶다. 다른 대안을 급하게 찾는다. 지사를 통해 H사와 M사를 만나보게 했다. 업계 1위 H사에서는 '풀 가동되고 있다'면서 심드렁하다. 2위 업체 M사는 공급은 가능하다고 하나 문제는 '단가'. 기존 공급선 B시 보다 25%나 더 요구한다. 해외 거래선의 재고도 빠르게 소진되고 있어 구매처 결정에 시일을 더 소모할 여력이 없다. 마음이 급하다. '품질 향상을 하려면 25% 인상은 불가피하다' 위에 보고를 한다. 전화가 따갑다. '그런 소리를 누가 못해! 단가를 낮추던가. 품질을 높이던가 해 갖고 와!'

그간 자기들도 여태 못했으면서 왜 나만 잡으려 하나. 출장에서 돌아와 보니. 세일즈에 있는 동기가 옆구리를 찌르며 놀린다. '더 팔 수 있다는데 그 놈의 단가를 못 맞춰주나? 구매가 그런 건 해줘야 우리가 더 많이 팔지' 답답하다. 위에서는 쪼고, 공급선은 버티고, 다른 회사는 비싸거나 관심이 없거나. 시간은 없고 우리 지사에서도 주재원이나 현채 모두 B사가 현재 상황에선 제일 공급 리스크가 적고'이 협상은 불가능해'라며 이야기를 한다. 결국 '구관이 명관'인가? 이번에도 B사 담당자를 붙잡고 begging 해야 하나? '관행이다'라고 자위하는 하루...

그래도 이번 조직개편에서 다행히 골치 아픈 구매업무를 과장P에게 넘기니 난 더 이상 고민하지 말자.

상황 2 A사 과장P 와 공급선 B, H, M사

B사와의 거래 관계는 과장 P 이전의 담당자가 선정한 것으로 외견상으로는 아무런 문제없이 원만하게 유지되고 있는 좋은 관계이지만 품질 향상 요구문제가 지속적으로 해외 판매사들을 통해 제기되고 있는 상태다. 이전 선임자들도 이 문제를 해결하려고 했으나 번번히 별다른 해결의 실마리를 찾지 못한 채 공이 과장 P에게로 넘어온 상태다. 이에 대해서 자사의 적극적인 시장 확대 계획에 맞춰 과장 P는 이 이슈를 반드시 해결하려는 의지를 갖고 있고 나아가서는 기존의 공급선 운영 전략 자체의 재정비도 필요하다는 생각을 갖고 있다.

A사 브랜드의 X 제품은 시장에서 평판이 좋고 판매가 순조로워 품질만 올라간다면 해외 거래선들은 '획기적 성장'을 자신하고 있는 상태이지만 현재 공급선인 B사의 컨트롤이 쉽지 않은 상황이다. 품질 수준을

H와 M사 수준으로 올려 달라는 A사의 요구에 '단가 인상 없이는 불가하다'는 매번 완강한 입장을 고수하고 있기 때문이다. A사에서도 이 문제에 대해 여러 차례 조정을 시도했으나 잦은 본사 구매담당자의 교체 등으로 번번히 실패했고 '큰 문제는 아니'라는 암묵적인 공감대 속에 B사와의 관계는 오랜 기간 지속되고 있다. 그러나 과장 P는 기존 공급선인 B사와의 이러한 관행적 관계에 대해 근본적인 관계 재정립이 필요하다는 단호한 입장이다.

M사는 내심 호시탐탐 업계 1위인 H사를 넘어서기 위해 애를 쓰고 있다. 또한 H사와 M사 모두 B사에서는 생산하지 않고 있는 기타 제품 Y, Z도 생산하고 있다. H사와 M사는 직접적인 경쟁관계이지만 B사는 이들 양사를 따라잡기보다는 A사 등을 통한 기존 X제품의 OEM 매출을 유지하는 것에 더 신경을 쓰고 있는 상태다. 업계 전체를 놓고 보면 X 제품에 대한 시장은 지속적으로 성장되고 있는 상태이며 연관 아이템인 Y, Z에 대한 새로운 수요도 빠르게 나타나고 있다.

상황 3 지사를 통한 각 공급선들 1차 조사

새로 구매담당자가 된 과장 P, 금번 전략공급선 셋업을 위한 출장 전에 지사에 각 공급선들과 1차 미팅 및 현황 파악을 요청했다. 지사의 미팅 후 현지 리포트는 예상대로였다. B사는 품질인상을 위해선 공급단가가 올라갈 것이라는 과거의 주장을 되풀이하였고 H사는 현재 자신들의 생산 capa도 꽉 차 있어 공급할 여력이 없다고 하며 M사는 공급이 가능하다고 하나 오히려 B사에서 이야기하는 가격인상폭보다 더 높은

25%의 공급가를 이야기한다고 한다. 지사는 B사와 협상을 진행해서 가격인상폭을 최소화하는 것이 좋겠다는 의견이다. 아무래도 B사와의 오랜 거래가 깨어지는 것이 달가워하는 것 같지 않다…

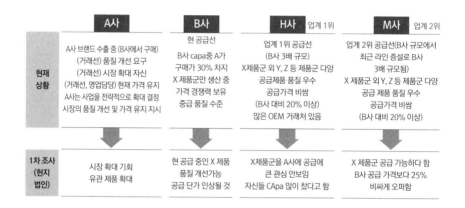

현재 상황	**A사** A사 브랜드 수출 중 (B사에서 구매) (거래선) 품질 개선 요구 (거래선) 시장 확대 자신 (거래선, 영업담당) 현재 가격 유지 A사는 사업을 전략적으로 확대 결정 시장의 품질 개선 및 가격 유지 지시	**B사** 현 공급선 B사 capa중 A가 구매가 30% 차지 X 제품군만 생산 중 가격 경쟁력 보유 중급 품질 수준	**H사** 업계 1위 업계 1위 공급선 (B사 3배 규모) X제품군 외 Y, Z 등 제품군 다양 공급제품 품질 우수 공급가격 비쌈 (B사 대비 20% 이상) 많은 OEM 거래처 있음	**M사** 업계 2위 업계 2위 공급선(B사 규모에서 최근 라인 증설로 B사 3배 규모됨) X 제품군 외 Y, Z 등 제품군 다양 공급 제품 품질 우수 공급가격 비쌈 (B사 대비 20% 이상)
1차 조사 (현지 법인)	시장 확대 기회 유관 제품 확대	현 공급 중인 X 제품 품질 개선가능 공급 단가 인상될 것	X제품군을 A사에 공급에 큰 관심 안보임 자신들 CApa 많이 찼다고 함	X 제품군 공급 가능하다 함 B사 공급 가격보다 25% 비싸게 오퍼함

모놀로그 # 1 A사 레벨 C의 고민, 아무리 '관행'이라 하지만…

C레벨 혹은 오너인 당신은 궁금하다.

바이어인 데에도 왜 우리는 늘 공급선에 끌려 다닐까? 심지어 빅 바이어인데, 물량도 늘리겠다는데, 잘 팔기까지 하는데, 함께 가겠다는데 품질만 더 올리라는 데, 왜 안될까? 오래된 생각이다. 그간 본사 구매담당자는 물론 현지 지사에서도 '품질을 높이려면 단가가 올라갈 수밖에 없다 합니다' 예상했던 답변이다. 익숙한 상황이기는 하지만 못내 궁금하다. 다른 방법은 없는 것일까?

하지만 이번엔 '할 수 있다'는 신임 구매 과장 P에 대한 기대가 크다. 업계 마이너인 기존 공급선도 '품질을 올리려면 단가는 인상된다'라고 튕기는데, 넘버 1, 2를 모두 만나겠다고 한다. 게다가 품질향상은 물론 기존 가격으로 해오겠다고 한다. '될까?' 사정을 보고한 현지 지사도 '20%이상의 인상은 불가피한 것 같습니다'라는 앵무새 같은 소리만 한다. 우리 직원인지 B사 직원인지 '메신저 보이'가 따로 없다.

지사를 시켜서 출장간 과장 P를 도와줄 게 없는 지 알아보라고 시켰다. 뭘 믿고 그러는지 과장 P는 무척이나 바쁘다. 현지에서 현재 공급선과 만나더니 곧장 넘버 1을 만나고, 이어서 넘버 2도 만났다고 한다. 업계 공급선을 모두 만나고 다니는 모양인데 저렇게 업계를 들쑤시고 다니다가 이도 저도 안되면 어쩌려고 그러는지. '사업을 키우려면 기존 공급선들을 전략적으로 개편할 필요가 있다'던 과장 P.

품질을 올려주면 구매물량을 대폭 늘리겠다는 대에도 가격인상 없이는 안된다는 것이 왜 관행인지? 해외 거래선들의 현지 재고가 빠르게 소진되고 있고, 영업파트에서는 '더 많이 팔 수 있는데 구매에서 해결하지 못해서 영업이 힘들다'고 한다. 늘 그러하 듯 오늘도 골치 아픈 하루.

과장P가 무슨 뾰족한 수를 찾아내 줬으면 하는 희박한 기대를 가져본다. '기존 관행이라고 따를 필요 없다. 구매 가격을 지키면서 품질을 올릴 수 있는 스토리가 있다'던 그 당돌함이 기특하다. 관심 갖고 힘을 실어줘야 하는 건가? 싶다. 책장으로 가 액자를 물끄러미 바라본다. 현채(현지 채용인력)의 말만 철썩 같이 믿고 계약서에 싸인을 하러 팀장까지 동반출장을 갔던 그곳에서 끔찍한 경험. '그렇게 말한 적 없다'는 현지 거래선. 자사 아이템과 비즈니스에 대한 전문성이 떨어지는 현재가 거래처의 말을 착각, 과장한 전언을 검증없이 믿었다가 생긴 비극.

그 비극을 초년 대리시절 겪었던 과장P. 결국엔 그 이상의 계약을 기

어코 성사시키고야 말았다. 아직도 사내에서는 '사이다 계약'이라는 별명으로 부르는 신화. 전략 시장으로 공을 들인 시장인 만큼 정성을 쏟았지만 워낙 거리가 멀었고, 시장이 까다로워 십 수년을 현지 거래선에게 질질 끌려 다니기만 했던 어렵디 어려운 시장. '그 정도 했으면 됐다'는 사내 의견에도 과장P는 그 비즈니스를 포기하지 않고 끈질기게 추진했었더랬다. 과장 P가 현지에서 전해온 수주 소식과 DHL로 날아온 계약서 원본. 사내가 들썩이며 '사이다 사이다'를 외쳤던 전설적인 계약이다. 그 감격을 잊지 않기 위해 당시 전무였던 C레벨은 그 계약서를 액자로 만들어 사무실에 두고 있었다.

장면 X 나에게 유리한 무대로, 우아한 5성급 호텔의 커피숍

과장 P의 이번 출장에서 첫 미팅은 당연히 기존 공급선인 B사이다. 과장 P는 이번 출장에서 일부러 현지에서 가장 유명한 5성급 호텔을 숙소로 잡았다. 내가 있는 곳으로 상대를 이끌어내는 것은 실제로 협상에서 적잖은 영향을 미친다. 비록 수많은 적으로 둘러 쌓인 적진 한복판이라고 하더라도 등을 지고 싸울 수 있는 좁은 공간으로 이동할 수 있다면 전투는 확연히 수월해질 수 있다. 나의 전투력과 강력한 투지가 뒷받침된다는 전제하에 말이다.

최고급 호텔로 숙소를 잡은 것은 그런 맥락 에서였다. B의 담당자와 대표를 업무 외적인 자리에서 접촉할 '무대'로 삼았기 때문이다. 부득이할 경우 공급선을 변경하더라도 그에 대한 사전 양해를 구하는 예민할 수 있는 부분을 협상 테이블이 아닌 부드러운 자리에서 미리 해 둘 필요가 있었기 때문이다. 딱딱한 협상 테이블이 아닌 이런 자리에서 만나는 꽤 오랜만인지 B사 대표와 담당자의 표정도 한결 가볍고 밝다. 악수를 나누며 인사를 건네는 데 뜻밖의 사람이 나타났다.

"Hi P~"라며 양팔을 활짝 벌리며 달려들 듯 나를 포옹하는 짧은 머리의 다부진 중년 여성. 홍콩의 그 여사장이었다. 어지간한 사내보다 사내다운 비즈니스 퍼슨. 가족들과의 여행을 왔는데 우연히 호텔 라운지에서 나를 보고는 반가 와서 달려왔다는 것이다. 생각지도 못한 사람을 생각지도 못한 곳에서 만났지만 나 역시 그녀가 너무나 반가 왔다. 곁에서 내게 깍듯하게 인사를 하는 젊은이는 사업을 물려받게 될 큰 아들이라고 한다. 면바지에 페니로퍼, 감색 블레이저를 차려 입은 걸 보니 어머니에게서 제대로 수업을 받았는가 싶다.

'곧 서울에 갈 테니 저녁 같이 먹자'면서 떠나는 그. 이제는 비즈니스 관계가 없슴에도 해마다 연초가 되면 꼭 안부를 물어오는 의리 있는 사람이다. 내가 인심을 잃으면서 비즈니스를 하지는 않았구나 하는 생각에 슬그머니 미소가 지어진다.

무슨 상황인지 알 리가 없는 B사 대표와 담당자도 놀란 표정이다. 계획에도 없었지만 때는 이때다 싶어 B사에게 과거 홍콩 공급선과의 전략적인 관계를 쌓게 된 이야기의 자초지종을 설명해주니 고개를 끄덕인다. 더불어 이번 시장확대에 대한 A사의 강력한 의지와 그동안 B사가 보여주었던 비즈니스 파트너로써의 성실함에 대한 감사를 잊지 않고 덧붙였다.

왜 보자 했는지 짐작을 하겠다는 듯, 이내 고개를 끄덕이는 B사 대표.

구매 단가 인상없이 품질 수준을 H와 M사에 경쟁가능한 수준까지 올려 달라는 과장P의 요구는 사실 그렇게 무리한 것은 아니라는 것을 그들도 잘 알고 있다. 게다가 지사의 현채에게서 과장P가 B사뿐만 아니라 H사와 M사까지 미팅을 할 것이라는 귀뜸을 받았다.

분명 고민이 클 것이다. B사 대표의 눈빛이 잠시 흔들리고 있는 틈을 놓치지 않고 과장 P는 말을 이었다. '이 사업의 담당으로써 나도 시장확대에 대한 자사의 의지 이상으로 당신들과 함께 계속하고 싶지만 회사의 요구를 거부할 권한이 내겐 없다. 힘들겠지만 더 고민을 해달라'고 부탁을 한다. 더군나다 'B사는 업계 리더인 H사와 M사와 달리 X제품이외 Y와 Z제품군이 없는 상황 역시 B사와의 전략적인 공급확대에 걸림돌이 되고 있다. 하지만 그간 파트너쉽과 우선 X제품군에 대한 중요성을 고려해서 B사에서 Y와 Z제품군의 개발에 대해서 고려를 해주고 X제품군에 대해서 품질향상과 기존가격 유지를 해준다면 B사와의 전략 관계로 발전하는 것을 적극적으로 진행하겠다' 라는 입장을 전한다.

기존의 한국인 구매담당자와는 다른 느낌인지 얼굴색이 변한 B사 대표가 '잘 알겠다'며 담당자를 데리고 호텔을 나섰다. 홍콩 여사장의 등장이 B사에게도 참고할 만한 좋은 레퍼런스가 됐을 것이다. 과장 P는 공을 내손에서 B사에게 넘겨줌으로 B사와 고비가 될 수 있는 숙제 하나를 해결한 셈이다.

B사 대표, 한국인(韓國人)들과의 협상은 쉽다?

호텔 커피숍의 화기애애했지만 기존과는 확연히 다른 미팅에서 B사는 A사와 과장 P의 기본적인 계획과 의지를 읽을 수 있었다. A사와 B사는 그동안 나름 훌륭한 파트너십을 유지해왔다. A사 지사 직원들은 이미 오랜 B사와의 비즈니스로 친구처럼 지내는 사이이다. 현지 업계에서 어느 정도 인정을 받은 사람들이기 때문에 서로의 사정을 뻔히 알고 있는 덕분에 A사가 어려울 때에 납기를 당겨서 맞춰주는 등의 '쿵짝'이 잘 맞는 좋은 거래처인 것은 분명하다.

그간 간간히 A사의 다른 담당자들도 품질이나 가격이슈를 제기하곤 했으나 H사나 M사의 비싼 제품 보다 우리 B사의 제품 가격경쟁력에는 이의를 제기하지 못했었다. 과거에도 종종 H사나 M사에 A사의 지사에서 문의는 했지만 결국 그벽을 넘지 못한 것을 업계에서도 이미 알려진 비밀이다. A사는 비싸진 제품으로 시장을 확대하는 리스크를 굳이 감수하기 보다는 우리가 보장하는 가격과 물량에 만족하는 모양이다.

하지만 B사 대표는 과장 P와의 호텔 미팅 후에 생각이 많아졌다. 그는 '한국 비즈니스맨들과의 협상은 어렵지 않다'는 생각을 갖고 있었다. 계약 여하에 따라서 B사 생산 물량 중 상당수가 사라질 위험이 있는 것은 분명하지만 그동안 그가 한국 거래선들과의 협상을 거치면서 터득한 비기(秘器)가 있었던 까닭이다. '일단 한국인들은 외국에 나오면 마음이 좀 붕 뜨는 경향이 있지. 미팅 중간 중간 '얼른 끝내고 저녁에 좋은 데 가자. 예약해 놨다'라고 하면 공기가 달라진다니까. 게다가 출장자들의 결정권한도 그리 크지 않기 때문에 '전임자들도 같은 고민이었던 것을 나도 잘 안다. 우리가 억지 소리를 하는 게 아니다. 그동안 잘 해온 것처럼 또 잘 해보자.'라고 감정에 호소하고, 전임자들이나 관행을 거론하는 양동작전을 구사하면 한국인들과의 협상은 이길 수 있거든' '게다가 A사의 지사 주재원이나 현채도 내심 우리와 비즈니스를 지속하는 것을 더 편하게 여기고 있는 것이 분명하니까' 라고 동석했던 담당자에게 말했다.

그러나 말은 그렇게 했지만 이번엔 상대가 만만치 않은 것 같다. 과장 P와의 딜은 자신할 수가 없겠다 싶다. 게다가 홍콩 거래처라는 사람과의 일을 보면서 과장 P에게 '잘 알겠다'고 말했던 것도 약간 후회가 된다. 분명히 과장 P는 "You said so"라고 할 텐데. 더욱이 상상하기는 싫지만 A사의 물량이 빠지면 우리 생산라인 30%가 비게 되는데..

모놀로그 # 3 H사 대표, 내 관심은 다른 데 있지

자사의 담당자 옆에서 진지하게 과장 P를 바라보던 H사 대표. '귀사의 계획은 인상깊게 잘 들었다. 하지만 우리 라인은 풀 가동 중이라 여력이 없다. 유감이다'라고 말하고 정중하게 A사의 제안에 관심이 없음을 표시했다. A사의 전략을 진지하게 설명 후에 'see you again'이라며 백팩을 매고 떠난 과장 P의 걸음이 그러나 무거워 보이지 않는다. 전에도 A사에서 미팅을 요청해서 진행을 하였지만 그때는 지사의 현지 직원만 왔는데, 이번에는 본사의 구매 담당자가 직접 온다고 해서 와서 대표인 나도 미팅에 참석을 했던 것이다. 전략적인 '큰 그림'을 이야기하는 모습과 제안은 승패를 떠나 한번 제대로 겨뤄 볼만 한 상대를 오랜만에 만났다는 생각이 든다.

사실 X 제품 분야에서 넘버 1 기업인 H사의 진짜 관심은 업계 2위인 M사와의 격차를 더욱 벌리는 것이다. 최근 생산라인을 전략적으로 늘려 M사의 생산능력은 자사와 거의 동등한 수준까지 치고 올라왔다. 다만 세계 곳곳의 OEM 거래선들을 거느리고 있어서 생산라인이 70프로 수준의 가동중인 자사에 비해 M사의 라인은 아직 제대로 가동되지 않고 있다. H사가 과장 P의 방문을 정중하게 맞이한 것도 사실 그 때문이었다. B에 전량 주고 있던 A사의 물량이 M사로 넘어간다면 M사와의 경쟁은 앞날을 예측하기 힘든 어려운 상황으로 빠져들 수도 있기 때문이다. 사실 현재 H사의 생산Capa라면 남은 30% 생산 Capa로도 A사의 구매물량은 충분히 대응이 가능하다. 미팅에서 우리 생산라인이 풀가동 중이라 여력이 없다고 한 것은 굳이 공급가격을 A사의 요구대로 낮추면서까지 공급할 이유가 없다고 생각했기 때문이었다.

M사와 격차를 더욱 벌리기 위해서는 X제품은 물론이지만 우리는 Y, Z제품군의 확대가 중요한 과제이기도 하다. A사의 P과장이 어떻게 알았는지 모르겠지만 Y, Z 제품군의 관심 및 구매의사를 보이는 것은 현 상황에서 우리 H사에도 흥미 있는 제안이다. 하지만 지금까지 업계에서 공공연하게 통하는 생각은 한국 거래처들과의 협상은 그리 어렵지 않은 것이라는 중론이어서 일단 '감사하지만 여력이 없다'라고 거절을 했다. 내심 신경이 쓰이는 제안인 것은 분명하지만.

M사, '절대'는 'absolute'하지 않다?

25%를 제시했던 것은 일종의 기선제압 차원이었다.

A사가 B사와의 공급계약을 수정하려고 한다는 이야기는 어제 오늘의 일이 아니지만 그 관계가 쉽사리 깨질만큼 약한 것은 아니기 때문에 '또 온대?' 정도의 의례적인 관심이었다. 같은 업계에서 볼 때에 A사가 B사에게 끌려 다니는 걸 보면서 '무슨 딜을 저렇게 하냐' 싶었지만 그간 M사가 군이 마이너 생산업체인 B의 물량에 탐을 낼 만한 규모는 아니기 때문에 일상적인 정보 수집 차원에서 A사의 B사 방문을 대하고 있었다.

이번 과장 P의 방문도 그런 연장 선상에서였다. '결국은 우리에게 오겠지. 와서 사정을 하면 그래도 업계 리딩 브랜드인데 B사보다는 20% 이상을 받아야 한다는 마지노선을 갖고 있었다. 물론 자사 제품의 품질이 B사 보다는 낮기 때문에 높은 가격을 받는 것은 타당한 것이었다. 그런데 예상과는 달리 과장 P는 B사 사람들 과의 미팅 후에 H사로 향했다. 현실적인 물량 확보처가 바로 M인데에도 말이다. 이번 담당자는 업계 상황을 잘 모르는 인물인가 싶었다. H와의 미팅이 별다른 소득이 없었다는 얘기가 들려왔고 다음 날, 과장 P는 M사로 찾아왔다.

당연히 올 것이라 생각한 방문이었지만 기분이 왠지 달갑지만은 않았다. 비즈니스 협상이 그러하듯 기싸움이 시작됐다. A사의 X 제품에 대한 판매 추이와 해외 판매선들의 반응 그리고 해당 시장 확대에 대한 A사의 적극적인 의지까지 차분하게 설명을 마친 과장 P는 B사와 동일한 가격으로 공급해줄 것을 요청했다. 사실 H사를 따라잡기 위해 지난번에 증설한 X제품 생산라인에 오더 물량이 절대적으로 부족하기에 과거와는 다르게 A사의 물량을 가져오고 싶은 마음은 굴뚝같다. 하지만 H사부터 미팅한 A사의 괘씸함도 있고 기선제압을 위해 M사는 마이너 업체인 B의 물량까지 욕심을 낼 만한 규모는 아니라는 사실은 분명히 인지를 시키면서 "25%, absolutely'"라고 만약의 공급계약에 대해서도 공급 가격의 마지노선을 제시했다.

업계 소식통을 통해 H사가 A사에게 B사 대비 20% 높은 가격을 제시한 것을 알고 있었지만 자신들을 먼저 찾아오지 않은 것에 대한 경고성 제안이었다. 그런데 그 얘기를 들은 과장 P는 전혀 표정의 동요가 없다. 예상치 못했던 반응에 잠시 '뭐지?'하는 생각이 들었다. 듣던 것처럼 한국 비즈니스맨들이 마냥 손쉬운 상대는 아닌 듯했다. 'See you again'이라는 인사를 건넨 M사의 대표. 아차 싶었다. P과장이 슬쩍 언급한 대로 만일 만일이지만 A사의 물량이 H사로 간다면 H사와 M사의 격차는 더 벌어질 것 같은데.. 게다가 우리가 증설한 라인이 비어 있는 것에 대해서 알고 있는 것이 여간 신경 쓰이는 것이 아니다. 언뜻 보게 된 과장 P의 다이어리 한쪽에 씌어 있던 글귀. '절대는 절대로 절대적이지 않다'가 괜히 더 맘에 걸린다.

패트릭의 협상 스토리텔링 포인트와 성공전략

Step 1 정보는 직접 파악하고 분석하여 협상 스토리텔링을 준비하라

부제 '업계'와 개별 거래선을 동시에 핸들링 하려 할 때

	A사	B사	H사 업계 1위	M사 업계 2위
2차 조사 (출장 미팅)	영업 담당자에게 품질 개선 시 오더 증가에 대한 거래선 확답 및 예상 오더 입수 및 품질 개선에 따른 가격 인상 요인있으며 어느 정도까지 수용 가능한지 확인토록 한다.	현 공급선 X 제품군 품질 향상 의지 및 기술력 A사의 30% 구매가 없어질까봐 내심 걱정하고 있음	X 제품 생산 capa 70~80%가 동중으로 A사의 구매 물량 대응은 충분 X 제품군보다 Y, Z 제품군 확대 중 업계 2위인 M사의 추격을 걱정	H사를 제치고 업계 1위 목표 최근 X제품군 생산라인 증설했으나 capa 40% 이상 남아 걱정

세부 정보 확인 후 각 공급선별 협상 Storytelling 준비

현지 지사의 1차 미팅내용을 참고하되 협상을 위한 살아있는 정보의 수집, 파악 및 분석은 담당자가 직접 출장 미팅을 통해 실행한다. 자사의 취급품목 X와 확대 예상 품목인 Y, Z를 생산하고 있는 '업계'에서 원하는 바를 관철시키기 위한 협상 스토리텔링 구성을 위한 첫 단계이기도 하다. 기존 거래처와 업계 넘버 1, 2위 업체의 기본 입장 파악 및 매크로 관점에서의 각 사간의 관계 등을 입체적으로 파악해야 한다.

과장 P는 출장 미팅을 통해 지사에서 전해온 내용과는 다른 좀더 심층적인 각 공급선의 속내를 감지할 수 있었다. 그것은 바로 B사는 이번

엔 자신들 생산량의 30%를 차지하는 A사의 주문이 없어질 수도 있다는 것에 대해서 심각하게 걱정을 하고 있으며 H사는 지사에서 이야기한대로 생산 capa가 다 찬 것이 아닌 70% 수준의 가동을 하고 있으며 이는 A사가 증대된 물량으로 주문을 해도 충분히 대응이 가능한 생산 능력을 보유하고 있다. H사는 오히려 M사의 추격에 민감하게 느끼고 있으며 또한 X 제품 외에도 자신들이 최근 집중하고 Y, Z 제품군을 구매하는 거래선을 찾고 있었다. M사는 B사 공급가보다 25%나 높은 가장 높은 공급가격을 제시했지만 이는 다분히 감정적인 대응으로 보이며 오히려 M사가 H사를 따라잡기 위해 최근 증설한 X 제품군의 생산 capa가 한참 남아 도는 것에 초조함을 읽을 수 있었다.

패트릭의 One Point Lesson 필요한 정보를 얻는 방법은 같은 질문을 모든 플레이어들에게 해보는 거야. 현재 거래선과 잠재적 거래선들 그리고 우리 지사와 현지 채용직원들까지. 같은 질문에 어떻게 대답하는 지를 크로스 체크하면 필요한 정보가 드러나는 법이지. 그리고 다음 번 만남에서 같은 질문을 같은 상대방이 지난번과 다르게 대답을 한다면 그 정보의 신뢰성을 생각해봐야겠지?

Step 2 협상前 반드시 내부 역량을 파악하라
부제 얻기 원하면 줄 수 있는 것부터 확인해라!

이번 전략공급선 셋업의 시작은 해외거래선들의 품질개선 요청이다. 현재 가격을 유지하며 품질만 개선된다면 현재 판매보다 '획기적' 판매 물량을 늘릴 수 있다는 이야기가 발단 인 셈이다. A사의 영업담당자들 역시 구매담당인 P과장에게 이점을 어필하고 있다. 자 그렇다면 구매담당인 P과장은 여기서 공급선으로 달려 가기전에 우선 내부적으로 '획기적'인 판매물량의 증대가 얼마만큼 인지를 확인하고 이에 대한 A사 영업담당 및 해당 해외거래선의 컨펌을 받아 놔야 한다.

'컨펌'이라는 것 현실적으로 매우 어렵고 민감한 이슈이다. 하지만 공급선으로 달려가서 나의 요청사항을 주장하기 전에 내가 공급선에게 줄 수 있는 것이 무엇인지는 명확하게 알고 있어야 한다. 현실에선 이렇게 영업담당자과 해외거래선에게 증가될 물량에 대해서 이야기를 하라고 하면 많은 경우에는 대답을 회피할 수도 있다. 즉 해외거래선이 맘에도 없고 자신의 능력에도 맞지 않는 소리를 한 것인지 아니면 실제로 이것이 가능 할 지에 대한 판단은 A사의 담당들이 해야 한다. A사의 구매담당자와 영업담당자는 이과정을 심도 있게 분석해야 한다. 입수된 '획기적'인 물량 증가가 예를 들어 현재 B사 생산 30%를 차지하고 있는 A사의 구매물량에서 얼마나 더 증가가 되는 물량인지, 그렇다면 그 물량의 증가가 B사에게는 얼만큼 더 생산 capa를 차지하게 되는지. 또한 이 증가된 총예상 구매물량이 H사와 M사의 생산 capa에는 어느정도 차지를 할 지 과연 이 물량으로 H사와 M사에 협상 영향력을 줄 수 있는지 등을 미리 분석해야 한다. 이것은 협상 스토리텔링을 짜는 데 중요한 파트이다.

패트릭의 One Point Lesson

해외 거래처에게 제시하는 조건은 내부적으로 확신이 있어야 해. 백전불패 하기 위해서 나를 아는 지기(知己)가 먼저지!

각 협상 파트너에 맞는 '스토리텔링'을 짜라

부제 Open secret, 비밀은 없다. 개별 스토리는 전체적으로 harmonized 되어야 한다.

각 공급선들에 대해 지사의 1차 미팅 및 담당자인 과장P의 직접 미팅을 통해 그들의 겉모습과 내부 고민에 대한 파악을 하였다. 또한 A사 내부적으로 해외거래선들의 역량도 점검을 마쳤다. 그렇다면 이제는 B, H, M사 각사별로 겉으로 보이는 강점과 그들 내부의 고민점들에 적합한 공급선별 customized된 협상 스토리텔링을 짜야 한다. B사에게 중점적으로 공략할 포인트는 H사와 다르다. M사에 공략할 포인트는 물론 H사와도 다르다. 이는 H사에 대한 공략포인트도 마찬가지다.

하지만 반드시 명심해야 할 사항은 이 개별적인 customized 된 협상 스토리텔링이 전체적인 스토리라인에서는 조화가 이루어져야 한다. 즉 B사에서 한 이야기와 H사와 M사에서 한 이야기들이 서로 배치되거나 어긋나면 안된 다는 것이다. 왜? 통상 업계는 경쟁자라고 하더라도 많은 정보가 공유가 되고 있다. Open secret 즉 공공연한 비밀이라는 말이다. 내가 B사와 협상한 내용은 이미 H사와 M사에서도 알고 있다고 보면 틀림없다. 내가 설명하는 전략과 비전이 업계에서 동일하게 이해가 되어져야 한다. 신뢰는 모든 비즈니스의 기초이기 때문이다.

패트릭의 One Point Lesson

'업계(業界)'란 비밀이 공유되는 곳이라는 뜻이지. '닝보(寧波) 맛집 좀 소개해줘'라고만 말해도 내가 누구를 만나려는 지 알게 될테니. 그러니 신뢰받으려면 걸맞게 행동해야 해. 잊지 마. 여기서 하는 말과 저기서 하는 말이 다르면 며칠 못 가서 진지하게 나를 만나 줄 사람은 없어진다는 것을.

Show Time! 이제 협상(協商)이다

부제 서로를 존중하고 '나'를 매력적으로 부각하라

Show Time(쇼 타임) 이라고 해서 가짜 쇼를 하라는 것으로 오해를 하지 않길 바란다. 이제 정말 흥미있고 재미있는 협상을 시작한다는 의미이다! 협상이란 게임이다. 그렇다고 상대를 속이거나 무조건적으로 이기는 게임이 아니다. 내가 얻고자 하는 것을 얻어가는 과정이 협상이라는 게임인 것이다.

하지만 협상에서 일방적인 승리를 바라면 안된다. 내가 얻고자 하는 것을 얻은 만큼 상대방도 원하는 것을 얻게 해주어야 한다. 이것이 바로 게임의 법칙이다. 내가 원하는 것을 얻으려면 상대방에게 내가(회사가, 조건이 등등) 매력적이어야 한다. 이 매력 포인트들을 설명하고 설득하는 것이 바로 스토리텔링인 것이다. 이 책에 전반적인 설명과 에피소드들의 예시에도 있었지만 따라서 협상 스토리텔링은 다음의 포인트들을 염두에 두고 진행해야 한다.

- 나와 상대방의 비젼(vision)과 목표(target)의 교집합을 찾아라
- 내가 원하는 것 만을 이야기 하지마라. 상대방이 원하는 것을 먼저 파악해라.
- 협상에서 절대로 begging 하지 마라
- Shadow player를 이용하라
- 당당해라! 내가 원하는 것을 당당하게 제시하라. 그리고 상대방이 원하는 것을 어떻게 충족시켜줄지를 당당히 제시하라

- 상대방의 weak points(약점, 가려운 점, 희망사항)을 공략해라. 하지만 그 공략은 약점을 후벼 파는 공격이 아닌 상대방의 weak points를 보완해주는 것이 바로 '나(우리, 회사, 내 조건 등)'라는 것을 일깨워 주는 것이다

패트릭의 One Point Lesson

협상에서의 승리는 상대방이 고민하고 있는 부분에 대한 해결책이 나에게 있음을 나의 스토리텔링으로 알려주는 거야. 그렇게 되면 내가 부탁할 일도 상대방이 먼저 부탁을 하게 되지.

Step 5 Game Changer가 되라!

부제 어떤 경우이든 선택은 내가 한다!

앞에 과정대로 협상을 잘 진행했다면 이제 각 상대방의 최종 제안을 기다려라. 그리고 선택하라. 하지만 그 선택은 상대방의 '최고'의 제안보다는 나에게 '최적'의 조건을 선택하는 것이 현명하다. 즉 내가 스토리텔링에서 제시한 나의 약속을 지킬 수 있고 감당할 수 있는 조건에 부합하는 안을 결정하는 것이 좋다. 나의 멋진 스토리텔링으로 상대방이 내가 기대했던 것 보다도 더 좋은 '최고'의 안을 제시했다 하더라도 만일 이것을 내가 지킬 수 없다면 과감하게 수정해서 최종안을 합의하는 것이 좋다. 왜? 비즈니스는 결국 신뢰이기 때문이다. 협상은 어떤 프로젝트의 시발점이라고 보면 된다. 중장기적인 성공을 위해선 단기 협상 이후의 프로젝트의 결과가 더욱 중요하다. 눈앞의 달콤한 열매에 눈이 멀어 곧 들통날 결정을 하는 우(愚)를 범하지 않아야 한다.

또한 협상의 마무리에 중요한 포인트는 나와 협상 합의가 안된 상대방(들)에 대해서는 내가 상대방의 제안을 거절한 것이 아닌 그 상대방의 제안과 조건이 다른 경쟁사에 비해서 안좋았음을 스스로 인지케 하여야 한다는 것이다. 즉 '나는 당신의 이러한 강점을 잘 알기에 협력을 하고 싶으나 당신의 조건이 경쟁사에 비해서 어떠한 항목의 조건들이 안좋았기 때문에 어쩔 수 없이 다른 협상파트너를 선택해야했다' 라고 구체적으로 설명을 해주는 것이 좋다. 이러한 상대방은 향후에 나에게 중요한 shadow player 역할을 해 줄 수 있는 잠재 파트너이기 때문이다.

협상의 핵심은 내가 협상이라는 게임의 follower가 아닌 게임의 주도권을 가진 changer가 되어야 한다는 것이다. 게임의 follower에서 changer로 바꿔줄 수 있는 것이 바로 스토리텔링임을 명심하자.

패트릭의 One Point Lesson 글로벌 비즈니스 현장에서의 성공하는 스토리텔링의 비밀은 '내 이야기'가 아니라 '우리의 이야기' 이여 야해.

패트릭의 협상 코칭, '당신이라면?

그간의 경험으로 보면 위의 케이스를 협상하는 것은 아래와 같은 패턴을 따를 가능성이 크다.

- 그래도 기존 공급선인 B사와의 협상에 중점을 둔다. 즉 B사의 품질향상에 따른 가격인상분을 줄이는 데 협상을 집중한다
- 지사(支社)도 B사가 괜찮다는데 지사의 의견에 따른다
- H사 M사와 같은 업계 리더이자 까다로운 상대는 되도록 피한다 (피해야 하는 이유를 스스로 만든다)
- 내가 얻고자 하는 것에만 집중을 한다. 즉 구매담당자는 향후에 진짜 구매할 물량에 대한 확신보다는 우선 큰 구매물량을 공급선에 제시한 후에 가격인상을 막는 것에만 집중을 한다.
- 영업담당자(와 해외거래선)는 품질향상이 되었지만 일부 가격이 인상되었으므로 약속했던 만큼의 '획기적'인 판매 증대를 하지 못해도 내책임이라고 생각하지 않는다

위의 협상 케이스에서 저자는 B사 H사 M사 중에 어느 곳을 선택해야 할지는 언급을 하지 않았다. 실제 케이스에 근거한 가상의 사례이기

도 하지만 실제 최종결정은 위에 설명된 사항들 이외에도 고려해야할 포인트들이 있기 때문이다. 예를 들어 기존 공급선인 B사에서 A사의 물량이 빠지는 것에 정말 위기감을 느끼고 X 제품 품질향상 이외에 Y, Z 제품군의 개발을 적극적으로 발벗고 나선다면 이미 거래관계가 있고 익숙한 B사와의 관계를 더욱 발전시킬 수도 있을 것이다. 반면에 업계 1위인 H사가 P과장의 스토리텔링 포인트인 M사와의 격차 및 Y, Z 제품군에 대한 확대 등에 동감을 한다면 A사에 전략적인 공급가를 제시할 수도 있을 것이다. 이렇게 된다면 OEM 브랜드 사업을 하는 A사로서는 업계 최고의 공급선에서 제품을 소싱 하는 것이 실제 판매에서는 도움이 되는 레퍼런스가 됨은 물론이다.

M사의 경우 H사와 같은 수준의 품질과 증설로 향상된 생산능력을 갖추게 되었다. 하지만 증설한 생산라인이 오더가 없어 비어 있음에도 A사에 대해서 감정적으로 대응을 하는 모습을 보였다면 이는 회사 경영진의 신뢰성 및 리스크가 되는 점 또한 실제상황에서는 정성적으로 고려를 해야 한다. 또한 H사와 M사와 같이 큰 규모의 공급선과 신규로 거래를 시작할 경우에는 A사가 약속했던 물량에 대해서 구매를 확실히 진행하는 것이 매우 중요하다. 이를 지키지 못할 경우에는 생산 납기의 지연은 물론 다시 가격인상이슈가 곧 발생을 할 수 있기 때문이다. 깐깐한 상대를 상대하기 위해선 우리 스스로 내부적으로도 세세한 관리가 필수이다.

독자 여러분이 만일 P과장이라면 어떤 협상 스토리텔링을 준비 하실 지요? 혹은 여러분이 B, H, M사의 대표라면 각각 어떻게 협상을 하실지 요? 주위의 몇 명과 함께 과장 P, B, M 그리고 H사의 대표 역할을 맡아 각자 자신(자사)의 최대 이익을 위한 협상 스토리텔링 시뮬레이션을 짜 서 롤 플레이 해보시기 바랍니다. 그리고 그렇게 스토리텔링을 짠 이유 와 내용을 토의 해보신다면 앞으로 실제 협상시에 도움이 될 것입니다.

선택은 내가 한다,
Game Changer가 되라

300번이 넘는 해외출장을 다니면서 갖게 된 버릇이 하나 있는데 비행 중, 모두가 잠든 시간을 오롯이 나 만을 위한 시간으로 쓰는 것이다. 비행기 엔진소리가 이미 나에겐 익숙하고 편안하게 정신을 집중하게 해주는 백색소음이기 때문인지, 드물게 코를 고는 어떤 이의 소음만이 정적을 깨는 고요한 공간이 홀로 깨어 있는 자에게 주어진다. 누구도 방해하지 않는 그 소중한 시간에 나는 출장지에서의 협상에 대한 자료를 검토하거나 메모를 한다. 그런데 어느 출장에서 인가 문득 신입사원 연수 마지막 날의 기억이 떠올랐다.

"내 인생(직장생활)의 마무리를 나 자신이 아닌 다른 사람이 결정하게 하는 것은 안된다" 나는 이 얘기를 삼성그룹 신입사원 연수 마지막 날 지도선배와 동기들 앞에서 했었다. 이제 막 회사 생활을 시작하는 신입사원이 먼 훗날의 퇴직에 대한 이야기를 했으니 생각해보면 듣는 사람도 뜨악 했겠구나 싶었다.

책을 쓰기 위해서 여러 명에게 조언과 힘을 얻었는데 그 중 한 명이 내게 이런 질문을 했었다. '기업 문화가 상반된 회사로 옮긴다는 게 가능하던 가요?' 생각해보면 그렇게 물어볼 만도 하지 싶었다. 흔히 기업 문화가 가장 다른 양극단의 기업으로 손꼽히는 두 회사에서 근무를 했었으니 말이다. 아마 그때의 내 대답이 '브랜드 사업에 대한 열정 때문' 이었던 듯하다.

생각해보면 지난 20여년간의 직장생활을 나는 종합상사맨으로써 글로벌 현장을 누비고 다녔고 그리고 그 기간의 대부분이 어떤 브랜드의 가치를 키우고 높이는 일이었다고 할 수 있다. 아마 내가 150만 마일의 마일리지를 쌓은 밀리언 마일러가 될 수 있었던 것도 내 출장이 회사로부터 그만큼 의미 있는 지출이었다는 것을 인정받았던 덕분일 것이다. 철저한 이익집단인 기업이 직원들에게 자기 돈을 들여 해외 여행을 시켜 줄 만큼 너그러운 조직은 아니니까 말이다.

얼마 전의 출장에서는 '그동안 내가 출장비로 쓴 돈이 얼마나 될까?'를 계산해 본 적이 있는데 대략 300번의 출장을 다녀왔고 한번의 출장에 300~500만원 정도를 썼다고 생각하면 얼추 10억원 정도의 회사돈을 썼던 셈이다. 그러면 내가 10억원의 출장비를 사용하면서 조직에는 얼마만큼의 기여를 했었을까? 회사라는 조직의 특성 상 서너 배 정도의 성과는 아니었을 테니 최소한 백억 단위 이상의 기여를 했을 것이다. 그런데 책을 쓰는 동안 나는 이런 질문을 스스로에게 던지게 됐다. '그렇다면 그동안 '나' 라는 브랜드의 가치는 얼마나 키웠을까?'

돌이켜 보면 내가 속한 회사, 내가 맡고 있는 비즈니스에서의 우리

브랜드를 키우기 위해 정말 열심히 뛰어다녔었다. 당일치기로 생각했던 출장에서 난데없는 화산폭발의 여파 때문에 매서운 북유럽의 추위를 바람막이 점퍼 한장으로 일주일 동안 막기도 했고, 거래처 국가의 디폴트로 수출대금을 받을 길이 없어 30시간을 날아가 현지에서 미화 1백 달러짜리 지폐 뭉치를 받아 주머니 여기 저기에 넣고 남미 대륙을 휘젓고 다니기도 했다. 그 많은 출장 중에서 단 한번도 '거기는 어떤 맛집이 있으려나?'하는 생각이 들었던 손쉬운 현장이 없었다.

심지어는 꿈에 그리던 해외 주재원 그것도 예외적으로 미혼임에도 유럽 법인장으로 파견됐을 때에는 정말 나의 능력을 유감없이 발휘, 삼성이라는 브랜드를 유럽 대륙 전역에 휘날리게 할 자신이 있었지만 막상 도착한 현지의 사정은 참담했었다. 전임 주재원은 이미 사직을 한 현지 법인에는 본사에 알려져 있지 않고 숨겨져 있는 몇 년치의 악성 장기재고와 덩치가 산만한 현지 직원은 마치 불량배처럼 호전적으로 신체적인 위협을 가하는 가 하면 유럽내 타국가에 채용된 현지 영업 메니저들의 부당한 경비, 비용 지출 등 인력 및 조직 관리 문제들까지 첩첩산중이었다.

게다가 그룹의 결정으로 브랜드 사업의 핵심인 '삼성'이라는 브랜드를 더 이상 사용하지 못하게 되는 비극적인 상황까지 발생을 하게 되면서, 결국 가진 능력을 활짝 펼쳐 보기는커녕 '뒤탈 없도록 잘 정리하고 빠져나오라'는 새로운 미션을 수행해야만 했다. 심지어 그런 미션을 준 본사는 아무런 지원도, 관심도 주질 않은 고립무원의 상태에서 나는 결국 천신만고 끝에 현지 법인폐쇄와 청산을 한 톨의 이슈 없이 'Clean

Out'할 수 있었다.

이 책은 지난 20년간 52개국 200여 도시들을 누비며 겪었던 그 많은 경험과 협상 노하우, 성공담, 실수 등을 누군가와는 반드시 공유하고 싶었기 때문에 썼다. 길고 긴 협상 끝에 결국 철두철미한 독일 대기업이 자신들에게 불리한 조건이 포함된 계약서에 싸인을 하면서 '변호사가 되지 왜 세일즈맨이 됐느냐'라던 핀잔도 나누고 싶었다. 밀리언 마일러의 성공신화가 아니라 '이렇게 협상하고 비즈니스 하면 가능하다'는 것을 알려주고 싶어서였다. 인사를 나누기 위해 찾아갔던 첫 만남에서 육두문자를 써가며 욕을 하던 홍콩의 여사장은 사업을 물려받을 자기 아들을 소개시켜 주기 위해서 나를 찾아올 정도로 인간적인 신뢰를 나누는 사이가 됐다. 흔히 말하는 '전략적 파트너'라는 관계를 어떻게 구축해야 하는 지에 대해서 나는 그런 경험을 통해서 이야기하고 싶었다.

모두들 불가능 하다며 그 누구도 추진하지 않았던 업계 최고의 탑 브랜드들 과의 협상과 사업개시 그리고 까다롭고 깐깐하기로 정평인 난 일본 최고 공급선에서 더 좋은 제품들을 중국 공급선의 가격 수준으로도 소싱을 할 수 있었던 것도 '스토리텔링'과 '글로벌 비즈니스맨의 협상 전략'이라는 이름으로 남김없이 알려드리고 싶었다.

그러나 막상 책을 쓰면서 애초에 생각했던 것들을 모두 담기 란 역부족이라는 사실을 깨달았다. 하지만 인생이라는 게 원래 그런 것 아니던 가. 내 마음대로, 나의 계획대로 흘러가지만은 않는 게 인생이니까.

신입사원이 되자 마자 떠났던 첫 출장에서 앞으로의 내 커리어가 007 가방을 들고 세계 곳곳을 누비는 멋진 종합상사맨으로써 승승장구하는 일만 있을 것이라는 희망으로 가득 했었지만 인생이든 직장생활이든 글로벌 비즈니스이든 항상 모든 것은 내 마음대로만 되지는 않는다는 사실을 깨달아야 할 순간도 적지 않았다. 이미 누가 만들어 놓은 상황을 그대로 따라야 하는 상황이었거나 도무지 변변히 내밀만한 협상 카드 한장이 없는 비즈니스 미팅도 숱하게 진행해야 했다.

되돌아보면 내 지난 20년의 종합상사맨의 시간 대부분은 남이 만든 게임을 follow하는 입장에서 시작했었다. 하지만 나는 언제든 그 게임을 내가 주도하는 형국으로 바꾸려고 했다. 아마 신입사원 연수 마지막 날 했었던 그 말이 내 직장생활을 마치 암시하는 것이었나 싶을 정도로 나는 그 많은 비즈니스 현장을, 매 협상에서 game changer가 되기 위해 온 힘을 쏟았다. 그리고 다행히도 대부분의 경우 그렇게 역전극을 써 내려 갈 수 있었다.

요약하자면 이 책은 지난 20여년 동안 경험했던 많은 현장에서 배우고 느낀 것들 것 압축한 것이라고 할 수 있다. 책을 진지하게 읽는다면 앞으로 혹은 현재 글로벌 현장에서 쟁쟁한 외국의 비즈니스맨들과 부대끼며 일을 하고 있을 인생 후배들에게 조금이나마 도움이 될 수 있으리라고 감히 확신한다.

그리고 무엇보다 회사의 생존과 승패를 어깨에 걸머지고 있는 리더들도 진지하게 읽어 주시기를 바란다. 그리고 외국인, 외국어, 협상, 계산, 자신감, 준비 부족 이러한 걸림돌로 인해 결국 해외 협상 상대들에게는 하지 않아도 될 양보를 하면서도 조직 내부에서만 강한 리더로 존재하는 것은 아닌지? 조직 내의 리더들도 스스로 자문해 보는 기회가 되었으면 한다.

끝으로 이 책과, 밀리언 마일러인 지난 20년간의 내 경험을 집약해서 '어떻게 하면 협상에서 승리할 수 있습니까?'라는 질문에 이렇게 답하고 싶다.

"상대방이 고민하는 부분에 대한 해답이 내게 있음을 스토리텔링 하면 됩니다"라고. '아니, 그게 무슨 말입니까? 자세히 얘기해주세요'라는 생각이 드신다면 책을 한번 더 정독 해보시기를 바란다. 그래도 미흡하다면 필자의 연구실로 연락을 주시면 언제든 반갑게 이야기를 나눌 생각이다. 참, '스토리텔링의 핵심은 뭡니까?'라는 질문에 대한 답으로 아쉽지만 이 책은 이쯤에서 일단락을 지을까 한다.

"스토리텔링의 핵심은 '우리의 이야기'여야 합니다"

참고로 필자의 연구실은 https://brunch.co.kr/@pyung04 혹은 이메일 pyung04@gmail.com 에 있다.

초판 1쇄 인쇄 2020년 05월 29일
초판 1쇄 발행 2020년 06월 05일

지은이 정해평
펴낸이 최익성
편집 심현종
마케팅 임동건, 임주성, 김선영, 홍국주, 강송희
마케팅 지원 황예지, 신원기, 박주현
경영지원 이순미, 신현아, 임정혁

펴낸곳 플랜비디자인
디자인 올컨텐츠그룹

출판등록 제2016-000001호
주소 경기도 화성시 동탄반석로 277
전화 031-8050-0508
팩스 02-2179-8994
이메일 planbdesigncompany@gmail.com

ISBN 979-11-89580-27-8 03320

※ 이 도서의 국립중앙도서관 출판예정도서목록(CIP)은 서지정보유통지원시스템 홈페이지(http://seoji.nl.go.kr)와
　　국가자료종합목록 구축시스템(http://kolis-net.nl.go.kr)에서 이용하실 수 있습니다. (CIP제어번호 : CIP2020009434)